新出海实战

从构建海外团队到全球业务拓展

马 林 著

机械工业出版社
CHINA MACHINE PRESS

《新出海实战》是一本为中国企业量身打造的国际化战略、战术、实战指导手册。本书从出海的战略驱动力、目标市场选择、海外业务开展、国际化组织建设、风险管理等多角度深入剖析，结合成功企业的国际化案例，为读者提供了一套系统、实用、可操作的出海策略与实战打法，旨在帮助中国企业在全球市场中稳健发展，实现长远的国际化目标。本书作者长期从事海外业务拓展工作，具有很强的理论基础和实践经验。本书适合中国企业的决策者、中高层管理者以及对拓展国际市场感兴趣的专业人士阅读。

图书在版编目（CIP）数据

新出海实战 ：从构建海外团队到全球业务拓展 ／ 马林著. -- 北京 ：机械工业出版社，2025. 1. -- ISBN 978-7-111-77188-3

Ⅰ．F279.23

中国国家版本馆CIP数据核字第2025U5Y681号

机械工业出版社（北京市百万庄大街22号　邮政编码100037）
策划编辑：赵　屹　　　　　责任编辑：赵　屹　解文涛
责任校对：樊钟英　王　延　责任印制：张　博
北京联兴盛业印刷股份有限公司印刷
2025年2月第1版第1次印刷
169mm×239mm・17.75印张・2插页・233千字
标准书号：ISBN 978-7-111-77188-3
定价：79.00元

电话服务　　　　　　　　　　网络服务
客服电话：010-88361066　　机 工 官 网：www.cmpbook.com
　　　　　010-88379833　　机 工 官 博：weibo.com/cmp1952
　　　　　010-68326294　　金 书 网：www.golden-book.com
封底无防伪标均为盗版　　机工教育服务网：www.cmpedu.com

前　言

出海八问

　　那是 2017 年春节后的第一周，我第一次坐上了长达 30 个小时的航班，飞向了地球另外一面的巴西圣保罗，从此踏上了帮助中国企业出海的征程，也开启了我的环球之旅……

　　当时的我认为这将会是一趟精彩的旅程，但最终却不仅如此，出海变成了我的第二段人生。这段经历改变了我的职业发展道路，并且也深远地影响了我的世界观，最终改变了我的人生轨迹。

　　回想彼时，中国互联网产业正处在冉冉上升的时期，O2O 的概念方兴未艾，GDP 正在以 8% 的速度蓬勃增长，国内市场挂满了低垂的果实，企业的年增长率让投资者非常满意，而资本的流动性也极其充裕，国内充满了创业的机会和跃跃欲试的年轻人。国内互联网企业正在一日千里地跑马圈地，国内业务正如火如荼，只有少数雄心勃勃的创业者把眼光投向了海的那一边。彼时，中国互联网企业出海大都并非受现实所迫，更像是勇敢者的游戏和先行者的探索，充满了浪漫主义气息，以及对未来无限可能的憧憬。

　　而现在，中国企业出海则成为一个不得不面对的现实。国内市场已经日渐饱和，各种"产能过剩"的言论不绝于耳。很多企业在国内市场已经失去了增长动能，在国内陷入了内卷的红海，表现为成本日趋高昂，利润日渐下滑，竞争手段非常单一，陷入了同质化竞争的价格战中。为了寻找新的增长点，中国企业必然将目光投向海外，当中国企业具备了一定规模，发展到一定阶段，出海就成了一个必然选择。如果不走出国内市场，不去主动拥抱更加广阔的消费群体和产业链，企业的最终命运就是被淘汰或者被并购。不知道从什么时候开始，"不出海，就出局"慢慢成了所有企业的共识。

我是中国移动互联网、O2O 领域比较早期的从业者，做了多年一线运营业务，主要工作就是运营移动出行平台的用户、司机、车辆。我每天的工作就是开发渠道、搭建模型、预测增长、做各种 AB 测试、计算投入与产出、计算 ROI、设计流程、优化流程……我有幸经历了十年的互联网辉煌，在这十年中，互联网行业充分享受了中国经济的发展红利、人口红利、工程师红利、通信技术红利、基础设施红利、资本红利等各种红利，经历了一个极度繁荣的时期。

而在盛宴进入尾声的时候，我选择奔赴遥远的拉美，开启了出海之旅。地球上有七大洲，除了南极洲，我都走遍了。我环游过世界，去过全球上百个城市，在其中十几个城市不是走马观花式地游历，而是深度地生活、工作。与当地同事紧密协作，和当地的合作伙伴做生意，交当地的朋友，了解他们的文化，学习他们的语言——虽然大部分都没学会。我学了一个月阿拉伯语就放弃了，那 28 个字母和 100 多个像方便面一样的变种我总是记不住；但我学了三个月的西班牙语就可以独立买菜、租房、点餐，甚至是投诉了；甚至我还心血来潮，学过几天非洲的科萨语，不过我只会三种弹舌头的发音和几个单词。

我曾负责过澳大利亚、新西兰及中国香港等发达地区的业务，也曾经在世界上最贫困的大洲开展业务，我曾在新冠疫情最凶猛的期间跑到了非洲，从非洲大陆的南端跑到非洲大陆的北边。我曾站在约翰内斯堡酒店高楼的落地窗前，看着楼下隔一条街的贫民区正在聚集的骚乱人群，夜晚还能依稀听到远处传来的枪声;我也曾徜徉于开罗的街头,看着广播电视大楼前面依然树立的铁马和警戒哨,听朋友给我讲述他眼中的"阿拉伯之春"。

如今,出海已经成为所有成规模企业必须面对的课题,我想写一本具有现实意义的出海工具书,把过去多年的经验和方法论沉淀下来,梳理出来,帮助更多的企业在出海这条道路上取得成功。

取得卓越业绩是企业的首要目标,而实现这个目标有两个条件:第一,高效的运营;第二,高明的战略。高效的运营意味着做相似的事情,你能比竞争对手做得更好,但是,企业无法只依赖运营效率保持领先。高效的运营无非关乎管理、流程、制度,这都比较容易被模仿。这就要求企业持续创新和努力,效率要提高、提高再提高,成本要压低、压低再压低。在中国,我们有个非常形象的词语来形容这种状态——"内卷"。所有的中国企业都希望通过出海摆脱内卷的状态,获得更加广阔的发展空间。

高明的战略则可以让企业摆脱运营效率的"内卷",占据更有利的竞争位置,获取更持久的竞争力,它需要企业采取与竞争对手不同的运营策略,或者是以不同方式完成同类活动。

本书是一本企业出海的实战手册,讨论出海的战略和策略,有具体的实操方法和流程,但都统一在一个整体的战略框架之下。

何为战略?

根据"竞争战略之父"——迈克尔·波特的定义,战略就是:找准价值的定位,以相应的运营活动和资源进行匹配,确保获取竞争优势。波特提出企业可以从三个领域获取竞争优势,包括:成本领先、差异化、聚焦。波特的战略定义有三个核心要素,分别是:定位、取舍、匹配。

> 一个企业出海,必然是这个公司的战略需要。
> 一个企业出海,必然需要一个公司级的战略。

一个企业的国际化战略，必然也关乎"定位、取舍、匹配"，帮助企业取得竞争优势。本书是一本国际化战略和策略的工具书，但战略其实并不高深，策略也并不复杂。战略回答的是与企业生存和发展息息相关的实际问题，而策略旨在具体解决这些问题。只要回答清楚了以下八个问题，我们就能得到一个企业出海的清晰战略。

（一）为什么要出海？

（二）出海去哪里？

（三）目标是什么？

（四）要投入多少？

（五）具体怎么做？

（六）多久能做成？

（七）哪些人来做？

（八）要注意什么？

而本书的章节设计也一一对应了这八个问题：

第一章"出海的战略驱动力"回答了"为什么要出海？"；第二章"目标市场的选择"回答了"出海去哪里？"，以及"目标是什么？"和"要投入多少？"；第三章"出海的开拓模式"回答了"具体怎么做？"；第四章"出海的四个阶段"回答了"多久能做成？"；第五章"国际化组织建设"回答了"哪些人来做？"；最后一章"国际化风险管理"回答了"要注意什么？"。而为了增加本书的可读性，我插入了一个独立的章节来讲滴滴出海的案例，即番外篇"我和滴滴的出海初体验"。这也是我全程参与的一个案例。

本书是一本写给中国企业的出海工具书，也是一本写给献身于国际化事业弄潮儿的书，希望对有志于星辰大海的同仁有所启发，有所帮助。

在本书成书的过程中，我得到了许多人的帮助，他们踊跃地为本书提供素材和观点，在此，向他们统一致谢、致敬。在此，我作小诗一首，献给我们曾经的出海远征军，后两句改编自龚自珍的《夜坐二首》的最后两句，聊表心志。

弱冠辞父四海家；
壮岁且行万卷涯。
恚然一声禅关破；
天地为圣我为侠。

目 录

前　言　出海八问

第一章　出海的战略驱动力 / 001

第二章　目标市场的选择 / 017

01　市场和国家 / 018

02　发达国家市场和发展中国家市场 / 021

03　国际市场分类评估 / 028

04　进入时机评估 / 033

   1. 萌芽期 / 036

   2. 成长期 / 037

   3. 内卷期 / 039

   4. 成熟期 / 040

05　投入产出评估 / 042

06　市场风险评估 / 046

第三章　出海的开拓模式 / 049

01　出海的核心竞争力 / 049

   1. 以货品为驱动的出海 / 053

   2. 以市场开拓为驱动的出海 / 059

   3. 以产品 / 技术为驱动的出海 / 073

   4. 以综合竞争力为驱动的出海 / 075

   5. 商业模式的出海 / 077

Contents 目录

02　出海的开拓模式　　　　　　　　　　　　　 / 082

　　1. 远程开拓　　　　　　　　　　　　　　 / 086

　　2. 投资与并购　　　　　　　　　　　　　 / 089

　　3. 本地化开拓　　　　　　　　　　　　　 / 103

第四章　出海的四个阶段　　　　　　　　　　　 / 119

　　1. 试水温：调研与计划　　　　　　　　　 / 123

　　2. 打样板：标准作战手册（Playbook）　　 / 138

　　3. 破坚冰：攻克关键目标　　　　　　　　 / 165

　　4. 打呆仗：稳健推广，持续优化　　　　　 / 177

第五章　国际化组织建设　　　　　　　　　　　 / 195

01　人才观　　　　　　　　　　　　　　　　　 / 196

02　跨文化沟通四原则　　　　　　　　　　　　 / 214

　　1. 真诚与尊重　　　　　　　　　　　　　 / 216

　　2. 长期承诺　　　　　　　　　　　　　　 / 220

　　3. "过度"沟通　　　　　　　　　　　　　 / 222

　　4. 保持专业　　　　　　　　　　　　　　 / 225

03　国际化组织架构设计　　　　　　　　　　　 / 228

　　1. 组织架构的基础　　　　　　　　　　　 / 228

　　2. 组织架构的本质　　　　　　　　　　　 / 232

　　3. 责权利的匹配　　　　　　　　　　　　 / 237

第六章　国际化风险管理　　　　　　　　　　　　/ 239

   01　风险的识别和分类　　　　　　　　　　/ 240

   02　风险的量化和评估　　　　　　　　　　/ 242

     1. 风险量化和评估模型　　　　　　　　/ 242

     2. 风险评级　　　　　　　　　　　　　/ 244

   03　建立风险管理体系　　　　　　　　　　/ 245

     1. 风险容忍度　　　　　　　　　　　　/ 245

     2. 风险的三个阶段　　　　　　　　　　/ 246

     3. 建立风险管理体系　　　　　　　　　/ 248

     4. 定期进行风险演练　　　　　　　　　/ 250

第七章　我和滴滴的出海初体验　　　　　　　　/ 253

   01　拉美史上最大的"独角兽"　　　　　　/ 253

     1. 蜜月　　　　　　　　　　　　　　　/ 255

     2. 暗流　　　　　　　　　　　　　　　/ 258

     3. 博弈　　　　　　　　　　　　　　　/ 264

     4. 最后的施压　　　　　　　　　　　　/ 268

   02　不散的宴席　　　　　　　　　　　　　/ 270

后记　我们的目标是星辰大海　　　　　　　　　/ 272

第一章　出海的战略驱动力

"Why did you want to climb Mount Everest?"

"Because it's there."

"为什么要攀登珠穆朗玛峰？"

"因为山就在那里。"

——乔治·马洛里，1886 年 6 月 18 日生于英国

1924 年 6 月 8 日亡于珠峰

多年以后，再回想起 2017 年 1 月那个繁华的夜晚，依然历历在目……

那年的互联网呈现一片欣欣向荣的景象，移动互联网行业充分享受了中国经济发展的各种红利，经历了一个极度繁荣的时期。在此之前的五年和之后的五年，新的概念不停地涌入市场：电商、社交、游戏、O2O、信息流、短视频、Fintech、在线教育、区块链、Web3 在短短的十年内接连爆发，令人应接不暇。每个大的概念还有更多的细分赛道，如 O2O 就分为团购、外卖、跑腿、网约车、共享单车、社区团购等，几乎每年都有新热点。

那年的滴滴，也意气风发，刚刚战胜了在全球开疆拓土的互联网巨头 Uber，风头一时无两。而让公司风评扭转的标志性事件——"顺风车事件"还有一年才会发生。在公众眼中，公司依然是那个屠龙的少年，刚刚打败了

"外国独角兽"的入侵，又一次捍卫了中国互联网界的荣耀。

北京数字山谷的办公室窗明几净，不论五湖四海的年轻人，还是成名已久的行业大佬都纷纷慕名而来，每天都有新的员工入职，他们无论老少，都是自信满满、朝气蓬勃。

那是 2017 年 1 月 17 日，春节前的某一天，公司年会的主题是"星辰大海"。那是滴滴公司历史上最大的年会，以庆祝公司取得举世瞩目的成就。

工人体育场被对半劈开，一半是舞台，一半是看台，满满当当坐了近万人，那是公司所有的员工，很多外包人员、实习生都受邀飞往北京参加这一盛会。当 CEO 亮相的时候，他就像一个超级巨星。全场欢呼雀跃，掌声雷动，荧光棒挥舞，闪光灯闪耀，整个看台仿佛一片一望无际的星辰。那时的公司迅猛发展，管理层踌躇满志，全员众志成城，CEO 骄傲地向大家宣布：

"主场已经打完了，现在我们要打客场！"

那年的大洋彼岸，美国大选正在如火如荼地进行，特朗普与希拉里竞相拆台，掀开了不体面竞争的帷幕。随着希拉里的"邮件门"被爆出，特朗普后来居上赢得了大选。"风起于青萍之末，浪成于微澜之巅。"世界的风向开始发生微妙的变化，一团团的乱流汇合在了一起，无人知晓太平洋的风暴正在形成，但世界各地越来越多的躁动，隐隐约约预示着未来世界并不会太平，但当时谁也说不清楚政治、经济、行业未来到底会怎样……

而公司，从万千宠爱到千夫所指，还有两年的过渡期。

我们在前言中就说过：一个企业出海，必然是这个公司的战略需要；一个企业出海，必然需要一个公司级的战略。

企业的国际化战略必须和企业的大战略有高度的协同，国际化战略不能是一个孤立的部门战略，而必须是大战略至关重要、不可分割的一部分。只有这样，企业出海才能真正成功。

我们必须清晰地认识到中国企业出海的难度，在国内所有理所应当的东西，在海外都有可能需要付出额外的成本才能获取；在国内所有现成的东西，在海外都有可能需要重建；在国内轻轻松松就能做成的事，在海外可能变得非常艰辛；在国内很廉价的东西，在海外可能会很昂贵，哪怕在发展中国家。

在国内如果需要沟通，你只需要走到对方工位，摊开电脑就可以聊明白。如果是异地，顶多坐五个小时以内的航班飞去对方城市，面对面聊一遍。但对国际业务来讲，有可能 8 个小时之后才能等到对方回复，几天之后才能召开一次深夜电话会议，会议上大家都操着半生不熟的英语，花了十分钟都没有表述清楚那个看起来很简单的问题……

企业出海的难度表现在企业经营的各个方面。

文化差异：不同国家和地区有着不同的文化、语言和社会习惯，这可能会影响产品的市场接受度、广告宣传的效果以及管理当地员工的方式。

法律合规：每个国家都有自己的法律体系和商业规则，企业必须了解并遵守这些规定，包括税务、劳动法、知识产权保护等。有时企业在没有察觉的情况下违反了某些规定，很有可能遭受严厉的惩罚。

经济风险：国际市场可能面临汇率波动、经济危机、供需波动等风险，这些都可能对企业的国际化造成不利影响。

政治风险：很多国家在政治上对中国企业非常不友好，会用政治手段干预、打压中国企业。很多国家政治局势不稳定，政策经常反复，甚至会出现政变和动乱。

竞争压力：在国际市场上，企业可能会遭遇已经发展壮大的竞争对手，新进入者必须依靠有竞争力的产品和策略才能在市场上有立足之地。

供应链与物流：建立和管理一个跨国的供应链系统是复杂的，需要考虑成本、效率、可靠性等因素，同时还要应对各国的政策和关税问题。

品牌与定位：企业需要确定其品牌如何适应外国市场，并且可能需要调整其产品或服务以满足不同市场的特定需求。

人才与组织：找到合适的管理团队和员工来执行国际化战略是一个挑战，特别是要寻找拥有国际经验和跨文化沟通能力的人才。同时，设计、运营可以有效管理这些人才的组织也不容易。

产品本地化：很多产品在国内的体验登峰造极，但一出了国门瞬间体验拉跨，甚至完全不可用。很多看不到的产品细节都需要本地化定制，甚至产品文案都需要逐字逐句地打磨。在某些特定行业，企业需要确保其技术和产品符合国际标准，并且能够与当地技术兼容。

消费行为差异性：消费者在不同地区可能有不同的购买习惯和偏好，企业需要进行市场调研来了解目标市场的需求。这种差异可能体现在产品品类方面，也可能体现在产品功能甚至产品色彩方面。

资金管理：国际化通常需要大量的前期投资，汇率波动、监管执法等意外因素都有可能给企业带来巨大的资金损失，企业需要有效的成本控制和风险管理机制来保证资金安全。

人身安全：在很多国家社会治安是个严峻的问题，初来乍到且出手阔绰的中国人在很多不法分子眼中就是一台行走的 ATM 机，出海展业人员的人身安全往往会遭遇重大威胁。

··············

> 幸福的家庭都是相似的，不幸的家庭则各有各的不幸。
>
> ——《安娜·卡列尼娜》，列夫·托尔斯泰

婚姻家庭如此，企业出海亦然。成功的国际化企业都是相似的，但国际化失败的企业却各有各的失败之处。出海的困难千千万万，远远不止我们上

面列举的那几条，其中任何一条都有可能让企业遭遇滑铁卢。

而面对重重困难和未知的挑战，企业毅然决然地走上国际化的道路，必须是由企业的战略所驱使的，一定是服务于企业的整体利益的，并且在企业内部达成了广泛的集体共识。否则，企业很难下定决心，勇敢地突破重重困难，把出海之路走到底。

如果企业出海只是部门级的项目，或者只是老板一时的心血来潮，如果国际化拓展不服务于企业大战略和整体利益，如果出海的计划没有达成集体共识，那么，在遇到困难和挑战，或者要付出巨大成本的时候，企业很容易就退缩了，曾经宏大的计划也会不了了之。可以肯定的是，这些困难是不可避免的。

企业的国际化战略必须是公司级战略，需要服务于企业的整体战略，那么企业的整体战略到底需要什么样的"服务"呢？出海如何才能帮助企业实现大的战略目标呢？

第一，毫无疑问，出海会带来新的增长。

2023 年，中国的人口为 14.1 亿，而全球的人口为 80.86 亿，中国人口占全球的 17.44%。同年，中国的 GDP 为 18 万亿美元，而全球的 GDP 为 105 万亿美元，中国 GDP 占全球的 17.14%。从消费市场的规模来看，中国占比相对较小。中国人属于典型的"干得多，吃得少"。根据中国国家统计局和国际货币基金组织（IMF）的数据，2023 年中国的消费市场总量约为 6 万亿美元，约占全球消费市场的 6%。

开拓国际市场，企业能够接触到更广泛的消费者群体，收获更广大的市场需求，从而实现销售的增长和市场份额的扩大。增长可以解决企业面临的绝大部分问题，如果不能，也可以为解决问题争取更多的时间和资源。

现在大部分企业面临增长停滞的严峻挑战，当企业停止了增长，企业的可分配利益变少，企业和员工的收益减少，开始出现利益冲突和内部竞争，内卷就开始显现。这时，无论在管理上如何做都是错的，公司便进入了死亡螺旋。

这时候，企业的氛围和文化会变差，也许管理层试图进行企业文化建设，但空洞地宣扬企业文化无法掩盖企业垂垂老矣的事实，只会让员工暗地里嘲讽。

这时候，企业的效益会变差，管理层往往采取很多管理动作来提高效率，在很多情况下，降本增效其实就等于裁员＋减少预算。没有实际生产工具的优化，没有生产经营模式的变革，没有技术创新的降本增效，只是让大家提高人均劳动强度，如果没有拿到确定收益，就很可能会导致满意度恶化，加速优秀员工的离职。

出海直接开拓了更广阔的新市场，可以带来更加强劲的增长。

增长可以让企业获取更多的资源。增长展示了企业强劲的竞争力和活力，给客户、公众、监管机构、投资者注入强大的信心，这种信心甚至会上升成为一种信仰，信心可以转化为资源的投入，直接表现为客户踊跃的购买、公众广泛传播的口碑、监管机构的极大耐心、投资者果断的支持。

增长可以摊薄国内的固定成本，包括研发成本、生产线的投资等，极大地改善企业的成本结构，提高企业的经营效率，从而带来更多的利润。

增长可以提高组织的战斗力，一个常打胜仗的组织往往会士气旺盛。一旦企业快速增长，可分配的蛋糕就会变大，大家一致对外扩张，组织和员工的利益会被拉齐，表现为员工满意度高、组织凝聚力强、团队士气高涨、文化积极进取。就算有管理上的瑕疵，内部有利益冲突，但分歧也会迅速弥合，员工往往可以容忍苛刻的文化、更低效的行为、更高强度的工作等不利因素。

出海带来的直接增长，让苦苦内卷的企业焕发出勃勃的生机。

第二，出海可发展全球供应链，企业可以通过全球资源配置，优化经营效率，降低风险。

通过跨国经营，企业可以更有效地利用全球资源、配置全球资源，包括人力资源、原材料、资本和技术等。这不仅有助于降低成本，还能提高企业的竞争力。其中全球化的原材料、资本供给的重要性已经毋庸多言，但是很多企业在人力资源全球外包领域还是缺少有效的实践。

全球人力资源外包涵盖了高端人才、技术人才，也包括低成本人力。中国企业可以在技术先进的国家设立研发中心，也可以在劳动力成本较低的国家设立生产基地和人力外包中心。

在欧洲等传统工业强国建立研发中心，已经成为广大中国制造企业的通行做法。一些东欧国家，如波兰、匈牙利，人力成本并不高，但技术和人才的积累非常悠久，正成为很多企业的选择。华为是中资企业在全球开展研发合作的先行者，在欧洲的研究所分布广泛，包括英国、德国、法国、意大利等传统西欧发达国家，也包括捷克、波兰、瑞典、芬兰等中欧和北欧国家。而吉利汽车在获得沃尔沃部分技术转让后，也在瑞典哥德堡设立欧洲研发中心，为领克等高端车型的推出打下了坚实的技术基础。

也有企业通过在有关税协议的国家投资建厂，从而获得关税减免，提高产品竞争力。大量汽车主机厂都会选择在目标市场建立保税工厂，从而获得极大的关税豁免，如广汽埃安、上汽、哪吒在东南亚国家的保税工厂。比亚迪为了拿下欧洲市场，计划投资上亿元在匈牙利建设电池组装厂。类似的例子比比皆是。

中国企业也可以充分利用全球资源来服务全球市场。比如，菲律宾是全球知名的英文呼叫中心外包市场，很多跨国公司会把客户中心和电话外呼中心设置在菲律宾，可以极大地降低劳动成本。而埃及则是阿拉伯语的呼叫中心外包市场，中国企业如果要在富裕的海湾国家展业，也可以把客服、外呼等职能设置在埃及。

在全球化的背景下，中国企业不仅要面对国内竞争对手，还要应对国际巨头的挑战。通过出海，企业可以直接与国际上的竞争对手交锋，学习和借鉴先进的管理经验和技术创新成果，从而提升自身的竞争力。这种竞争力表现在多个维度，包括获取跨国企业先进的管理经验、技术、理念，以及对市场的认知。

第三，出海是市场的多元化，可以提高企业的抗风险能力。

我们前面讲到出海有助于配置全球资源，包括布局全球供应链。供应链处在企业的上游，供应链多元化可以有效降低成本，同时也可以防范风险。而下游市场的多元化以及公司资产和业务分布的多元化也至关重要。

企业在发展壮大之后，一定会避免对单一市场、单一供应商的依赖，从而保持自己对上下游的影响力，甚至在初期会适当增加投入，短期付出一定代价也在所不惜。开拓新市场并且培育新的供应商，可以避免某个市场的"黑天鹅"事件给整个公司带来灭顶之灾，降低市场的周期性波动造成的影响。

中国市场作为一个巨大的、不断发展的、稳定的市场，成了中国企业天然的避风港，但也不可避免地存在周期性波动，这种波动是广泛存在的，包括整体宏观经济、微观细分行业、政策环境、监管力度、人民币汇率、资产价格、订单量、原材料等各方面的波动。

在新冠疫情之前，中国的经济是蓬勃发展的，市场需求是旺盛的，供给是强大的，监管是宽松的，流动性是充裕的，很多中国企业忙于采摘低垂的果实，却忽视了对海外市场的提前培育。尤其在那些最近十年才崛起的新兴企业中，这种情况更加普遍。这些新兴企业在国内的业务发展迅速，管理团队一路小跑地推动业务，组织能力的建设尚未跟上，国内的管理工作都跟跟跄跄，自然无暇开拓和管理难度更高的国际业务。

这就导致了很多企业虽然在国内业务体量庞大，积攒了巨量现金储备，产品力、品牌力都不俗，甚至在国内市场也进行了多元化展业，但过度依赖国内市场，当国内市场面临宏观经济和政策环境变化时，往往会遭受严重的冲击。

第四，出海可以帮助中国企业打造全球品牌，提高中国企业的品牌价值。

品牌的力量是巨大的，品牌可以让产品更广泛地传播，从而获得更大的流量，显著提高销量。品牌可以塑造受众关于产品的心智，让消费者对品牌更加信任，甚至忠诚。心智可以触发受众大脑中的购买链路，提高销售转化率。另外，品牌可以让产品卖出更高的溢价。

出海展业的过程也是打造品牌的过程，中国企业需要让自己获取国际知名度，从而吸引全球客户。这样做不仅可以帮助中国企业开拓国际业务，也可以让其国内业务迈向新的高度。

国际化拓展是一件艰难而伟大的事情，人民群众和国家都非常期待中国企业走出去，也会付出实际行动支持中国企业走出去。这不仅关乎民族自豪感，也切切实实地关乎国家和人民的利益，关乎中国的国际竞争力。如果中国企业可以成功地在海外开疆拓土，一定会极大地提高品牌形象，也会反哺国内市场，受到国内市场的尊重和追捧。

华为就是个典型的例子：

华为的国际化之旅始于 1996 年，步履蹒跚地十年磨一剑，终于在 2005 年国际业务收入超过了国内业务收入，华为的国际化战略取得了实质性成功。此后华为开始尝试进攻欧美等发达国家市场，从 2012 年开始，华为在通信领域就超越了爱立信，成为全球第一大通信设备公司。

与此同时，华为顺势推出了手机业务和云计算业务，开始了多元化经营，并且开始了在芯片、人工智能方面的探索。也正是因为华为在国际业务上势如破竹，触动了美国的利益，导致美国从 2019 年起对华为发起了多轮制裁。2019 年 4 月，美国商务部就启动了长臂管辖，要求全球供应商对华为供货要首先取得美国许可；同年 8 月，美国政府更是直接将华为列入"实体清单"，次月禁令正式生效。

而这还远远不算完，之后美国政府陆陆续续颁布了一系列法律、禁令，采取了多种措施，来限制华为等中国高科技公司，比如：

2018 年 12 月，加拿大在美国的授意下，扣押华为 CFO 孟晚舟。

从 2018 年开始，美国多次施压其盟国和附庸国，如英国、德国、法国、意大利等，禁止其使用华为的设备，尤其是 5G 电信设备。

《2021 年美国创新与竞争法案》（USICA）提供资金支持美国半导体研发和生产，同时限制与中国的科技往来。

《2022 年美国竞争法案》旨在遏制中国芯片产业，加强美国芯片产业的竞争力，也被称为《芯片法案》；《2022 年芯片与科学法案》对美国及其附庸的芯片企业进行补贴；2022 年，美国、韩国、日本和中国台湾地区组建"Chip 4"芯片四方联盟，试图重塑全球芯片供应链，打击中国大陆企业。

美国政府不仅通过政治手段禁止美国企业与华为合作，也动用长臂管辖逼迫其附庸国和地区的企业停止与华为合作，如 ARM、台积电、Wi-Fi、SD、Bluetooth 联盟、Google、Facebook、ASML 等均在受限之列。2023 年，美国强制要求荷兰 ASML 公司停止对中国出口深紫外光刻机（DUV）及其部件，试图彻底扼杀以华为为代表的中国芯片企业。

在大国博弈的背景下，在残酷的国际竞争中，华为突破了美国的重重封锁，顽强地生存了下来，并且发展壮大。也正是因为美国从 2019 年开始的变本加厉的打压，华为才在国内老百姓的心智中打下了高科技企业、民族企业的烙印，树立了高端的品牌形象。

也正因如此，即使在华为手机无法配置最新一代的芯片，CPU 性能落后于竞品的情况下，依然有海量的用户支持华为。我也曾经是一个"果粉"，但是在 2019 年孟晚舟被扣押不久后，也转投华为，一个 P40 用了四年之久，并且配置了华为全家桶。

2020 年，任正非在接受外媒采访时也对特朗普的"推广"表示过"感谢"，称其为华为的"全球品牌代言人"。

第五，中国企业出海有利于吸纳全球人才，实现人才的多元化。

在很长一段时间里，美国对世界各国人民一直有着巨大的吸引力，尤其是对发展中国家人民而言，年轻学生、知识分子、科研人员、商业精英对美国无不心怀向往，为了心中的"美国梦"远渡重洋打拼。

美国的成功，一定程度上也得益于对全球人才的吸引，全球的人才汇聚一堂，共同造就了美国经济的繁荣，造就了美国企业强大的国际竞争力。我们举几个例子感受一下：

- 硅谷 2/3 以上的独角兽企业由第一代或二代移民所创立。
- 硅谷工程师中移民占比高达 70%，其中印度裔占 30%。
- 硅谷高科技企业的 CEO 中印度裔占比为 7%，而华人中也有知名的企业家和 CEO，如英伟达的黄仁勋、AMD 的苏丰姿、Zoom 的袁征，还有早期王安电脑的王安、雅虎的杨致远、YouTube 的陈士骏等。

中国企业要取得成功，必须敞开胸怀，吸纳全球的人才加入进来，贡献自己的才能，并且获得重要岗位。中国的企业家也要真诚为海外人才提供就业和成长机会，让他们将自己的职业生涯长期放在中国企业，甚至放在中国。

中国各地政府和相关部门也在积极地引进海外技术人才，为他们提供优渥的待遇和便利的生活。在很多优秀的企业和高校中，我们经常看到外国专家担任科研、技术骨干。

而中国企业出海，对中国全球化人才战略将产生非常强有力的助推，为海外人才在中国企业中铺设了职业发展的通道，搭建了全球人才平台。平台覆盖了人才全生命周期的各个环节，包括人才的吸引和招聘，人才的发展和交流，人才流通市场，以及海外人才的生活及文化社区。这对海外人才的吸引及留存至关重要。

值得一提的是，中国企业出海也可以有效地吸引华人人才在海外为国效力，甚至归国效力。在国际产业分工中，高端产业长期被西方企业所把持，他们拥有大量高端岗位，为人才提供了高薪待遇，并且工作相对轻松，对全球人才产生了强大的吸引力。

这就能解释，为什么加州湾区的架构设计工程师可以住着大别墅，开着小皮卡，全家人每到周末就可以去度假，而华强北的硬件工程师就必须住在宝安的人才公寓，挤着地铁，周末也要上班，孩子都没有人管。因为架构设计是高端岗位，在产业链的顶端，而售后运维则位于产业链的底层。

在这个大环境下，过去几十年中，中国有很多优秀人才流失到了海外，主要是美国、欧洲、澳洲等发达国家和地区。每个人都有追求美好生活的权利，他们虽然远赴重洋，但大部分人对中国依然怀有拳拳赤子之心。我在海外拓展业务的几年中，走遍了南北美洲、欧洲、澳洲、中东、非洲。在招聘的时候，海外华人永远是第一批投简历的人，他们很多人一直在关注中国的消息，关注中国相关行业的信息，关注中国企业在他们居住国业务拓展的计划。事实上，在后续的展业中，海外华人更容易和中国企业建立情感联结，有更强的凝聚力和战斗力，他们其中很多人甚至通过公司回国发展，让自己的人生轨迹回到了中国。

而在最近十几年的时间里，中国高科技企业通过长期的积累，纷纷实现了技术突破并且快速发展。在这短短的十几年中，中国的高端产业开始蓬勃发展，迅速崛起，这些高端产业包括互联网、通信电子、半导体、人工智能、新能源汽车等。这些领域有着较高的门槛，处于产业链的顶端，而其中的领头企业掌握着利润分配的权力，在中国本土或者海外研发中心也创造了大量的高端岗位。

很多海外华人一直居住在华人社区，华人的面孔与文化世世代代都在传承，他们与中国的情感纽带始终都在，他们始终是中国人民的同胞，这一点毋庸置疑。中国企业通过出海又招募了他们，用实际的利益与他们形成了联结，让海外华人及其后代与中国更加亲近。

从某种意义上来讲，他们就是中国向全世界派驻的最好的使者，是中国文化的宣传者和布道者，是中国经济与科技成就的推广者，是中国人民友谊的传播者，中国企业应该帮助他们在职业发展之路上取得更大的成功。

第六，出海能抓住时代的机遇，拥抱历史的潮流。

国内激烈的竞争是中国企业出海的压力，也是中国企业出海最大的动力。

出于主动或者被动，很多企业聪明地避开了国内的竞争，果断地选择出海并打出了一片新的天地，在海外市场称霸一方。例如，在非洲大获成功的传音手机的前身就是国内已经偃旗息鼓的波导手机，而极兔、Shein、Musical.ly、Opay 等公司也大多出于华人创业者之手，他们避开了中国内卷的市场，依托国内丰富的资源与强大的供应链，在海外甚至是发达国家打下了一片天地。

而中国政府积极推动的"一带一路"倡议为中国企业提供了出海的政策支持和市场机遇。

通过参与国际合作项目，企业可以获得政策优惠、资金支持和市场准入等多方面的帮助，降低出海的门槛和风险。"一带一路"沿线国家往往对中国比较友好，国与国之间的合作也为企业展业提供了政策支持，这为中国企业进入这些市场提供了便利和优惠条件。

甚至很多"一带一路"沿线国家在中国的使馆和领馆都在积极地开展招商工作，他们的驻华参赞及其团队经常组织企业的座谈、研讨活动，积极宣传该国的各项优惠政策和投资优势。当中国企业在目标国家落地经营的时候，不管是该国驻华使、领馆，还是中国驻外的使、领馆，都会非常热心地提供各种各样的支持与辅导，包括但不限于政策咨询、资源对接、企业社区建设、问题与困难的协调解决等。

我作为企业负责人在巴西、墨西哥、澳大利亚、南非、埃及等各国展业时，也曾受到中国外交部驻各地使、领馆工作人员的热心帮助，在异国他乡感受到祖国的温暖，在本书中特表示感谢。

当今世界，大国博弈愈演愈烈，企业的竞争力是国家竞争力的重要组成部分，也是国家竞争力的重要外在表现。也可以这么说：企业竞争力是国家竞争力的"因"，也是国家竞争力的"果"。在激烈的国际竞争中，企业的国际竞争力则是关键中的关键。

整体来看，中国企业的国际竞争力并不算领先，尤其是相较于美国的跨国巨头，中国新兴科技企业的国际竞争力还有一定的差距。一个非常朴素的指标就是企业的海外业务收入占比，美国科技公司海外业务收入占比普遍高于50%，而中国同类企业的海外业务收入占比往往远低于美国同行。

中国企业在出海领域做得更好的往往是传统的外贸型企业，出海的产品也大多是电子产品、电器产品、工业品、消费品等。但这些企业所在行业普遍处于产业链的底层，企业自身不掌握利润分配权。如果我们把眼光放在中国的新兴科技企业和行业，放在技术和商业模式的输出上，相关企业的海外业务占比的差距可能会更大。我们列举中美几个典型头部企业在2023年国外业务收入的占比，见表1-1，差距一目了然。

表1-1　新兴行业中国头部企业与美国企业国外业务收入占比

中国企业	国外业务收入占比	美国企业	国外业务收入占比
比亚迪	11%	特斯拉	53%
华为	48%	苹果	58%
阿里巴巴	14%	亚马逊	35%
字节跳动	20%~30%	谷歌	54%

注：数据来源为公司财报及公开渠道。

　　这里面的原因是多种多样的，也许存在企业和行业历史积累不足的问题，很多中国企业还处在发展的初期。中国和其他国家的法律、政策、文化差异也很大，也有中国文化和品牌全球认同的因素。甚至英语天生就是国际化语言，欧美公司天生就是国际化的公司，天然就容易在印欧语系国家落地生根，而中国企业在海外则面临巨大的沟通障碍。另外，美国及其盟国的制裁、封禁以及政策风险也是不得不正视的因素。

　　但是以上困难并没有让中国企业退缩，以上困难也都有解决方案。有众多优秀的中国企业面临着重重不利因素，依然在不同的国家斩获了可观的市场份额，获取了丰厚的回报。

　　中国的企业和企业家从来不缺乏勇气，更不缺乏对大海那一边的好奇和探索之心，相信随着经济、科技、教育的进一步发展，随着国家越来越积极地倡导"一带一路"，会有越来越多的中国企业踏上出海之路。

第二章　目标市场的选择

选择的重要性远远大于努力。选择对了，事半功倍；选择错了，努力白费。中国企业开展国际化业务，第一要务就是确定目标市场。而这个市场的潜力、资源投入的需求、竞争烈度、成功的概率直接影响了最终的选择。我们把目标市场的选择和目标制定放在一起来讨论，本章要回答"出海八问"中的以下三个问题：

（二）出海去哪里？

（三）目标是什么？

（四）要投入多少？

为此，企业需要做详尽的市场调研，充分了解目标市场，包括了解当地的政治环境、法律环境、竞争环境、舆论环境等。如果不知道落地之后自己会面对什么，不知道自己要投入多少，也不清楚可能的回报有多丰厚，就贸然带着资金和资源冲过去，无异于千里送人头，所有的投资很有可能打水漂。目标市场的选择就是要对多个备选市场进行多维度的综合考量，基于全面、客观、精确的事实，做出正确的商业决策。

当企业决定出海的时候，关于到底去哪里，我想负责人的脑子里一定有很多问题：

- 先进入哪些市场？后进入哪些市场？
- 先进入单一市场，还是同时进入同类型且相邻的市场？
- 先进入发达但不友好的国家，还是先进入发展中但友好的国家？
- 先进入成熟市场，用有限的资源来直面竞争，还是先进入早期市场，投资培育市场？
- 先进入家门口的市场，还是不远万里踏上征途？

为了帮助企业回答这些问题，本章会对各种市场类型进行分门别类的分析，并且提出几个评估的框架，分别是：

- 国际市场分类评估框架。
- 进入时机评估框架。
- 投入产出评估框架。
- 市场风险评估框架。

希望这几个评估框架能够帮助你开拓思路，并且回答以上所有的问题。

01 市场和国家

我们需要明确两个概念：**市场和国家。**

国家是个政治概念，而市场是个经济概念，更加具体来讲，市场是个行业概念。这两个概念不能混为一谈。我们做市场评估是以市场为主体，而不是以国家为主体。所以在开始分析之前，我们先搞清楚什么是市场，以及市场和国家有什么区别。

第一，市场是一个行业概念。一个国家固然可以被视作一个市场，但可以继续细分成更多的行业市场。

可以按照地域划分，如东部沿海市场、西部市场、一线城市市场、下沉市场等；可以按照行业划分，如金融市场、汽车市场、手机市场、服装市场、化工市场等；也可以继续细分，金融市场可以分为保险市场、证券市场、信贷市场，证券市场可以继续细分为股票市场、债券市场，还可以分为一级市场、二级市场。

第二，一个宏观市场可能包括多个国家和地区，多个国家可以构成一个统一的市场。

一个市场内部的不同单元应该有高度的相似性。在该市场中，某个行业在各个国家或地区单元的经济环境应该是类似的，所要遵循的法律和各种规则是一致的，并且商品、服务、资金、人才在该市场内部可以比较自由地流动，不受太多壁垒的限制，这些壁垒包括外汇管制、关税、签证和移民政策、牌照和资质等。所以，多个经济、政策环境相似的国家和地区可以构成一个统一的大市场。

从这个角度来讲，欧盟虽然是由多个国家构成的，但是其通用货币是欧元，各个国家的经济水平类似，有统一的市场规则，人才在申根国之间自由流动，欧盟各国关税减免，所以我们可以将其视为一个统一的市场。

而东南亚则不完全是一个统一的大市场，东南亚各国的经济差异较大，语言、货币、法规都不尽相同。但是，近年来随着 RCEP 的深入推进，成员国之间的关税大幅降低，部分商品甚至实现了零关税，并且建立了统一的市场规则和标准，大大简化了跨境贸易流程，正在逐步降低甚至是消除商品、资本、人才流通的壁垒，从而朝着统一的大市场推进。

企业为什么需要重视一个统一的大市场？主要是因为统一的大市场体量较大，潜在收益也大，但更重要的是：在统一的市场内部展业成本比较低。这种成本节省体现在企业经营的方方面面：

（1）统一的市场内的各个国家有着相似的市场环境和经济水平，企业在市场内不同国家展业有经验可循，只需要适应一遍，只需要一套完整的战略，大大降低了出海的学习成本。

（2）统一的市场内部没有关税壁垒，企业不需要在内部各国逐个投资建厂、建仓，以规避关税，极大降低了初期投资。

（3）统一的市场有着统一的法律法规环境，企业只需要交一份律师费、会计师费，只需要走通一套合规的流程，降低了很多合规的支出和日常开支。

（4）统一的市场有着统一语言和文化。在市场内不同国家展业时，企业可以充分复用现有团队的能力，只需要打造一个强大的本地团队，而不需要建立多个分散的区域团队，从而降低人力投入，提高组织能力。

（5）面对统一的市场，产品不需要做太多的本地化定制，可避免不同产品版本之间存在过多的差异化。在统一的市场内部，企业可以复用同一套产品设计，降低了产品开发的复杂度。

（6）统一的市场内部的文化是流通的，品牌推广和市场营销的成本也会极大地降低。品牌战略和策略在统一的市场内部可以复用，广告代言人、广告内容、视频素材、文案设计都可以复用，口碑会在整个市场进行传播。

国际业务拓展战略的制定，往往是针对某个市场，而非某个国家。比如，某消费品企业为在澳大利亚开展业务而前往澳大利亚进行招商工作，其实可以顺手也联系一下新西兰的潜在合作伙伴，没有必要做两次工作。如果企业想要为墨西哥开发一款手机应用，则可以考虑对西班牙语区进行统筹规划，把哥伦比亚、智利、秘鲁、阿根廷的市场需求综合考虑进去。

02 发达国家市场和发展中国家市场

当企业开始制定国际市场进入战略时，可能思考的第一个问题就是先去发达国家市场，还是先去发展中国家市场。这是两条完全不同的道路，指向两种完全不同的战略方向。

市场的规模是一个非常重要的因素，经济因素直接关系到企业的投入产出比。规模越大的市场，通常收益越大，但竞争也越激烈，从而导致投入也更多。而越小的市场，通常越不被竞争对手重视，竞争强度可能就越小，但是这些市场比较细碎，每个市场的投入看似不高，但是一个个地耕耘起来，成本并不低。

是选择先进入一个小的市场，验证产品和组织能力之后，再进入更大、竞争更激烈的市场，还是集中力量拿下主力市场，占据全球产业链高地，然后势如破竹地推广到全球中小市场，抑或同时进入全球多个市场，批量开拓？

这些选择都有企业尝试过，不同的战略选择都有可能成功。

传音选择进入非洲市场，扎根本土，长期耕耘。每个国家的市场规模都不大，其中最大的尼日利亚手机市场规模为 15 亿美元，而英国的手机市场规模为 155 亿美元，为尼日利亚的十倍多。但不可否认，传音是一家极其成功的中国企业，2023 年传音手机在非洲的销售规模约为 60 亿美元，斩获了当地 45% 的市场份额。

如果同等的投入放在英国，甚至欧洲，是不可能取得如此战果的。

而 TikTok 则采取了一条完全相反的战略路径。2017 年，字节跳动以约 10 亿美元收购了 Musical.ly，在随后的几年中又陆陆续续在美国市场投入了数十亿美元。这些资金涵盖了收购成本、市场推广费用、技术研发和运营支出等多个方面。虽然历经磨难，但是 TikTok 最终成为美国最大的短视频平台。

美国是全球流行文化高地，美国的流行音乐、影视作品、热门短视频等内容很容易在全球形成现象级传播。TikTok 在美国获得流行之后，轻而易举地将业务拓展到了欧洲、澳新、拉丁美洲、东南亚、日韩、非洲，甚至是中东。

但任何一种市场进入战略都有可能是错的。有很多企业优先进入欧美市场，但遭遇了滑铁卢；也有企业进入非洲市场，发现投入并不小，却无利可图，最后无奈放弃。甚至对 TikTok 来讲，美国政治带来的归零风险依然存在，我们也很难对这个战略盖棺定论。

每个企业都应该基于管理层和投资人的风险容忍度，根据自己独特的产品特质、产品力、供应链、组织能力以及财务状况，做出综合判断，制定相应的战略和策略。

发达国家的经济与科技都处于较高水平，基础设施、法律法规、文化教育等配套齐备，市场相对成熟，一般被称为"成熟市场"，以欧美国家市场为代表。发达国家垄断了全球高端产业，拥有最关键的技术和专利，制定了全球市场的游戏规则，拿走了全球产业链中最丰厚的利润。他们以全球 14%的人口，创造了全球 60% 的 GDP，消费了绝大多数的资源和工业制成品。发达国家代表了更高的物质、精神生活水平和更优美的环境。

发达国家市场是一个更大、更健全的消费市场，有着更高的流动性和更高的资产回报率，对企业有着巨大的吸引力。同样，发达国家对企业从事国际业务拓展的员工也充满了吸引力。

对于绝大多数行业来讲，发达国家市场的优势很明显。虽然发达国家的人口数量较少，但其国民消费能力往往远大于亚非拉发展中国家，其市场规模不容小觑。如果能够在发达国家敲下来一块市场份额，企业的利润也会相当丰厚。

发达国家市场的好处不需要我再多说，但这吸引力背后却隐藏着很多挑战和成本：

第一，发达国家市场的竞争更加激烈。

北美、欧盟等发达国家市场往往规模较大，但这也意味着这些国家的经济实力更强，本地企业的竞争力也比较强，并且也会吸引更多强大的跨国企业前来投资。

发达国家也有一些新兴市场，吸引全球新玩家的进入，这几年跨境电商、短视频、人工智能等也在欧美广泛兴起，也不乏中国玩家入场。但新进入的企业不仅要面对本土的竞争者，还要面对来自国际的竞争者。

因为发达国家市场的吸引力比较大，新的商业机会一旦出现就会吸引全球的同业前来参战，这种新兴市场机会的窗口期往往很短。如果来晚了就是一片红海，市场会变得很拥挤，甚至过饱和。

如果再晚一点进入，就错过了窗口期。此时，竞争已经结束，市场已经成熟，头部企业的用户体验已经非常好了，成本优势也很明显，头部企业已经牢牢占据了相应的生态位。在这种情况下，新进入者根本无立锥之地。

比如，现在试图进入美国的跨境电商领域可能已经不早了，但中国企业还是有显著的成本优势，找准定位或许还有机会。要是选择进入美国的短视频市场、网约车市场、外卖市场可能就来不及了。除非企业有新技术、新模式，或者其他的过人之处，否则就不要去"硬磕"了。

第二，发达国家市场的展业成本更高，需要更高的投入。

发达国家的人均收入普遍较高，这一点是显而易见的。在发达国家，土地、房租、用工、专业服务的成本都会远远高于发展中国家。而激烈的竞争又让巨大的投入和开支有了不确定性。

在发达国家展业的企业一定会有很深的感触，在伦敦、东京、纽约这种城市租办公室、招聘人员、雇用律师和会计师都非常贵，在业务开展还遥遥无期的时候，一大笔钱就要花出去。

高成本的背后也许是高收益，但也有可能是很大的不确定性。想要进入发达国家市场，企业就要带更多的筹码才能上桌，并且做好风险应对预案。

第三，发达国家市场的准入门槛更高，这种门槛主要体现在合规方面。

市场进入成熟阶段之后，往往各种法规已经比较健全，在浩如烟海的法律法规中，如何避免踩雷就是一个重要的课题。

在很多发展中国家市场中，产品和服务标准并不复杂，只要遵循国际通用标准即可。但是很多发达国家却设立了自己独有的各种标准。2023 年美国的法律服务市场贡献了整个 GDP 的 1.3%，而中国法律服务市场规模只有美国的 1/3。在欧美，合规是个非常大的生意。对企业来讲，合规门槛不得不正视。

比如汽车出口欧洲，除了要通过产品认证，还有各式各样的车辆安全标准、排放标准、碳标准等。相关法规涉及《关键原材料法案》（*Critical Raw Material Act*）、《反倾销条例》（*Anti-price dumping regulations*）、"碳边境调节机制"（Carbon Border Adjustment Mechanism）、欧七汽车标准、制造工厂补贴、消费者电动汽车购买激励措施、数据安全类法规等。这些标准如此繁多，企业往往需要聘请专业服务机构来支持，并且支付高昂的费用。

可能这里面最容易忽视的就是数据安全类法规，这类法规主要针对高度重视用户运营的互联网企业，但随着汽车、电子产品的智能化，相关企业也不可避免地会收集和处理大量的用户数据。

我们以欧盟令所有企业闻之色变的 GDPR（General Data Protection Regulation，《通用数据保护条例》）为例。该法规是用来保护个人隐私和防止企业滥用数据的，确保用户对自己的个人数据有完全的掌控权。GDPR 在欧盟会员国强制执行，对违反者将处以高额罚款，最高为该企业上一年全球营收的 4%。

GDPR 也曾经开出过很多著名罚单：

2024 年 7 月 22 日，荷兰数据保护局（DPA）对 Uber 处以 2.9 亿欧元罚款……

2023 年 5 月 22 日，爱尔兰数据保护委员会对 Meta 开出 12 亿欧元的罚单。此前，Meta 旗下的 Instagram、WhatsApp、Facebook 也数次面临上亿元的天价罚单。

2021 年，卢森堡国家数据保护委员会裁定亚马逊对其用户数据保护不力，违反了 GDPR 规定，亚马逊被重罚 7.46 亿欧元。

…………

这种例子不胜枚举，自 2018 年 5 月实施以来，欧洲数据保护机构已开出了与 GDPR 有关的 200 多张罚单。GDPR 的处罚如此之重，意味着选择进入欧洲的互联网企业往往需要支付高额的律师费、咨询费、数据中心成本、软硬件采购成本等来进行合规化运营。

不同的行业有不同的法律和法规，企业在进入之前务必做好合规工作，提前排雷。

第四，发达国家市场对产品体验有更高的要求。

成熟市场的企业经历了激烈的竞争，生存了下来并占据一定市场份额，牢牢地占据某一生态位，它们必然拥有较强的竞争力，这种竞争力往往体现在产品体验、功能、性能、设计、品牌、成本等各个方面。用户已经在丰富的选择面前变得更加挑剔，已经被激烈的竞争宠溺到无以复加，而新进企业的产品如果没有独特的竞争力，很难打开局面。

星巴克于 2000 年大举进入澳大利亚市场，迅速在墨尔本、悉尼等核心城市扩张到 87 家店面。这一策略体现了星巴克非常成功的全球扩张模式，即通过快速增加门店数量来提高品牌知名度和市场占有率。

但澳大利亚咖啡市场已经非常成熟，澳大利亚拥有自己独特的咖啡文化和品味，澳大利亚人民对于咖啡以及咖啡馆的品质有着非常高的要求。本土已有强势的咖啡连锁品牌和众多的独立咖啡馆，它们深谙当地消费者的口味和偏好，而且遍布每个城市的大街小巷。

相对于澳大利亚本土咖啡馆，星巴克的体验并无过人之处。澳大利亚人对星巴克的反应非常冷淡，新开的门店门可罗雀，普遍亏损严重。星巴克不得不在 2008 年开始关闭大量亏损的门店，最终仅在美国、亚洲游客比较多的地方保留了极少数店铺。

相反，中国的喜茶、蜜雪冰城等奶茶、果茶品牌为澳大利亚人民提供了与众不同的新体验，开辟了一块全新的饮品市场，在澳大利亚的拓展反而取得了初步的成功。虽然门店数量不多，但单店取得了不俗的业绩表现，也显示出强劲的增长潜力。

第五，发达国家市场对中国品牌的接受度更低。

导致这种情况的原因是多元的，有些原因是可以对症下药，针对性地解决的，而有些原因根深蒂固，一时半会无法扭转。

中国企业在品牌建设方面投入不足，积累口碑的时间比较短，尤其是相对于欧美大企业的国际知名品牌，品牌历史沉淀不够，导致在消费者心中印象模糊。发达国家的消费者对已有品牌有一定的忠诚度，他们改变消费习惯，尝试新晋的中国品牌需要时间和契机。

文化差异也是一个重要因素，中国企业在出海过程中可能未能充分考虑目标市场的文化特性和消费者偏好，一直用自己习惯的方式做品牌建设和推广，导致品牌信息传递不畅和市场反响平平。

虽然中国企业的产品质量有了显著提升，但海外消费者心中仍存在中国制造质量不佳的偏见，这种不信任有可能是因为部分企业产品质量不过关，损害了中国企业的整体形象，也有历史原因，包括发达国家对中国长期以来的歧视。

不可否认，偏见和歧视确实存在，很多欧美国家的民众确实有一种骨子里的优越感，他们的认知远远落后于时代发展，对中国企业和中国品牌持有预设的负面态度。

第六，对中国企业来讲，发达国家的政治风险更高。

发达国家站在全球"食物链"的最顶端，由全球的劳动力和资源所供养，才能让其人民享受到最好的消费、教育、环境。所以发达国家非常抗拒"食物链"金字塔下面的玩家往上爬，会用尽一切手段阻止下游玩家进入发达国家俱乐部，打破自己的垄断。

而14亿人口的中国，正在努力地向金字塔顶端攀登。并且，这个巨大的发展中国家并不是自己在冲击塔顶，而是带领着广大亚非拉国家试图打造一个新的政治、经济、金融、科技、文化新秩序。这是让以美国为首的欧美国家最恐惧的地方。

发达国家结成很多团体，抱团来捍卫自己的地位，涵盖了政治、经济、科技、军事等各个领域。这些小团体有各种各样的名字，如G7、北约、五眼联盟、QUAD、Chip 4、瓦森纳协定……

中小型企业可能还没有太多政治方面的顾虑。中小型企业依附于发达国家本土平台，对市场所在国的产业生态没有太大的影响，对于产业链的格局没有冲击，对利润分配权没有诉求，还能活跃所在国的市场，为所在国的经济做出贡献，因此基本不用担心政治风险。

但是企业一旦做大，对行业和产业链有了一定的影响力，政治风险就是一个不得不考虑的问题了。企业规模越大，政治风险就越大，大到一定程度，企业的资产安全甚至是企业员工的人身安全都无法得到保障。

TikTok、华为的遭遇这里不再赘述，甚至法国的阿尔斯通也曾经在美国吃过亏。阿尔斯通前高管皮耶鲁齐在他的《美国陷阱》一书中揭露了美国政府使用长臂管辖，对法国高管进行指控并且逮捕、定罪，最后逼迫阿尔斯通出售给美国通用，并且勒索了高达7.7亿美元的巨额罚款。

除此之外，美国已将600多家中国企业列入了"实体清单"。"实体清单"

是美国政府针对特定实体实施贸易限制的一种手段，旨在限制这些实体获取美国及其附属国的技术和产品。被加入此清单的中国企业通常涉及高科技行业，如半导体、人工智能、通信技术等。被列入"实体清单"的中国企业无法轻易获得含有美国技术和部件的产品，这对它们的业务运营产生了重大负面影响。特别是在半导体、人工智能和通信技术等领域，美国的技术和组件对于这些行业的发展至关重要。

就算不进入美国市场，美国也可能对中国企业进行长臂管辖，但只要企业在美国没有资产和人员，可以"被执行"的东西不多，受到的损失就没有那么大。

发展中国家市场是更加广阔并且更加分散的市场。

世界上有几十个发达国家，我们可以简单地把它们归为一类。但是发展中国家或地区就多了，它们分布在天南海北，它们的发展差异巨大。俄罗斯和菲律宾显然不能被放在一起讨论市场进入策略，巴西和沙特的市场也有着天壤之别，很难被放在一起进行分析。我们没有办法用一套战略、计划、产品方案应对所有的市场，甚至团队都不能复用。

但发展中国家数量如此之多，分布如此之散，如果一个个地进行分析，那就会陷入浩如烟海的信息中去，抓不住头绪。发展中国家市场如此重要，是中国企业出海的必然选择，所以我们需要一个更好的框架对各个市场进行分析。

03   国际市场分类评估

如果一家企业有宏大的全球化战略，需要对全球主要市场进行针对性研究，就需要一个框架，对全球各个市场进行直观的对比，方便做出决策。世界这么大，国家这么多，出海之前选择目标市场总是一项令人头疼的工作。

为了简化这个过程，我搭建了一个市场分类框架，称为"国际市场四象限分类框架"（见图2-1），用**市场规模**和**市场成熟度**两个维度把所有的市场分成四类，可以帮助企业分析各种类型的市场的优劣势，并且相应地制定策略。

市场规模：可以用很多指标来衡量，对于一个宏观市场（国家、国际区域、大洲）来讲，采用的指标可以是GDP、人口、生产、消费等；对于某个细分市场来说，采用的指标可以是行业总产值、销售额、销量等。

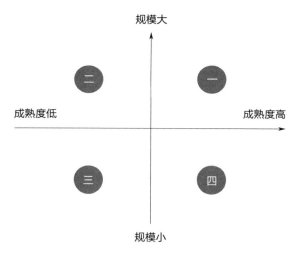

图2-1 国际市场四象限分类框架1

市场成熟度：衡量一个宏观市场的成熟度，可以用人均GDP、人均消费等指标；衡量一个行业市场的成熟度，可以用渗透率、占有率、人均保有量、消费占比等指标。

发达国家市场通常被认为是成熟市场，发展中国家市场通常被认为是非成熟市场，但这并不绝对。

澳大利亚是一个典型的发达国家，而中国通常被看作一个发展中国家。但是对于新能源汽车行业来讲，中国市场的成熟度要远远高于澳大利亚市场。我们对比一下两国新车销售中的新能源车占比：

2023年，中国新能源汽车销量为949.5万辆，在新车销售中占比31.6%，其中 69% 为纯电。而同年，在澳大利亚新车销售中，纯电动汽车的销量占比 7.2%，较上一年增长显著，而混合动力汽车的销量占比略有下降，但仍占 8.1%。澳大利亚新能源汽车市场的成熟度远远落后于中国。

第一象限，规模大且成熟度高的市场

这类市场往往存在于发达国家。因为已经经历了充分的竞争，现有市场玩家都是生存下来的佼佼者，有着各自的竞争优势，市场竞争格局往往比较稳定。在成熟市场，用户心智已经充分建立，用户习惯已经完全养成，用户的迁移成本很高。新进入者很难拿下比较高的份额。

比如，在中国的新能源汽车市场中，虽然竞争没有停止，格局尚未稳定，但规模和成熟度都遥遥领先于其他国家，本土的新玩家都很难生存，更何况国外的新进入者？

又比如，在北美的互联网市场中，巨头已经稳稳地占据了各自的生态位，资本联合政治，会用尽各种手段来扼杀掉潜在的外来竞争者。

第二象限，规模大但成熟度低的市场

这些市场往往存在于大型发展中国家，进入难度也不小。这些市场所在的国家往往比较落后，治安环境差，收入不确定，利润率偏低。最关键的是市场风险往往比较高，除了计划的投入，还会有些看不清的成本隐藏在其中，最后甚至有可能让投资蒙受损失。

比如，印度的政策有很大的不确定性；进入俄罗斯市场有被制裁的风险；拉美市场非常有吸引力，巴西和墨西哥都是比较大的单一经济体，但是遥远的距离带来的管理和沟通成本不同小觑，并且治安和经济脆弱性也需要充分考量；印尼市场体量也很大，并且靠近中国，但也已经比较拥挤。

第三象限，规模小且成熟度低的市场

有些国家的市场规模小，成熟度又低，对于这些市场，需要具体问题具体分析。

　　进入这些国家的市场虽然投入小，但收益也很小，如果一个一个地去开拓这种小而分散的市场，可能要耗费的时间更久，付出的努力也不小，总成本就会很大。但是不是这些市场就没有价值了呢？也不尽然。

　　单个国家的市场看起来规模不大，但是连成一片之后也不小。比如，众多伊斯兰国家构成的中东北非市场，在国际上通常被称为 MENA（Middle East & North Africa），拥有 5 亿多人口和超过 4 万亿美元的 GDP。又比如，东南亚国家构成的东盟市场，在国际上通常被称为 ASEAN（Association of Southeast Asian Nations），拥有 6 亿多人口和约 4 万亿美元的 GDP。

　　撒哈拉以南的非洲（也称"黑非洲"，英文是 Sub-Sahara Africa，国际通称 SSA）国家市场体量都很小，并且经济发展水平都很低，市场成熟度很低。但这些国家可以被当成一个市场来运作，英语是其通用语言，头部几个国家的经济和文化也有很高的相似性，如尼日利亚、南非、加纳、肯尼亚、埃塞俄比亚、坦桑尼亚、赞比亚等。并且这些国家普遍对中国友好，民众对中国品牌信赖。SSA 的人口有 1.2 亿，GDP 总额不大，只有 2 万亿美元多一点。

　　这些国家都有各自的国情，进入这些国家的市场还是需要扎根本土，长期深耕。虽然它们被视作一个整体市场，但各国的经济发展非常不均衡。海湾国家的富裕程度堪比发达国家，但人口体量较小；埃及、巴基斯坦、土耳其人口体量巨大，但经济相对落后；而东南亚、非洲各国的差异就更大了，很多情况下无法直接复用现有产品和本地团队。

　　如果有的国家和地区不能融入一个大型的市场，只是以一个小规模且不成熟的单体市场存在，那这些市场的优先级就排得比较低了。

第四象限，规模小但成熟度高的市场

　　我们可以称之为"小而美"的市场。

　　这些市场和第三象限的市场其实比较类似，如果这些小而美的市场能够融入大型市场，或者联合起来形成一个大型市场，那还是比较有吸引力的。否则一个单体的"小而美"市场不值得企业投入太高。

比如，波罗的海三国爱沙尼亚、拉脱维亚、立陶宛都非常小，北欧五国丹麦、挪威、瑞典、芬兰、冰岛也不大，所以它们会紧紧抱住欧盟的大腿，让自己充分融入欧盟大市场。

再比如，新西兰也是一个典型的发达国家，它的市场成熟度比较高，但是规模很小。所以新西兰会尽量融入澳大利亚这个更大的市场，在经济、贸易上尽力与澳大利亚实现一体化。

但是澳大利亚市场其实也不大，它聪明的做法是融入东亚的大市场，加入 RCEP，尽可能与中国及东亚大市场融合。

在把所有的国家和市场分类汇总之后，我们就会发现：其实这个世界挺小的。虽然全球有 200 多个国家和地区，但如果按照共性归类之后，类别其实也能用手指头数得过来了。我们把这些市场填入图 2-1 的框架中（见图 2-2 国际市场四象限分类框架 2），看看这四个象限都分布了哪些市场。

图 2-2　国际市场四象限分类框架 2

关于这个框架,有几点需要澄清一下:

首先,成熟度高低是就具体细分市场而言的,发达国家市场不等于成熟市场,发展中国家市场也不等于不成熟的市场。比如,在新能源汽车、手机、无人机领域,中国市场是毫无疑问的成熟市场,牢牢地占据第一象限,但是在一些其他行业的市场,中国可能就会滑落到第二象限。

又比如,日本被认为是一个发达国家,各个市场的成熟度都很高,是典型的第一象限市场。但在互联网领域,日本却比较落后,成熟度是很低的。移动出行、移动支付、本地生活、网络购物、办公线上化、电子商务在日本都比较落后,应用场景也很小,可能会落到第三象限。

其次,规模大小也是就细分市场而言的,大国市场不等于大规模市场,小国市场不等于小规模市场。韩国限于人口总量,市场规模确实不大,但是韩国游戏市场的规模全球排名第四,仅次于中国、美国、日本,韩国的游戏人口占全国总人口的63.8%。而美国市场是个典型的大规模市场,但对于教培行业来讲,可能市场规模并不大,甚至还不如韩国。韩国补习市场的规模超过33万亿韩元,约合1700亿元,学生参培率高达惊人的80%;而美国的补习市场的规模只有70亿美元,约合500亿元。

04 进入时机评估

影响企业国际业务结果的因素有很多,其中竞争是最重要的一个,而企业进入一个市场的时机决定了其即将面临怎样的竞争态势:

- 竞争对手有多少?
- 竞争对手有多强?

- 竞争的烈度有多强？
- 你的竞争力有多强？
- 市场对你的接受度有多高？（品牌、文化……）
- 有没有场外因素影响竞争？（法规、政治……）

关于国际市场的入场时机评估，我搭建了一个"市场发展四阶段框架"（见图 2-3），方便读者对于入场时机进行准确的评估。

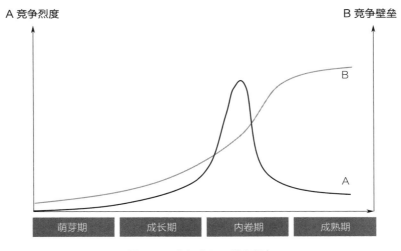

图 2-3　市场发展四阶段框架

一个市场就像一片树林，每棵参天大树都是种子长成的，但有更多的种子和树苗夭折在成长的路上。从这片树林来看，各种生物开始聚集、生长、繁荣、竞争，最后成长为一片生机盎然的生态，中间一共四个阶段：萌芽期、成长期、内卷期、成熟期。

在这四个阶段中，竞争烈度有着显著的波动，反映了市场参与者的变化，也反映了行业利润率的变化。而竞争壁垒在持续积累，会慢慢淘汰那些进化速度缓慢的市场参与者，竞争壁垒积累到一定程度之后，新的玩家已经很难参与进来。

A曲线代表竞争烈度，从零开始缓慢增长，在内卷期剧烈提升，然后回落，在成熟期则保持稳定。

- 萌芽期：很少有竞争者，最早进入市场的创业者甚至是非常孤独的，身边完全没有竞争者，竞争烈度非常低。这时候商业模式还不清晰，市场还处在前期投入的阶段，企业普遍没有盈利。

- 成长期：大家看到这个市场的前景，越来越多的竞争者参与进来，竞争烈度逐渐加强。

- 内卷期：大量企业家、创业者、投资人纷纷跟进并且加大投入力度，竞争烈度急剧拉升到达巅峰。内卷期的行业利润率水平很低，甚至市场参与者普遍亏损。随着大量市场参与者开始出局，竞争烈度会逐渐回落。

- 成熟期：市场上参与者的数量大大减少，竞争烈度下降，各个企业的利润率开始回升并稳定下来。

B曲线代表竞争壁垒，随着市场的发展，壁垒是一直在抬高的，直到成熟期稳定下来。竞争壁垒体现在两个方面：

- 企业的内部核心竞争力增强，表现在技术、产品体验、供应链、品牌心智，以及销售和服务网络、组织能力、管理经验、规模经济、网络效应等方面。面对已经充分进化了的现存玩家，新进入者在竞争中将不可避免地落入下风。

- 外部环境变化带来门槛的提高，包括来自监管的要求提高，如合规要求提高、牌照资源减少；当市场逐渐成长，规模也在增大，企业所需要的资金量也更高了，资金门槛也会劝退大部分玩家；市场上的投资者早已站队，明确了立场，很难有新的融资机会；市场情绪也在变化，大众对于新生事物的好奇、欢迎，已经变成了疲劳、麻木，甚至对于过度跟风炒作感到厌恶。

1. 萌芽期

初期，源于各种机缘，也许是气候的变化，一块荒芜的土地上雨水变得充沛；或者是河流改道，平添了一块肥沃的土地；或者山民辛勤开垦了土地，并撒下了一片种子……绿色的生机开始萌发，一片繁茂的森林正在孕育。我们称之为"萌芽期"。

市场也是这样的，一个新的市场也起源于各种机缘。

也许是科技的创新：3G 通信技术带来了互联网革命；4G 通信技术带来了移动互联网的爆发；网络通信能力的增强带来了云计算；算力的持续发展带来了人工智能的突破……

也许是政策的引导：中国为了摆脱对化石能源的依赖，大力推动了光伏、风电、水电和新能源汽车的发展，"一带一路"倡议打开了沿线的市场；沙特为了应对后石油时代的危机，推动了"愿景 2030"……

也许是社会的变迁：失业率上升导致零工平台、运力生态的繁荣；生育高峰促进了母婴、教育、娱乐产业的爆发；人口老龄化让制药、医疗、养老等产业蓬勃发展；疫情则让口罩、检测等相关产业出现了短暂的兴旺……

每个行业的萌发，背后都有推动力，当科技、政策或是社会的推动力出现，先知先觉的人会在第一时间敏锐地嗅到机会，并且采取行动。第一批先知先觉的人往往是企业家、创业者、投资人。关注市场的新动向，并且时刻准备抓住新机遇，这是他们的本职工作。冒险去尝试新的商业模式也是他们的底层驱动力，我们称之为"企业家精神"。

他们中的第一批勇敢者和先行者会躬身入局，我们姑且称之为"创业创投考察团"，他们考察完市场之后就不走了，在这片土地上洒下了第一把种子，这个时候，市场进入了萌芽期。

　　毫无疑问，萌芽期也是窗口期，这个时候没有太多人想要进入，市场并不拥挤，甚至大部分人都没有察觉到这个商业机会。就算有人开始关注新的行业和市场，但在初期很多人都持观望的态度，充满了顾虑和质疑。

　　萌芽期的树林，不一定存活；萌芽期的商业模式，不一定靠谱；萌芽期的市场，不一定会成长，甚至不一定会持续存在。

　　2015 年前后，当 O2O 兴起的时候，上门洗车、上门修车、上门做饭、上门按摩的商业模式一时风行，如今已经被证伪。2021 年，"元宇宙"概念忽然爆火，连 Facebook 也改名为 Meta，但不消两三年，这个概念也慢慢沉寂下来；当时一起火起来的还有 NFT，但现在也已经很少占据科技媒体的版面了。疫情期间催生了社区团购，当时美团、拼多多、阿里巴巴、滴滴等巨头都纷纷入局，以为是下一个万亿级的零售市场，百亿级的资金纷纷投了下去，但最后没想到只是一地鸡毛。而更多的商业机会消失于萌芽期，它们甚至都不会得到公众的关注，它们静悄悄地来，然后静悄悄地消失……

2. 成长期

　　当萌芽普遍成长起来，当地面上冒出了一大片新生树苗，每天以肉眼可见的速度生长的时候，这很难不引起人们的关注。

　　第一批创业的公司已经验证了商业模式，也许企业依然依靠补贴，依然亏损，但补贴不是为了支撑商业模式，而是为了加速增长，为了跑在竞争对手前面，亏损是一种战略选择而非商业模式的常态。最关键的是，用户数量正在疯狂增长，正向的体验和口碑预示着未来一定会有人为之买单——这时候，市场进入了成长期。

　　成长期也是窗口期，新进入的企业是有机会的。在成长期，新兴行业的商业模式、产品形态、用户体验都没有成型，所有的市场参与者都在迷雾中探索。

虽然市场上已经出现了大量的先行者，也许这些先行者有一定的先发优势，这些优势体现在产品、技术、用户规模、融资等方面，但先行者还是太弱小了，市场渗透率还是太低了，在早期没有可能占据所有用户的心智，没有能力抽干市场上的资金，实力也不足以吓退所有潜在投资者或者碾压新进入者。甚至先行者走偏了，被后来者居上，也完全有可能。

就像在生长期的森林中，新生长出来的萌芽也完全有可能长大，因为先长出来的树苗虽然要高一些，但树冠还非常的稀疏，并没有能力完全遮蔽阳光，小树苗的根系还不够深厚，没有能吸干地下的养分。新生的树苗只要占位合适，只要足够努力，完全有可能占据属于自己的生态位，长成参天的大树。

易到用车成立于 2010 年 5 月，摇摇招车成立于 2011 年，快的打车成立于 2012 年 8 月，而滴滴打车 app 上线于 2012 年 9 月 9 日。中国网约车市场最终胜出的反而是成立时间相对较晚的滴滴。

在成长期，新兴行业对于社会公众来讲依然是新鲜事物，它们的疯狂成长引起了公众的浓厚兴趣。于是"科技媒体观光团"在此时大量涌入，科技媒体观光团不只有科技媒体，甚至有市场调研公司、咨询公司等。对市场保持敏锐，对潮流保持跟进，对创新的企业和业务进行观察、采访、报道，这也是它们的本职工作，这会让它们得到关注和订阅。而它们的努力也吸引了更多的关注者和参与者，包括人数更多的自媒体、苦苦寻求"第二增长曲线"的大公司、后知后觉发现商业机会的创业者、携带巨额资金企图收购或者收割的大鳄……我们称之为"市场热点追逐者"。

当太多的"市场热点追逐者"加入战局的时候，市场就进入了内卷期。

3. 内卷期

当树木已经摆脱了树苗的稚气，树冠已经四散开来，隐隐有了大树的样子，每棵树就开始了内卷。树干疯狂地向上生长，以争夺阳光；根系疯狂地向下生长，以争夺养分。这时候落后的树就永远地失去了竞争的资本，就永远不会长大了。整个生态进入了残酷的内卷期。

市场也一样，当参与的企业慢慢有了小巨头的模样，开始踩到彼此的脚，市场就进入了内卷期。

有的行业空间非常广阔并且分散，利润也不是很丰厚，不会吸引巨头来一统江湖，这种市场就非常的和平，从业者都是朋友，不存在内卷。

也有的行业成长期非常长，时代的红利给得特别足，干了很多年，年年都是大丰收。但经济有周期，行业也有周期，只要这个行业利润足，总会吸引更多人入局，然后好日子就慢慢到头了。

如果一个市场非常适合平台型企业，或在一个行业中存在明显的规模经济优势，或者有网络效应，那么就会出现赢家通吃的情况。企业为了成为最后的胜利者，会拼尽全力去竞争，直到成为行业的寡头。

电商平台、短视频平台、网约车平台、外卖平台都属于平台，有各种供给方和需求方，甚至第三方的参与。平台越大，参与方越多，平台就越繁荣，成本就越低，收入就越高，就会产生强者恒强、赢家通吃的"马太效应"。

社交媒体则有非常强的网络效应，朋友和朋友连接、达人和粉丝连接，一旦在站内形成网络关系，用户的迁移成本就会变得巨大。一旦迁移，就意味着用户失去了自己的朋友、粉丝、关注者和满足自己口味的内容投喂。而社交媒体同时也是个广告平台，广告主总是青睐大型的平台，同样的成本投入，大型平台带来的品牌的曝光和流量总是最划算的。

大型设备制造行业（如汽车行业）有着非常明显的规模经济优势。开发一款车型、投产一条生产线动辄几十亿甚至上百亿元，沉没成本是巨大的。

如果企业的销量可以达到上百万台，那么固定投资和初期投入就可以摊得很薄，和供应商的议价能力也会很强，企业的利润率就会变高，企业就有盈余研发新技术和新车型，销量就越来越高。这也会产生强者恒强、赢家通吃的"马太效应"。

在内卷期，市场进入的窗口就关闭了，除非企业有特别的竞争优势，如品牌、技术、成本、政策等，否则不宜贸然进入一个"血流成河"的市场。

4. 成熟期

如果去过热带雨林，或者红杉树林，你就能感受到成熟期的影响，巨大的树木遮天蔽日。只有高耸入云的乔木的树冠才能享受到阳光，就算天上下起了暴雨，经过层层树冠过滤，落到地面的也只是淅淅沥沥的小雨滴。而我们看不见的地底下，植物的根系紧密相连，形成了一张巨大的网，牢牢地锁住了地下的养分。

在成熟期的树林里，不可能再长出新的参天大树，除非山火烧光了现存的大树，或者大树被砍伐，留出空间和养分给新的小树苗来成长。

一个成熟的市场也是如此，巨头们已经完全占据了各个生态位，它们拥有最雄厚的资金、最广为人知的品牌和最广大的客户群体，并且它们的客户满意度都非常高。因为它们拥有最完善的客服体系以及最成熟的产品设计和体验。不仅如此，它们的体量如此之大，拥有规模经济优势，采购成本很低，供应链也更加稳定和完善。

我们通常认为成熟期不是进入市场的最好时机，除非新进入者能提供差异化的产品和服务，或者有更加独特的竞争力，否则以同质化的产品和服务进入市场，新进入者生存或胜出的机会比较渺茫。

但并非成熟期的市场就无懈可击，市场永远在变化，消费者永远欢迎更好的产品，也愿意尝试新的体验——只要你能提供新的价值。新进入者如果能抓住机遇，抓住巨头遗漏的市场，提供差异化的产品和服务，顺应行业的变革，依然有巨大的机会。

在拼多多出现之前，市场普遍认为电商行业格局已定，面临"历史的终结"。2015 年拼多多 app 上线，开启了社交电商的新模式，并且积极团结白牌商家入驻。相对于当时的"消费升级"潮流，拼多多反其道而行之，瞄准了下沉市场，走低价路线。

当时很多人并不看好拼多多，而事实却让很多人惊掉了下巴，GMV 从 0 到 1000 亿元，京东用了十年，淘宝用了五年，拼多多只用了两年。2018 年拼多多上市，2023 年 11 月 29 日，拼多多的市值第一次超过了阿里巴巴。

我们把四个阶段放在一起（见图 2-4），可以明显地看到整个市场演进的脉络。最适合进入的时机就是第一阶段萌芽期和第二阶段成长期，我们可以把它们看作窗口期。

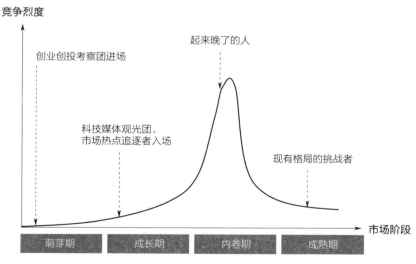

图 2-4　市场发展的四个阶段

而第三阶段内卷期竞争太激烈，竞争对手已经大幅领先，追赶成本太高，而且整个行业处在投入期，市场上玩家的补贴率非常高，此时进入投资会特别巨大。在第四个阶段成熟期，格局已经成型，产品体验、供应链、用户心智、舆论、政策普遍有利于市场上现有的巨头。新的挑战者除非有模式上、技术上的革命性创新，否则胜算不大。

05 投入产出评估

为了方便读者理解，我们在前文"进入时机评估"中其实用的都是国内市场的例子，但海外市场也遵循同样的原理。现在，让我们回到本章要回答的几个问题上来。

（二）出海去哪里？

（三）目标是什么？

（四）要投入多少？

回答"出海去哪里？"，不仅仅要对目标市场进行分类汇总，还应该深入调研这个市场所处的阶段以及竞争态势。只有充分了解了目标市场的竞争态势，才有可能制定一个合理的目标，从而回答"目标是什么？"，并且才能为这个目标配置合理的资源。

回答问题离不开案头研究工作，有的时候数据量不足，就需要实地考察和调研。不过对于大部分国家和市场，企业都可以在网上找到各种免费或者收费的市场数据，并且进行计算、校验得出市场规模。如果没有公开市场数据，也可以雇用本地的咨询公司通过访谈、调研、估算等方式获得大致的数据，并且与其他渠道的数据交叉验证。

问题（四）比较难回答，并且回答错了的话后果可能非常严重，会误导企业，使之做出错误的决策：

做出过于乐观的回答，会让企业贸然进入一些高难度的市场，但可能会准备不足，这些准备包括战略规划、组织能力、人才储备、资金储备、产品准备等。仗打到一半发现各种资源捉襟见肘，导致进退失据。要么消耗过多的资源，把公司拖入泥潭；要么忍受沉默成本，前功尽弃，所有的努力付诸东流。

保守一点是稳妥的，但如果做出过于悲观的回答，则会让企业畏手畏脚，永远迈不开第一步。一旦错过了窗口期，再想进入成本就更高了，甚至再也没有机会了。

新冠疫情之前甚至初期，美团的业务一路高歌猛进，业务的发展势头也体现在它的股价上。2021年年初，每股股价一度冲到460港元。但是当业务发展势如破竹时，美团认为国内业务回报更加丰厚，反而对于出海顾虑重重。

新冠疫情之后，随着国内互联网热潮的退去，增长放缓之后，美团才把出海提上日程。但遗憾的是，很多市场已经成熟，市场格局已经初定，全球各地都有了头部的外卖和本地生活企业。并且各个竞争对手的产品和服务体验已经打磨得非常完善，占领了用户的心智，再去尝试攻克这些市场，难度已经不可同日而语了。

虽然美团也已把出海提升到战略级高度，并且为此配备了专业的团队和充足的资源——美团也一直以组织力强而著称，但在成熟期去打市场，势必要承担更高的成本，花费更长的时间。

我们前面介绍的"国际市场四象限分类框架"和"市场发展四阶段框架"可以帮助企业对竞争态势有更精准的评估，从而制定更精准的销量和市场份额目标。

当我们估算出了目标市场的规模和目标市场份额之后，就可以使用一个简化版的投入产出评估模型，定量地回答问题上述问题，从而完成投入产出分析。

我们用一个简单的公式来说明怎样做投入产出分析：

$$利润（Profit）＝收入（Revenue）－投入（Invest）$$

因为企业国际化是一个历经多年的过程，所以不管是利润，还是收入和投入，我们都需要计算累积数值。

n 年累计利润 $Pn=Rn-In$

n 年累计收入 $Rn= \sum_{i=1}^{n} Ri$

n 年累计投入 $In= \sum_{i=1}^{n} Ii$

企业在不同备选国家之间确定最优的选择，取决于以下问题：

当 $Pn>0$ 的时候，n 的最小值是多少？简单一点说就是：**最快多久能收回投资？**

或者在既定的考核周期 n 内，Pn 的最大值是多少？也就是企业在考核周期内最多能赚多少钱？

我们举一个例子，表2-1是某公司在某国考察后做出的市场评估和 ROI 预测。

表2-1　投入产出评估示意

单位（百万元）		第1年	第2年	第3年	第4年	第5年	第6年	第7年
市场规模	a	10000	10300	10609	10927	11255	11593	11941
目标份额	b	0%	1%	1.5%	3%	10%	20%	20%
目标收入	R=a×b×20%	0	20.6	31.827	65.562	225.1	463.72	477.64
计划投入	I	300	200	100	50	50	30	30

（续）

单位 （百万元）		第1年	第2年	第3年	第4年	第5年	第6年	第7年
目标利润	P=R-I	（-300）	（-179.4）	（-68.17）	15.56	175.1	433.72	447.64
累积利润	ΣP	（-300）	（-479.4）	（-547.57）	（-532.01）	（-56.91）	76.81	524.45
ROI	$\Sigma P/\Sigma I$	-100%	-96%	-91%	-82%	-8%	11%	69%

我们先看一下几个重要的输入：

a **市场规模**：从该国公开统计数据上来看，该国某细分市场规模为100亿元，但会以3%的增速逐年增长。

b **目标份额**：详细评估了竞争对手的产品和市场需求，判断该国市场正处在进入窗口期，竞争烈度可控。并且参考了其他国家的开拓经验和历史数据，该企业判断最终可以在第6年的时候获取20%的市场份额，并且维持稳定。

R **目标收入**：经过测算，除第一年是投入建设、前期准备的一年，几乎没有收入外，此后每年的收入都在加速增长，直到第6年开始放缓，并且稳定下来。

当然，这个模型里影响收入的变量只有市场规模和份额，在实际业务中影响收入的因素可能还有很多，如产品品类策略、定价策略、竞争策略等。在实际推进的过程中，可以拆分得更细。

I **计划投入**：份额和收入都是目标，是企业基于客观的历史数据、主观的经验和自身发展的诉求为团队制定的奋斗目标。而投入则是为了实现这个目标打算付出的成本，所以我们称之为计划投入。

那么经过上面的一系列测算，我们得知：该企业在该国的投资第4年就可能扭亏为盈。而到了第6年就有可能收回全部投资。

怎么样？这个生意好吗？见仁见智吧！

以上案例只是简单示意，很多因素并没有考虑在内，包括资金的时间价值、佣金费率的变化、市场的波动、产品的生命周期、升级换代的持续投入等，在实际展业过程中财务人员需要进行更加细致的建模工作，并根据市场实际状态进行调整。

企业可以针对进入自己"雷达"的所有市场做类似的工作，并且把最终的结果列入表 2-2 中，就可以得到非常清晰并且直观的比较，也更容易对目标市场做优先级排序，制定相应的目标和投入计划，同时确保这些决策的合理性。

表 2-2　各个市场的投入产出比较

	市场 A	市场 B	市场 C	市场 D	……
市场规模					
目标份额					
预计投入					
最快回本周期					
N 年最大投资回报率					
ROI					

每个国家都有自己独特的现状，每个市场都有着不同的挑战，测算出来的结果可能会大相径庭，这其中的各个变量往往都是相互矛盾的。在真正展业之前，企业需要根据自己的细分行业，认真地把每个国家的情况调研清楚。表 2-2 只是一个简单的示例，最终的测算需要企业战略、财务部门的同事共同参与，甚至需要外部咨询顾问的参与，对市场进行更加详尽的评估。

06　市场风险评估

风险是多维度的，企业需要对目标市场进行综合性的评估。我们在第一章就罗列了企业出海的各种挑战和风险，包括文化差异、法律合规、经济环境、政治环境、市场竞争、供应链与物流、品牌与定位、人才与组织、产品本地化、消费行为差异性、资金管理、人身安全等领域。

在国内习以为常的事情，在海外市场可能就有巨大的风险，甚至可能会违法，面临高额罚款，甚至关停业务。而很多国家的法治环境不完善，很多业务处在合规的边缘，法律的执行与否取决于政治环境。如果市场所在国在政治上友好，并且企业较好地维持了与该国各界的关系，风险就能得到较好的管控；如果市场所在国在政治上不友好，那么企业就需要采取各种措施保护自己，如游说、合资、赞助等。但即便这样，也难保不会受到政治上的打压甚至迫害。

TikTok 自从在美国获得了商业上的成功之后，就陆续遭遇了两党在政治上的联合打压，特朗普、拜登两任总统都曾经签署多项禁令，国会也通过了多项法案，旨在扼杀 TikTok 在美国的业务，或者掠夺 TikTok 的控制权。这一风险至今尚未解除，而 TikTok 约有一半的收入来自美国市场，如果 TikTok 在美国遭到禁用或者剥离，很多西方国家也很有可能效仿，从而给 TikTok 带来巨大的冲击。

TikTok 出海之初就选择了美国这种大型、成熟、发达国家市场。如果成功拿下这种全球文化高地，好处是可以非常轻松地带动其他国家的业务拓展，并且利润将非常丰厚，但成本也是极其高昂的，并且政治风险一直存在。媒体是国家机器重要的治理工具，一家外来媒体在美国做大，美国政府是不会坐视不管的。而字节跳动在出海之初对于美国政治环境的判断过于积极，对于这种归零的政治风险缺乏预判，导致 TikTok 大部分业务量依赖美国及其盟友的市场，这种风险一旦爆发，对企业无异于灭顶之灾。

但美国毕竟是全球第一大市场，美国市场的消费能力依然强劲，2023 年，美国 GDP 同比增长 2.5%，美国零售销售总额同比增长 3.2%。就算未来美国经济增速进一步放缓甚至停滞，美国市场的绝对体量依然庞大，对中国企业依然具有强大的吸引力。

另外，TikTok 作为国际传媒巨头，具有巨大的社会影响力。但并不是所有的企业都具有同样的影响力，也不是所有的行业都像传媒、高科技行业那么容易触动政客敏感的神经。虽然关税、合规、审查等风险和门槛不容忽视，但企业也不能因噎废食，轻而易举地放弃一个巨大的市场。

这就需要企业建立一个风险评估框架，帮助自己做好目标市场选择，并且在展业过程中对风险进行预判和管控。

风险无处不在，纷繁复杂，我们将其分门别类，化繁为简，从五个维度进行评估，对风险进行量化分析，从而对投入产出的模型进行修正。可能导致业务归零的重大风险完全可以在决策中起到一票否决的作用。这五大类风险分别是：

- 经济与市场风险。
- 法律与合规风险。
- 政治风险。
- 竞争风险。
- 社会治安。

我们在本书第六章专门讨论"国际化风险管理"，会搭建一个完整的风险管理体系，其中包含风险的识别、分类、量化、评估。市场进入的风险评估完全可以使用那个框架，在这里就不赘述了。

第三章　出海的开拓模式

当企业决定了下一步要进入的市场，并且为此设置了目标，配置了资源，就要思考一个很实际的问题了，也就是出海八问中的问题（五）——**具体怎么做?**

企业根据自身业务属性、能力水平和目标市场的竞争态势，选择相应的方式和路径进入目标市场，我们称之为市场开拓模式。市场开拓模式是多种多样的，就像成功总是有很多备选的路径，每一家成功出海的企业都找到了适合自己的道路，而每一条道路上也都布满了失败者的足迹。

路，有远有近，有陡峭也有平缓。路本身是没有错的，问题是走路的人是否有能力走完这条路，这也就是我们下面要探讨的"出海的核心竞争力"：你凭什么走这条路?

01　出海的核心竞争力

中国企业不是天生的国际化企业，中国企业的国际化需要后天付出艰辛的努力。非常遗憾，中国企业在这一点上不像美国企业那么有优势。这个商业世界的游戏规则并不偏向中国企业，出海对于中国企业而言，是正常经营之上的额外高要求。所有的中国企业在开展国际业务之前，务必要思考清楚：我凭什么出海？

Uber 于 2009 年创建于美国旧金山，是世界上最大的网约车和外卖公司，业务覆盖了世界上 70 多个国家的 10000 多个城市。

Uber 的打车服务于 2010 年在旧金山地区上线，2011 年在巴黎上线。可见 Uber 在诞生后的第二年就踏上了国际化的旅程。

2012 年，Uber 开拓了伦敦、新加坡等国际大都市，成了名副其实的跨国公司。

2013 年，Uber 陆续进入墨西哥城、圣保罗、中国香港等市场，一路势如破竹。直到 2014 年，Uber 业务正式进入中国大陆。

2016 年 Uber 退出中国大陆市场，首次在海外遭遇挫折。

直到现在，Uber 在全球 70 多个国家和地区的一万多个城市都有展业，是世界上最大的出行和本地生活服务公司。不可否认，Uber 是一家非常成功的国际化企业，也是大部分欧美国际化企业的缩影。

大部分欧美企业的出海之路都是这样的，它们拥有中国企业所不具备的先天优势：

第一，欧美企业中员工的第一语言就是英文，就算在欧洲非英语国家，英语在企业员工中的普及率也非常高。欧美企业不乏国际型人才，他们穿梭于世界各地，与不同国家的人交流障碍极低。

网上有些段子，嘲笑美国人普遍地理不好。美国人不了解亚非拉，这也许是事实。但美国的确汇聚了全球的人才，欧美的商业精英非常了解全球市场，他们也非常了解如何开展国际业务。

而中国企业出海首先面临的问题就是全球化人才的缺乏。什么是全球化人才？有很多的要求和标准，我们会在后文中展开论述，但是英语应该算最基础的一条，毕竟英语是国际通行的语言。在大部分中国企业里，会讲英语的员工的占比都很小，就算大家都学过，但大多数人并不能流畅沟通。不要幻想 AI 的翻译功能可以马上替代语言的沟通，开展国际业务也是做生意，是带队伍，是交朋友，这需要人与人之间的情感连接，AI 无法帮助你做到这些。

第二，欧美的主流媒介往往也是全球媒介，除了传统的全球新闻媒体，出海常用的互联网渠道，如 Facebook、Instagram、Google、YouTube、X 等都是美国公司。欧美企业做国际化，在公关、营销、品牌建设、获客拉新方面都具有先天优势。而中国企业出海之后，往往要适应新的媒介生态，积累新的媒介资源，学习新的游戏规则。这是一个学习的过程，需要额外的时间和付出。

媒介是有立场的，中国企业很难得到西方媒介正面的自然流量，为了品牌宣传和曝光，就需要购买媒介流量。而中国企业如果出了什么纰漏或者犯了什么错误，对于很多西方的媒介而言，就非常具有新闻价值。

在澳大利亚，美国新闻集团（News Corporation）控制了 70% 的主要印刷媒体。新闻集团的政治立场非常偏右翼，对中国非常不友好。

2018 年斯科特·莫里森上台之后，澳大利亚的媒体对中国开始了铺天盖地的抹黑，打开电视就会发现，里面充斥着各种关于新疆、西藏的谎言。

那年我在澳大利亚工作，有段时间从公寓走到办公室短短十分钟的路程，发现所有报亭的报纸头条、公共滚动播放新闻的大屏幕都在热烈讨论中国对澳大利亚的安全威胁，很多主流媒体都在连篇累牍地引用对一个叫"王立强"的中国"投诚间谍"的采访。当事实证明王立强只是一个在逃诈骗犯，甚至他的庭审录像都流出之后，那些媒体马上就像什么事情都没有发生一样，又热火朝天地开始讨论下一个话题了。

对于中国企业来讲，媒介的立场就是成本，它表现在公关费用、ESG 投入、拉新成本、用户好感度、用户转化率、用户流失率、用户贡献值上。

对于中国企业来讲，来自中国和第三方的媒介在全球占据一定影响力至关重要。随着 TikTok 在近年来强势崛起，虽然它在国内并没有开展业务，虽然它只是一家由中国人创立的总部位于新加坡的企业，虽然它的董事会中也有很多美国人，但美国依然付出了极大的努力希望能够改变 TikTok 的立场，甚至抢夺公司的所有权，为此不惜砸掉自己"新闻自由""私有财产神圣不可侵犯"的招牌。

第三，欧美的产业环境更加国际化，欧美企业的供应链本身就极度依赖国际市场，欧美国家对全球资本、人才、技术的吸引力也更强。这一点有前述因素的原因，也有历史积累和发展阶段的原因。这也造成了美国企业在国际化展业的过程中，可以更容易地获取各种资源、人脉、信息，而中国企业做同样的事情就需要付出额外的努力。

在硅谷创立的科技企业、在纽约创立的投资公司几乎天生就是国际化企业，它们在创立初期就有来自各国的投资人、客户、供应商、求职者主动触达。毫不夸张地说，硅谷的一家 AI 公司和位于新加坡的合作伙伴洽谈生意，就跟中国广东的企业和东北的客户聊合作一样平常。

第四，由于种种原因，欧美跨国公司的产品在诞生之初就符合国际通用的各种标准，其中很多非常基础的东西是中国企业完全不会考虑的。对于互联网行业来讲，这些标准包括多语言适配、多币种支持、国际支付、时区差异、全球数据中心，以及适配长文字的产品 UI 优化等。这些事情是在国内展业不需要考虑的，所以中国企业通常也不是先天就具备这些能力。不同的行业有各自的标准，有些行业涉及更加复杂的合规和认证，在这方面，中国企业面临的困难更多。

第五，欧美跨国公司的品牌全球知晓度、接受度都比较高，这既有文化的因素，有媒介垄断渠道的因素，也有全球消费者慕强的心理因素。还有很多其他因素，我就不一一列举了。

　　列举了这么多困难，当然不是为了劝退想要努力出海破局的中国企业，随着中国综合国力的增强，随着中国国际影响力的增强，随着中国开放程度的进一步加深，中国企业出海的门槛和难度也正在一步步降低。在"一带一路"倡议沿线国家和中国影响较大的国家和地区中，上述差距正在一步步地被缩小，甚至在不远的未来，我们的劣势很有可能变为优势。

　　对于中国企业而言，出海是国内能力的溢出。中国企业出海需要额外的投入，需要克服更多的困难，这决定了出海是一个战略选择。当中国企业考虑走上国际化道路的时候，首先要考虑：我的核心竞争力是什么？

1. 以货品为驱动的出海

　　出海不是一件什么高不可及的事情，中国历来就是一个积极开拓进取的国家，很早就开始了放眼看世界的历史进程：

　　西汉开辟的丝绸之路是出海；

　　明朝郑和下西洋，历经东南亚、南亚、中东、非洲，更是出海；

　　19世纪中叶兴起的下南洋，华人在东南亚经商、务工，甚至永远地扎根在当地，也是出海；

　　1949年，新中国成立，在国家的组织下向海外出口矿产和原材料换取外汇也是出海；

　　1978年，改革开放，国际贸易如雨后春笋般兴起；2001年，中国加入WTO，国际贸易形式的出海迈向了一个新的高潮。

　　中国的企业其实很早就开始了出海的历程，消费品、工业品的外贸是一种广泛而普遍的出海模式。在互联网时代，跨境电商巨头把外贸推向了一个新的高度和广度。

跨境电商平台已经成为外贸的重要交易平台，可以非常高效地匹配供需双方。目前跨境电商平台的"全托管开店""半托管开店"以及 SaaS 平台独立建站都进一步降低了外贸的门槛，帮助国内不同类型的商家轻松找到自己的出海之路。

全托管开店

顾名思义，就像父母把小朋友全权交给幼儿园进行代管一样，企业可以把货品全权交给跨境电商平台进行运营。跨境电商平台会全面接管店铺的运营，包括产品上架、订单处理、客户服务、市场营销和广告管理等所有方面。卖家开店可以非常省心，但同时也丧失了产品的运营权，包括选品、定价、促销等权限。全托管模式非常适合出海初级阶段的生产型企业，它们没有足够的运营、营销能力，但是产品和成本有一定优势，它们只需要努力提高生产效率、提高质量、降低成本，平台则负责剩下的一切。

半托管开店

在这种模式下，卖家拥有更大的运营自主权，但也需要承担更多的工作。卖家需要自行管理商品，平台会给予支持和赋能，卖家根据收到的订单自行发货给消费者，并且在这个过程中做好售前和售后服务，同时负责退货等逆向物流。半托管模式适合那些有一定运营经验，包括商品运营、品牌营销、客户服务、物流仓储等经验的卖家。尤其适合那些希望建设自有品牌，有个性化的营销、销售策略的卖家。

SaaS 平台独立建站

有些企业不但有一定的运营能力，而且有很强的海外获客拉新能力，甚至有一定的产品技术能力。这些企业希望建立独立自主的海外电子商务网站，希望逐渐降低对电子商务平台的依赖，毕竟跨境电商平台往往会收取高额的会员费和交易佣金。而 SaaS 平台独立建站模式则为这些企业提供了一套基于云端的解决方案，帮助它们快速地搭建属于自己的电子商务网站，而不需要操心硬件和软件的采购、维护、升级以及安全等问题。

平台店铺与独立建站的优劣对比见表 3-1。

表 3-1　平台店铺与独立建站的优劣对比 *

	平台店铺	独立建站
成本	亚马逊北美站月租金 $39.9，抽佣 8%~17%	Shopify 月租金 $29~$299，抽佣 0.5%~2.0%
流量难度	平台流量红利逐渐减少	依靠自助引流难度较大，但流量天花板高
运营难度	平台运营模式成熟，对卖家资金和团队专业性要求低	既要运营平台还要运营商品，对运营提出较高要求；不受制于平台规则
推广效能	广告会造成同页面价格竞争	推广具有独立性
数据积累	无法获得消费者详细数据，无法转换为私域流量	可获得一手数据，并可将数据留存在商家端。实现数据的二次开发
复购	重复广告带来无沉淀的新客	会员沉淀，转介绍自然流量，广告费和销售额的比例可达 1 : 3
消费者保障	物流及退换货享有优势	该领域有心态短板
品牌效应	无品牌认知和建设，纯卖货	品牌效应强，容易打造忠诚度，可以以更高的价格卖差异化的产品

* 来自"中泰证券 – 互联网行业跨境电商深度专题"。

建设跨境电商平台

如果企业实力进一步增强，就可以把自己做成平台，国内聚合广大卖家，海外聚合广大买家，可以实现更加庞大的体量和市场影响力，获取利润分配权和更高的收益。当然，建平台往往是巨头的游戏，投入也是巨大的。

国际上最大的跨境电商平台是亚马逊，其 2023 年全球 GMV 高达 7000亿美元，公司的市值超过万亿美元。

就算是地区性的跨境电商平台往往背景也不简单，东南亚电商巨头Shopee 近年来大力开展国际业务，把触角伸向了巴西、墨西哥。扩张的背后是激进的投入，而激进的投入背后是东南亚小巨头 SEA 集团，其主营业务为利润和现金流丰厚的游戏。

我们以中国跨境电商四小龙为例：AliExpress（速卖通）的背后是阿里巴巴；TikTok Shop 的背后是字节跳动；TEMU 的背后是拼多多。只有 SHEIN 背后没有巨头的影子，但它是成立最早的跨境电商巨头之一，2008 年就作为一个小型女装卖家在各大电商平台开展运营，经过十几年的积累，摸索出了一套基于柔性供应链的营销方法论和业务实践，并且独立建站，最终做成了巨头。2023 年，SHEIN 正式开展招商，标志着从一家直销的独立站转型为综合平台。

而跨境电商平台的出海模式也在持续迭代。阿里巴巴在 1999 年就成立了国际站，为国际买家和中国商家打造了一个数字化 B2B 外贸平台。而在 2010 年阿里巴巴又推出了全球速卖通，把国际业务扩展到了 B2C，帮助中国商家直接链接海外的消费者，把在中国已经开始蓬勃兴起的"淘宝模式"推向了海外市场。2016 年，阿里巴巴收购东南亚最大的电商平台 Lazada，标志着阿里巴巴走上了国际电商平台本地化之路，从单纯的输出商品转型为输出平台、输出技术、输出管理。

而新兴的跨境电商平台，如 TikTok Shop、TEMU、Shein、Shopee 等，很多公司是在海外成立的，一出生就是国际公司，国际化的基因更强大，但大量的供应链和研发团队搭建在中国，探索了不同的出海商业模式。

近年来，越来越多的中国人（或者海外华人）在海外创业，背靠中国的资源，如供应链、产研、客户资源等，扎根海外市场，也开创了一种新的出海模式。

作为互联网时代的出海平台，一方面，跨境电商极大地降低了外贸的门槛，提供了更丰富的外贸模式，帮助更多的企业打开了海外市场；另一方面，跨境电商赋能国内的头部商家，让国内厂家、商家更多、更广地接触终端客户，获得更高的利润和更多的收入。

图 3-1 比较形象地反映了外贸市场"食物链"的现状。

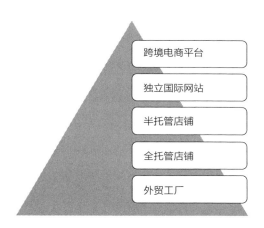

图 3-1 外贸金字塔

越往上，企业的规模越大，利润越丰厚，因为能够掌握供应链的利润分配权，所以也站在了食物链的最顶端。当然，越往上，企业的数量也越少。

越往下，企业的规模越小，利润越薄，这些企业没有定价权和议价能力，只能被动地被分配利润，努力地卷自己的劳动生产率。它们处在食物链的最底端，数量最多，生存也最艰难。

我写本书的初衷也是希望更多的中国企业摆脱这种尴尬的现状，获取海外业务运营的能力，从而向金字塔的顶端攀登。

跨境电商平台以及平台上的厂家、商家依然是在做外贸的生意。**外贸的本质是货物驱动的出海，产品的核心竞争力是产品质量和成本。**企业依靠海外的合作伙伴或者跨境电商平台来对接海外客户和流量，如果产品的研发和核心技术不掌握在自己的手中，那么企业就处在微笑曲线的谷底（见图 3-2），就无缘产品的定价权和利润的分配权，就只能沦为海外品牌方、销售方的供应商、代工厂。

在我们称之为典型的外贸模式（见图 3-3）下，中国企业想要出海成功只有两个选择：

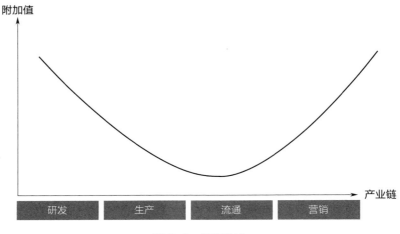

图 3-2 微笑曲线

（1）在国内卷生产，努力提高劳动生产率，压低产品价格，这也是广大
国内制造业企业普遍在做的事情。

（2）在海外卷流量，支付高额的成本，广泛采买流量，被亚马逊、
Facebook、TikTok 等跨国流量巨头和跨境电商平台收割。

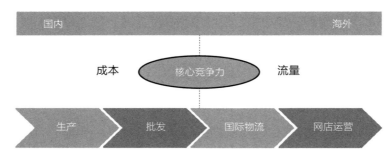

图 3-3 中国企业出海模式 - 外贸

这两者不矛盾，很多企业同时在做这两件事情，很多成功的跨境电商平
台也是从这条路走出来的，如我们上文提到的跨境电商小巨头 SHEIN 就是其
中的佼佼者。

就像 SHEIN 一样，越来越多的中国企业不甘身为海外品牌方、销售方的

供应商，沦为跨国巨头在中国的加工厂。越来越多的中国企业也有了全球化的视野和成为跨国巨头的雄心，越来越多的中国企业重视品牌建设和渠道建设，它们跳出供应链上低附加值的生产、加工、流通环节，开始了出海建设销售终端和国际品牌的历程。

2. 以市场开拓为驱动的出海

如果中国企业的产品不具备稀缺性，海外市场的客户资源又不掌握在企业自己手中，企业的议价能力就非常低，就不得不被动接受国外品牌方和渠道的商业条款，成为别人的代工厂。

随着中国经济的发展和综合国力的增强，中国企业自身的能力也在不断积累。很多优秀的企业早已不满足于世界工厂的地位，在外贸模式蓬勃发展的基础上，越来越多的中国企业开始尝试在海外直接触达、影响终端客户，甚至最终拥有客户资源，把最丰厚的利润留给自己。

企业想要拥有终端客户资源，就需要营销和销售。想要直接获客，最重要的就是两件事：品牌、渠道。

中国企业亲自下场开拓海外市场，建设自有品牌和渠道，主导产品和服务的营销和销售，这种模式我们称之为"以市场开拓为驱动的出海"（见图3-4）。这意味着中国企业背靠中国的生产力和供应链，开始了在海外的落地运营之路。

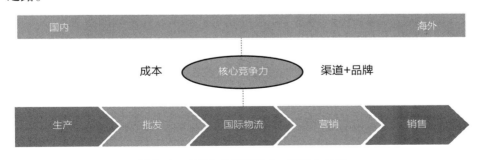

图 3-4　中国企业出海模式 – 渠道 + 品牌

品牌

品牌的力量是巨大的，这一点毋庸置疑。品牌是一个企业的名字＋人设，品牌能投射到消费者心中，占领其心智，可以让受众记住企业及其产品，每次都能将其识别出来，这样，品牌就比较容易进行传播。

如果企业可以在受众中建立正面形象，消费者就会乐于分享，从而形成口碑，进而让消费者对品牌更加信任、忠诚，甚至让消费者对品牌产生信仰。这时候，产品就能卖出更高的溢价。品牌力越强，溢价越高。没有品牌，就只能以成本价为基础售卖。

如果企业没有自己的品牌，就像一个人没有名字，企业的产品和服务就不会被消费者认知，更不会被市场记住，企业的产品和服务在消费者心中毫无存在感，可替代性就非常强，企业可以获取的利润自然就非常的微薄。

渠道

渠道是企业与客户和供应商保持连接的通道，如果品牌是企业的名字，渠道就是企业介绍自己的嘴巴。同时，渠道也是企业出海的双腿，是企业拥抱客户的双手。企业可以付钱让别人代劳，但企业必须有能力亲自发声、亲自奔跑、亲自拥抱客户。

如果企业没有自己的渠道，就必须依赖第三方渠道来进行营销、获客、销售，就不得不支付高昂的渠道费。这些渠道费有各种各样的名字：广告费、媒介服务费、CAC、销售佣金、入驻费、会员费、渠道抽成……

如果企业的自有渠道不强，就没有议价能力，只能被动地接受第三方的安排，高昂的成本会吃掉企业的利润。不仅如此，企业将无法自主制定营销和销售策略，无法严格地管理营销、销售的过程，结果可想而知。最关键的是，如果企业的自有渠道不强，就无法真正地拥有客户资源，也无法打造属于自己的品牌，只能依附在别人的价值链上。

根据海外业务的性质，我们可以大致把渠道分成两类：

- 营销渠道。
- 销售渠道。

也可以按照渠道是否自主可控，分为自建渠道和三方渠道。

另外，企业在海外开展的业务类型可能会非常广泛，不仅有营销和销售，也有其他的各种业务类型，所以也会有其他类型的渠道，如广告投放渠道、物流渠道、支付渠道、收款渠道、游说渠道、电信服务渠道。这些专业服务的渠道在市场上广泛存在，企业出海不至于全部自建，我们在此就不展开讨论了。我们只讨论在"以市场开拓为驱动的出海"模式下，需要自建的营销渠道和销售渠道。

■ 营销渠道

营销（Marketing）指明确市场和客户的需求，据此设计产品或服务的内容、品牌、价格、分销和促销计划等，以吸引客户。营销的内容涵盖了市场定位、目标客户选择、产品策略、定价策略、渠道策略和促销策略等。

购买是客户从陌生人转化为忠实用户的心路历程，营销是一个紧密匹配这个历程的漏斗。企业想要在海外占据客户心智、打造自有品牌，就必须尽可能地在不同阶段和客户直接对话，进行触达和影响。这就不可避免地需要用到各种客户触达渠道，这些渠道有的是自建的，有的是从第三方采购的服务。

既然谈到了营销，就不得不提两个概念：用户和客户，我简单说明一下两者的区别：

客户是个销售概念，他们付费享受产品和服务，是交易活动中的买方。

用户是个互联网概念，是产品或服务的使用者，他们关注产品是否好用，而不一定为产品付费。但是用户对于企业依然非常重要，因为企业可以凭借庞大的用户基数，通过其他方式变现。

企业开拓海外市场，按照自己的业务特性，都需要争取自己的用户/客户群体。但本书并不限定于互联网行业或者传统销售，所以在后文中，如果没有特殊说明，我会统一用客户代指客户＋用户。

当我们提到营销渠道时，很多朋友就会想到新媒体广告平台、搜索引擎、带货网红、广告代理商、户外大牌、楼宇广告……这些是非常典型的外部营销渠道。

当然还有很多朋友会想到推荐朋友得奖励、裂变红包、电话销售团队、客户邮件/短信、店面门头和广告牌……这些是比较常见的企业自有的营销渠道。

企业为了在海外做好营销，打造属于自己的品牌，需要综合利用内部和外部资源，进行整合营销活动。一个整合营销活动应该完整地包括以下这几个环节（见图 3-5）。

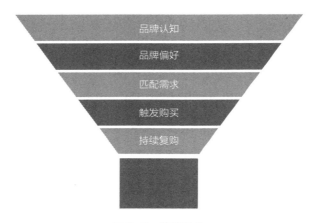

图 3-5 营销漏斗

这个漏斗的每一个环节，都有相应的渠道进行触达、影响、宣传、教育。我们站在业务的角度，从如何做好海外营销的这个角度，来看看如何用好各种渠道。

品牌认知

品牌认知的功能比较简单，但是非常重要。它需要让陌生的市场人群看到企业的产品，感受到这些产品，初步了解这些产品的功能以及绑定的品牌。我们平时在电视、报纸、户外媒体、机场形象店、网络媒体、电影电视剧贴片上看到的大多数广告基本上都是为了提升品牌认知。

服务于品牌认知的营销行为针对的是陌生客群，客户的注意时间很短，并且没有任何感情基础，所以品牌认知的营销传递的信息需要高度浓缩。基本上包括品牌名称、品牌标识、品牌视觉，外加一句广告语，简单介绍产品和服务功能。

从内容的角度来看，在海外做品牌和在国内做品牌有着巨大的差异，主要还是文化差异带来的。企业一定要认真研究目标市场的文化特性和价值取向，结合企业及产品特质，制定自己的内容策略。这里主要探讨渠道，内容的问题我们后面再展开。

在品牌认知这个环节，企业也不至于为了做品牌认知去转型成为广告公司，但是却可以充分了解海外市场的媒介生态，以及与各种合作伙伴建立良好的合作关系，降低合作成本，保证营销效果。

同时，企业也可以充分利用自身的各种资源，如社交媒体账号、短视频网站账号、门店形象展示，多渠道地对客户进行品牌认知的教育。

品牌偏好

如果说品牌认知是与陌生的客户交换名片，简单认识一下，那么品牌偏好就是详细地介绍自己，引起客户对自己的好感和兴趣。

让别人认识自己不难，但是如果想让别人喜欢自己，就必须对客户有一定的了解，有针对性地展示产品的价值。如果说品牌偏好与品牌认知有什么不同，那就是品牌偏好需要更精准的客群，需要更加丰富的标签，从而加深企业对客群的了解。

品牌认知类的营销活动可以选择通用型渠道，如电视台、报纸、户外广告；但是品牌偏好类的营销活动就要选择更加精准的渠道，对客群进行更加精准的投放，投放更加精准的内容。

要让目标客群在正确的时机、正确的场所，看到产品传递出的正确信息，这些信息与客户日常所喜欢的内容有很强的心智关联，这样就可以潜移默化地影响客户心智，无形中慢慢建立对产品的品牌偏好。

- 对于 OOH（户外广告）而言，定位高端的母婴产品就尽可能投放在高档社区，商务类产品就尽可能投放在 CBD。

- 社交媒体、短视频网站、广告联盟、精准营销平台都会提供非常丰富的人群标签，企业可以精准地找到符合自己产品定位的人群，进行精准的投放。

- 对于线下实体门店，也要开在目标客群聚集的区域，装修、陈列、设施、动线都要考虑目标客群的需求和习惯。

SHEIN 就是一个利用渠道打造客户品牌偏好的优秀实践者。在非常早期的时候，SHEIN 的规模还不大，就开始在各个网站上联系时尚达人，通过提供免费的衣服或者其他形式与他们合作。这些时尚达人会穿着 SHEIN 的时装，在各大平台上分享自己的美照，进行品牌宣传和单品种草。

这些平台包括 Instagram、Pinterest、YouTube、TikTok 等，这些达人包括广大的时尚草根、网络大咖，甚至 SHEIN 也会扶持自己的时尚 KOL（意见领袖）。他们构成了 SHEIN 早期的主要流量渠道，不仅把品牌和产品非常精准地介绍给广大目标客群，甚至非常直接地促成了交易转化。

匹配需求

客户认识你的品牌，对你的品牌产生了好感，觉得你的产品跟其他品牌的产品不一样，并不意味着客户最终会买单。企业还需要将自己的产品精准地匹配客户的需求，从而让客户产生购买的冲动。

但是在更加复杂的商业社会中，企业需要更加深刻地了解客户的需求，掌握更多的客户信息，包括外部渠道提供的信息和企业自己掌握的客户信息。当企业的营销活动总是在合适的场合，通过合适的渠道，在客户最需要的时候出现在客户面前时，客户购买的概率自然会大大提高。

- 下雨天的时候，人多的地方就会出现很多卖伞的——这是一个非常简单的匹配寻求的例子。
- 圣诞节的时候，消费品企业会策划各种促销活动，并且通过各大网站投放广告来通知客户；它们也会筛选高端客户，安排专员致电赠送兑换券和礼品；对于更广大的存量客户，企业则会以邮件、短信、app推送的形式告知促销的内容；而来到线下的门店，客户也会发现节日的装潢和各种促销的横幅、张贴画已经挂满显眼的位置了。
- 在球场、球馆，你也经常看到功能性饮料的广告，并且运动后的人们总是很轻易地能看到广告中品牌的自动售卖机，他们的需求被企业精准地捕获。当大汗淋漓的客户爽快地喝下从冰箱取出的饮料时，就很容易让客户获得满足的快感，从而建立对品牌的好感。

下雨天是一个重要的需求场景，这个场景会刺激网约车、外卖的需求，但会使供给陷入短缺；同时下雨对商超百货、餐饮娱乐、旅游出行会产生需求压制。企业在营销的时候需要匹配这些需求场景。

圣诞节是一个巨大的需求场景，服装、电子产品、餐饮、旅行等需求都很旺盛。而球场是一个非常小但很精细的需求场景，功能性饮料在这里是刚需。

上面案例中提到的网站、外呼、邮件、短信、app、线下门店、场所广告牌、自动售卖机等都是触达客户、寻求匹配的有效渠道。

当然用户的需求不止在节假日。从时机来看，一年不同的月份，一个月不同的日期，一个星期不同的日子，一天不同的时段，这些不同的时间都匹配着不同的消费场景。从地点来看，不同的地方有不同的需求场景，我们也可以从人群、场合等角度来匹配需求。

出海的企业务必要深刻了解当地的文化、风俗、消费习惯，在不同的需求场景下，善用自有渠道，合理利用第三方渠道，针对性地实施各种营销活动。

触发购买

即使客户对品牌有了充分的认知、好感，也有相应的需求，也只有一部分客户会进入营销漏斗的下一层。在漏斗的"匹配需求"这一层，基本上都是有机会成交的客户，但有的企业却会白白错失商机。这其中的原因就是最后的关单时机没有把握住，导致客户热情退却、需求消失了，或者购买了竞争对手的产品（下文统称为"竞品"）。

所以在用户购买阶段的后期，在营销漏斗的底层，企业需要利用一些机制触发客户的购买行为，促使成交。触发购买可分为理性触发和感性触发两种。

- 理性的触发购买行为包括发放优惠券、打折、促销、送赠品、满减等，这些在国内市场行之有效的活动，在海外市场也同样适用。但是各个国家的发展水平不一样，当地客户群体的价格敏感度也不一样，这就需要进行更加深入的了解和更加精细的测算。
- 感性的触发购买行为包括直播中的煽情、博主的劝说、推出打动人心的文案、打造代入感极强的场景等，这些都会让客户产生购买的冲动。

干打折而不走心，就是纯纯的烧钱，不但浪费预算，还伤害品牌；只走心、只讲故事、只走煽情路线，最后一点优惠也不给，也很难打动客户，效果不好反而会引起客户反感，浪费企业的时间、精力和广告预算。商家在做营销的时候，需要综合使用感性工具和理性工具触发客户购买，最大化地促进成交。

在这个环节，企业需要利用各种渠道和工具把触发信息传递给客户。对于营销漏斗比较长的业务，既然已经推进到这个环节了，企业往往也已经获取了部分的客户信息，包括注册信息、留资信息、前期沟通，部分客户都已经成为粉丝了，企业应该有条件通过各种方式直接联系客户，包括：邮件、短信、电话外呼、企业社交媒体账号、达人账号、第三方 app 推送、精准营销平台等。这些都是企业可以利用的渠道。

持续复购

当企业主导了客户的交易链路，就有条件获取客户信息，也必须尽可能地获取客户信息，让客户进入自己的数据库中，维护起来，用自己的数据模型对客户行为进行挖掘和分析，使用自己的 CRM 系统进行管理，并且自建售后服务团队，进行客情维护，对客户进行服务、保温、留存、促活、沉默召回等运营动作。

如果企业依然大量依赖外部渠道对自己的老客户进行维护，就太不应该了。

（1）从成本的角度来看不划算。

（2）把客户数据交给第三方也不安全。

（3）第三方的客户数据也不完整，服务体验也不会特别完美。

当发展到一定程度，企业有能力主导营销和销售的时候，就必须考虑自建渠道和工具。对于老客户而言，"客户推荐计划""忠诚度计划""积分商城"都是非常重要的运营工具。在售后阶段，这些工具都需要建设起来。

企业会采取大量措施推动客户持续复购，但这些措施应该基于客户的需求，而不是靠狂轰滥炸的通知，无休止的打搅，以及纷繁复杂的促销活动。很多国家市场对用户体验的保护、隐私数据的收集、用户的触达有非常严格的法规，如果企业沿用国内之前普遍的做法，很容易踩雷，得不偿失。

另外，不同国家的消费者的价格敏感度不同，对促销的欢迎程度不同，对商家触达的态度不同，对骚扰的容忍度也不同。企业需要深刻了解消费者心理之后，采取更本地化的客户维护策略，从而促使客户持续复购。

我们都很清楚，营销越精准，成本越低，转化率越高，效果越好。但企业在登陆新市场的初期确实两眼一抹黑，什么渠道资源都没有，客户数据也没有，只能大量依赖外部合作伙伴进行泛泛的营销活动。展业程度越深，客户积累越多，数据越丰富，这时候企业才能开始更加精细化的运营和营销活动。

营销漏斗也遵循同样的道理（见图 3-6）。

- 漏斗的上层客群基数大，客户与企业彼此都比较陌生。企业不掌握太多客户信息，只能进行比较宽泛的品牌宣传类营销，进行初步的沟通。最主要的营销渠道是公关公司、4A 广告公司、线上广告平台等外部渠道，最主要的营销形式是品牌宣传。

- 针对漏斗中间层的客群，需要更加精准地匹配需求和触发购买。此时对内部精准营销能力的要求开始增加，这需要企业自建数据库、CRM、营销工具、触达渠道。自建渠道的重要性开始提高，对外部系统的依赖需要降低。

- 当客户沉到了漏斗底层，变成了老客户，甚至是忠诚客户，企业就需要有能力为他们提供更好的服务，维护更加稳固的客情，这主要依赖自有渠道。哪怕企业还是会采买一些外部渠道，但一定要"以我为主"，把客户资源牢牢地掌握在自己手中。

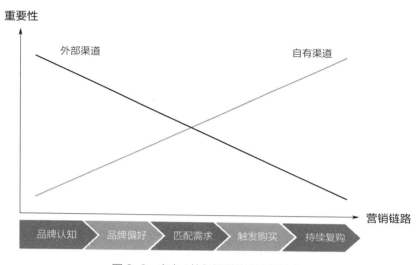

图 3-6　自有 / 外部渠道的重要性演化

■ **销售渠道**

销售（Sales）的主要目标是完成产品或服务的交易，即通过直接或间接的方式将产品或服务提供给客户，让客户为此买单。销售也是一个过程，本书不从销售过程的角度展开，主要从渠道特性的角度来分析。

按照交易发生场所来看，销售渠道可以分为：线上渠道、线下渠道。

线上渠道包括电商平台的网店、独立电商网站、网红带货、微商等。

线下渠道，2B 的主要就是自建的销售团队，2C 的就是门店、展位、摊位等。

按照归属权来看，销售渠道可以分为：直营、加盟 / 代理。

直营，指的是企业通过建立和管理自己的销售单元，直接向消费者销售产品或服务。直营的销售网络的优势非常明显：

首先，在这种模式下，销售过程完全可控，企业可以实现对销售过程的监控和管理，制定自主的销售策略。

其次，因为销售过程自主可控，企业可以最大限度地掌握客户信息，使得企业能够提供更个性化的服务，更加精准地满足消费者需求。

再次，因为企业直接面对和服务最终客户，企业可以实现对客户资源的占有。

最后，直营的销售网络忠诚于自有品牌，可以专卖单一品牌的产品，有统一的品牌形象和服务标准，有助于打造自有品牌。

而直营销售的劣势，说一千道一万，归根结底就一个：成本高。

首先，建设成本高，企业需要自己招募员工、选址、租房、装修、营建，需要先期投入大量的人力、物力、财力。

其次，运营成本高，建设完成后，还需要企业进行管理运营，工资开支、租金、物业费、水电费、服务费、行政管理支出等都是成本。

再次，供应链成本高，物流配送是成本，库存是成本，库存积压、损耗、偷盗、运损这些风险都会带来额外的成本。

最后，管理成本高，直营销售单元就是自己的团队、自己的资产、自己的业务，人、财、物、产、供、销方方面面都需要企业亲自来抓，尤其是业务位于海外，有时差、语言差异、文化差异，管理难度急剧提升。一旦业务规模做大，直营销售网络的建设、运营成本也会急剧上升，企业可能不堪重负，考虑加盟的模式。

加盟 / 代理：相对而言，加盟 / 代理就简单多了。

加盟：一般指的是开加盟店，是 2C 的概念。指企业通过合同约定，将品牌、技术、经营模式、供应链等授权给加盟店，使其能够按照企业的规范和标准开展经营活动。直营模式的优点就是加盟模式的缺点，而直营模式的缺点就是加盟模式的优点。加盟模式的优点很直接，就是低成本、快速扩张、广泛覆盖，这是直营模式不具备的。

首先，加盟是一种杠杆，通过出让未来收益，能够帮助企业撬动外部资金和外部经营者的能力，迅速扩大市场覆盖范围，在竞争中赢得先机。

其次，加盟解决了管理者主观能动性的问题，加盟商即管理者，拥有微观经营的自主权，享受管理收益，承担管理风险，责权利完全一致，可以充分发挥加盟商的创业精神。

最后，企业对加盟商也并不是完全没有管理，而是可以通过培训、巡检、神访等手段管理加盟店的经营行为，确保品牌形象和服务质量。

而对于加盟商而言，加盟总部可以为他们提供从开店规划、培训到后续经营指导的全方位支持，还提供了一个成熟的品牌。这些都可以大大降低创业风险，借助品牌的知名度和管理模式提高创业成功的概率。

代理：和加盟非常相似，但代理也包括了 2B 的概念。代理商接受企业委托和授权，在一定的区域内销售企业的产品，或以企业的名义为客户服务。代理商可以分为独家代理、一般代理和总代理。这些代理形式决定了代理商在特定区域内的权利和义务。

加盟／代理模式也有很明显的缺陷：

首先，品牌方企业无法控制销售单元、销售人员的具体销售过程，或许存在加盟商损害品牌长期利益的行为。

其次，品牌方企业不直接掌握客户资源，客户资源在加盟商、代理商手中，这就意味着商家的议价权很强，而品牌方需要出让更多的利益。

最后，加盟商、代理商往往不会只忠诚于一个品牌，大的商家手里往往有很多品牌代理。

企业需要根据自己产品和服务的属性、组织能力、资金实力等各种因素综合考虑，制定适合自己的渠道战略。直营有直营的优势，是建立在企业强大的综合能力的基础之上的。

海底捞 2012 年在新加坡开设了首家海外餐厅，正式开始了国际化之路，到现在已经有上百家门店，都采取直营的模式。也正是海底捞坚持直营，才得以把自己最引以为豪的服务传承下来，并且在海外发扬光大。

但不可否认，加盟依然是一个非常有效的海外业务拓展模式，对营销、销售的控制力不如直营渠道那么强，但比单纯做外贸的出海模式已经优秀太多了。

虽然从产权关系上来看，海外的加盟商网络不属于中国企业，但中国企业依然可以对其进行管理。这是一个博弈的过程，随着中国企业海外品牌建设、海外运营能力的增强，中国企业对加盟商和代理商的影响力也会增强。就算是通过加盟，依然可以有效地打造属于自己的品牌。

名创优品就是其中的佼佼者。名创优品是一个典型的零售连锁巨头，核心竞争力就来自于其独特的品牌、IP以及销售网络。自2015年开始全球化战略，到2023年年底，名创优品已经扩展至100多个国家和地区，全球门店数量超过6400家，其中海外门店数量占比接近40%。这种快速扩张得益于其灵活的经营模式和强大的供应链支持。名创优品在海外市场有子公司开设的直营门店，也有代理门店、合伙人门店。

名创优品在进入一个市场时，通常首先开设直营店，作为试点进入该市场。在了解了当地市场生态并且积累了一定的渠道资源之后，名创优品会进一步采用代理模式或合伙人模式拓店，迅速扩张，打开局面。例如，名创优品在成功登陆墨西哥后，与墨西哥首富 Carlos Slim 合作，后者拥有零售集团 Carso Group，旗下经营着墨西哥第二大连锁餐饮集团 Grupo Sanborns 等多项业务。依托本地资源和经验，名创优品得以快速扩张，开出超过180家门店，墨西哥也成为名创优品在海外的第一大市场。

在以市场开拓为驱动的出海模式下，企业的核心竞争力在于背靠中国强大的供应链和产能，在海外积极建设自有品牌和可控渠道，从而赢得本地市场的份额并占领消费者心智。这种模式可以帮助那些陷入价格战红海中的外贸企业摆脱低层次的劳动生产率的内卷，向利润更高的销售端、品牌端进军，获取更加广阔的发展空间。零售、服装、食品、餐饮等行业的从业者可以参考这种出海的业务扩张模式。

3. 以产品 / 技术为驱动的出海

如果企业的产品具有较强的竞争力和技术含量，而企业又暂时没有足够的资源在海外广泛拓展渠道和建设品牌，就可以考虑扬长避短，采取以产品 / 技术为驱动的出海模式（见图 3-7）。企业依靠强大的研发能力、工程技术能力、产品力来交付有竞争力的产品，由海外的合作伙伴在目标市场进行销售。

这种模式非常适合那些欠缺海外落地运营经验的科技企业、先进制造企业、软件企业等，它们可能处在发展的早期，或者规模较小，暂时没有多余的资源以落地运营的方式去拓展海外业务。需要澄清的是：这种模式的驱动力不一定是高科技，也可能是产品的其他竞争力或特色。

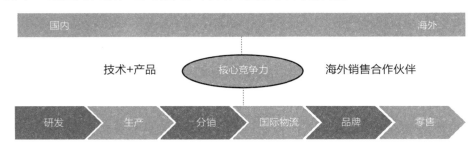

图 3-7　中国企业出海模式 - 产品技术

游戏不算高科技产业，游戏公司的竞争力是由它的产品力决定的，游戏公司出海往往是由产品驱动的。游戏公司的业务模式普遍都在线上，并且公司规模一般都不大，缺乏海外拓展的人才储备和落地运营的经验。但中国有巨大的游戏市场和庞大的游戏产业从业人群，形成了非常发达的游戏产业，中国的游戏工作室开发出了非常多高质量的游戏。小型游戏公司出海普遍靠出售版权给到海外合作伙伴或者国际平台，依赖合作伙伴在全球发行和销售。从某种意义上来讲，"以产品为驱动的出海"也算是游戏行业的"外贸"。

《黑神话：悟空》是来自于游戏科学公司的一款游戏，上市第一个月全球销量超过 2000 万份，其中来自 Steam、PS5、Xbox 等平台的海外销量占据了重要部分，在线用户中也不乏国外玩家。在海外直播平台和视频网站上，也充斥着该产品相关的视频和直播，形成了现象级传播。只要产品力足够强，自然有大把渠道愿意推。

随着中国游戏产业的成长和对海外市场认知的提升，越来越多的企业开始尝试自主操刀在海外发行，这涉及更深入的市场调研、产品本地化和营销策略。近年来，游戏公司也慢慢走上了以市场开拓为驱动的出海模式，甚至头部的游戏企业也创造出了许多具有全球吸引力的 IP，不仅提升了产品的国际竞争力，还能在全球玩家中建立品牌影响力。其中米哈游的《原神》、网易的《阴阳师》在海外都收获了数量众多的粉丝。

这种模式的底层驱动力是中国庞大的人口基数以及国家对理工科人才的重视和培养，也就是我们通常所说的工程师红利。如果说科学技术是第一生产力，那么科学技术人员就是最强大的生产者，尤其对于科技行业来说，技术人员直接创造了企业的核心资产。我们以互联网、游戏、软件行业为例，最重要的技术人员莫过于软件工程师，也就是程序员了。根据 GitHub 发布的《Octoverse 2021 年度报告》，中国有 755 万名程序员，并且以每年 20 万至 30 万人的速度持续积累增加。我们拿澳大利亚来做个对比，澳大利亚全国一共也只有不到 20 万名程序员，其中还有很大比例的中国和印度移民。中国每年新增的程序员数量相当于澳大利亚全国程序员的总量。

计算机专业只是一个缩影，如果我们把目光放宽到理工科专业，中国的优势则更明显。每年美国 STEM（科学、技术、工程、数学）专业的毕业生大约在 50 万人左右，其中还有大量的国际学生。而中国每年 STEM 专业的毕业生人数超过 500 万，是美国的十倍。在全球顶尖人工智能研究人员中，中国人占比 50%。中国的劳动年龄人口平均受教育年限提升至 11.05 年，人才资源总量、科技人力资源、研发人员总量均位居全球首位，这些有力支撑了科技创新。

虽然中国人口增速放缓，但人口基数依然庞大，并且中小学教育中重理轻文的趋势非常明确，高精尖科技人才的选拔和基层技术教育并重，中国的工程师红利短期内不会消失，中国相对于其他国家来说，在技术人才方面的竞争优势将持续存在。我的孩子在广州读小学，我曾经做过一个非常简单的统计：班上有 45 个人，其中我知道的就有 5 个学生在学编程，有 Python，C++，还有 Arduino 硬件编程。粗略估算：从小学就开始学计算机的超过 10%。虽然广州的小学生可能会更"卷"一点，但这也反映了中国的普遍趋势。在可以预见的未来，人工智能一定会进入中学生的课堂。

70 后、80 后是互联网弄潮儿；90 后、00 后是互联网原住民；而中国的 10 后、20 后就是人工智能时代的原住民，中国新一代的年轻人是天生掌握科学技术的一代人，是更加具有创造力的一代。他们的创造力绝不只是想象力那么简单，他们从小就接受了编程、人工智能、3D 打印、机器人等技术的培训，他们有把自己的想象变成现实的能力！

互联网诞生后，各行各业都获得了突飞猛进的发展，传统的线下业务被搬到了线上，社交、电商、O2O、短视频陆续崛起。人工智能的突破也必将赋能各个行业获得新的发展，中国会有越来越多的、遍布各行业的科技创业公司诞生，年轻的创业者对出海没有任何心理障碍，他们天生就是国际化人才，他们也必然在企业的早期就以产品和技术为驱动，迈上国际化的道路。

4. 以综合竞争力为驱动的出海

当企业成长为巨头之后，就不应该存在显著的能力短板，必须依赖综合竞争力在国际市场上展开厮杀。综合竞争力包括很多方面。

技术实力：综合竞争力的基础是企业的技术实力，是企业经长期投入研发而积累的能力。技术实力体现在技术积累、专利数量、技术创新上，但最终会体现在产品的性能、功能、指标、参数，以及生产成本上，技术实力会极大地提高产品竞争力。

产品力：产品力更多表现在对市场的深刻理解以及对用户需求的洞察方面。企业根据海外市场的实际情况进行本地化定制和开发，灵活应对各种各样的市场需求。产品和技术是分不开的，新技术的广泛应用也能极大地提高产品竞争力。甚至很多科技公司在重要的目标市场开设了本地的研发中心，可以更加深入地了解当地的市场和需求，开发出更适合当地消费者的产品。

品牌力：当企业的产品力增强，用户的口碑逐渐积累时，企业的品牌力也会增强，两者相辅相成。

销售渠道：或者叫销售网络，包括我们之前介绍的直销的能力，也包括发展、管理经销商和加盟商的能力，销售网络是企业最核心的竞争力之一。

其他综合竞争力还包括：**组织能力、供应链能力、资本运作能力、营销能力、各种资源**等。

以综合竞争力为驱动的出海模式见图 3-8。

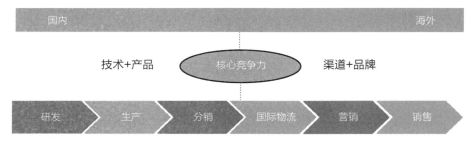

图 3-8　中国企业出海模式 – 综合

中国的汽车行业在早期更多的是以整车出口的形式开展海外业务的。车企向海外派驻商务人员（BD）与当地的汽车经销商达成合作，中国车企把车卖给海外的经销商，授权他们在当地进行销售、服务，这种模式可以理解为汽车的外贸。

但是近年来随着中国新能源汽车产业的逐渐崛起，国内市场的竞争烈度空前，中国汽车企业的出海模式也在发生演进，其加大了出海的步伐和力度，成为"以综合竞争力为驱动的出海"模式的典范。

在销售模式上，中国新能源汽车企业也在海外开始了建设销售及服务网络的努力，其综合采用品牌直营、加盟的方式迅速建立起品牌知名度和完善的销售网络。为了提升海外市场竞争力，中国汽车企业不仅关注产品出口，还致力于建设和优化配套服务体系，包括建立 4S 店、充电站、换电站等，以提供全方位的售后支持和服务。

除了建立销售和服务网络，越来越多的中国汽车企业选择在海外投资建厂。这种模式有助于降低关税成本，提高本地化生产能力。同时，也能更好地响应本地市场需求，开发出更加能够满足本地消费者需求的车型。

为了进一步增强海外竞争力，还有头部企业在海外设立了研发中心、设计中心，通过中国技术人员和国际人才的通力协作，联合开发出更加适合本地客户的产品，极大地提高了竞争力。

5. 商业模式的出海

著名的投资人、软银的创始人孙正义有个非常著名的时光机理论：市场发展阶段是非常不均衡的，企业要充分利用这种时间差，利用在成熟市场展业的经验、技术、积累的能力在处在萌芽期的市场进行开拓，从而可以获得先发优势占领市场。孙正义在早期利用该理论取得了巨大的成功。

孙正义是一个韩国裔日本人，在美国接受了高中和大学教育。1995 年，美国硅谷的互联网浪潮开始发酵，孙正义向雅虎投入了 1 亿美元，获得雅虎30% 多的股份。这笔投资最终为孙正义带来了巨额回报，雅虎的市值一度高达千亿美元。孙正义的软银在这笔投资中获得了 300 倍的收益，这使孙正义一度成为世界首富。

当时硅谷引领了全球互联网浪潮，美国的互联网市场领先日本一个时代；彼时的日本互联网市场还没有萌芽，正是一片沉寂。孙正义于 1996 年 4 月在日本成立日本雅虎公司，软银控股 51%。一问世，日本雅虎迅速崭露头角，于 1997 年在 NASDAQ 成功上市，并在六年后的 2003 年在东京证券交易所再次上市。日本雅虎在日本搜索引擎和门户网站市场位居第一位。

此后，在 20 世纪 90 年代以及 2000 年初，孙正义又大量投资中国、印度市场的互联网公司，经典案例包括阿里巴巴、盛大网络、人人网、PPTV 等；2011 年，孙正义还在印度投资了 Inmobi 等公司（全球第二大移动广告公司），这些投资都令他获益颇丰。

2001 年，中国加入了世贸组织，在此后的二十多年里，中国的发展速度一骑绝尘，仿佛也坐上了时光机，通往了很多国家向往的未来。

目前，中国很多行业的市场成熟度已经高于大部分国家，从之前学习成熟市场的先进经验，到现在自己成为成熟市场，开始了前无古人的探索。在这个大背景下，很多中国企业在出海开拓业务的时候也坐上了"回程时光机"，希望把中国的商业模式和新产品引入其他市场。

但是时光机理论本身是一个投资理论，更加适合 VC（Venture Capital，风险投资），如果盲目套用到出海创业上，往往会有很大的误导性。商业模式本身不是企业的竞争力，所以"商业模式的输出"不是一种出海模式。如果中国企业单凭商业模式的先发优势出海，很容易被当地企业模仿并超越。当地的企业往往更熟悉本地市场，并且执行力和灵活性更强，中国企业如果没有其他核心竞争力，很难赢得最后的胜利。

商业模式的先发优势必须依托技术研发、产品力、品牌力、销售能力的积累，以及规模经济和网络效应带来的效率、成本、体验的优化。这些优势可以持续积累，与竞争对手拉开的差距就形成了巨大的竞争壁垒。而一个好的商业模式如果没有竞争壁垒，谁都可以学习模仿。

中国不乏商业模式输出的经典出海案例，其中最领先的就是中国移动支付的出海。中国移动支付的普及率全球领先，体验也非常完善，所有来中国的国外游客无不为之心驰神往。

支付宝自 2013 年开始国际化进程，旨在解决中国出境游客的支付难题，目前在境外已覆盖超过 70 个国家和地区，接入了逾 500 万家海外各类商户门店，很多本地居民也成了支付宝的忠实用户。

但蚂蚁集团不满足于简单输出中国的商业模式和产品，又推出了 Alipay+ 连接全球不同市场的电子钱包，实现一个账户全球畅通交易。已经对接的各国电子钱包包括中国游客熟悉的支付宝和 AlipayHK，还有菲律宾电子钱包 GCash、马来西亚电子钱包 Touch 'n Go eWallet、泰国电子钱包 TrueMoney 和韩国电子钱包 Kakao Pay 等。例如，在新加坡，来自马来西亚的日常通勤族能够通过本地钱包 Touch 'n Go eWallet 进行跨境支付车费，非常方便。这不仅优化了客户的跨境支付体验，还帮助商家极大地拓展了全球客源。

蚂蚁集团出海绝对不是简单地做商业模式输出，如果支付宝只是在各个国家照搬中国的商业模式，则很难与本地的电子支付企业竞争。支付宝选择了利用自己的技术优势、规模优势、组织能力顺势推出了 Alipay+，打通了众多电子钱包，既方便消费者用自己本地的电子钱包进行交易，也方便商家向不同的客户群收款，还为不同的电子支付企业提供了一个聚合平台，在海外实现了模式创新。

如果企业盲目地迷信时光机理论，只看到自己在模式上的先发优势，而忽视了其他竞争力的建设，出海之路很难走通。共享单车也是中国开创的风靡一时的商业模式，后面在中国衍生出共享电单车，在海外也衍生出电动滑板车等品类，共享单车已经是中国城市里司空见惯的一种通勤方式，但早期共享单车的出海却以悲剧收场。

ofo、摩拜是共享单车的先行者，它们开创了共享单车市场，同时引领了商业模式，ofo和摩拜也是中国互联网企业出海的早期探索者。但它们在出海的过程中只关注模式输出，忽视了核心竞争力的建设，最后国际业务不但没有助力企业的发展，反而加速了企业的整体失败。

ofo在2016年11月登陆了新加坡，但在并未验证商业模式和组织能力的前提下，在随后短短的一年内，迅速进入美国、英国、德国、荷兰、法国、西班牙、奥地利、澳大利亚、印度、泰国、日本、以色列、哈萨克斯坦、马来西亚等国家，一度在二十多个国家的250多个城市开展运营，遍布美洲、澳洲、欧洲、东南亚、南亚、东亚、中亚、中东。目标市场的选择看起来毫无头绪，业务拓展的节奏快得令人眼花缭乱，能力建设自然无暇顾及，组织迅速膨胀，海外业务的激进扩张无谓地消耗了企业资源，加速了企业的衰败。

而ofo的最大竞争对手摩拜也好不到哪里去。摩拜于2017年3月追随ofo的脚步也匆忙进入了新加坡市场，并在此后的一年里亦步亦趋地与ofo开展了国际化开城大赛。2017年年底，摩拜骄傲地宣布已经在全球12个国家200多个城市开展了运营，展业市场与ofo高度类似。

四个月后，2018年4月3日，摩拜难以为继，最终选择出售给美团。

一年后，2019年3月11日，美团发布2018年业绩报告，报告显示：美团2018年经调整的亏损净额为85.2亿元，其中，摩拜贡献45.5亿元。

不久后，美团及时止损，陆续关停了摩拜单车的所有国际业务。

在中国企业出海浪潮汹涌的当今，共享单车出海的案例尤其值得复盘。ofo和摩拜折戟沉沙的根本原因就在于：企业试图依赖模式输出和融资能力，快速地抢占市场从而排除潜在竞争者，但忽视了核心竞争力的建设。商业模式的先发优势不是竞争力，虽然可以帮助企业先人一步地积累核心竞争力，但企业如果过度追求先发，而忽视了竞争力的积累，无异于买椟还珠、缘木求鱼。这不仅仅是它们出海失败的原因，也是公司整体失败的原因。

首先，先发优势没有形成有效壁垒，反而带来了巨大的包袱。这个世界太大了，而共享单车的业务模式太重了。企业期望靠一己之力就占满全球主要城市的街道，从而排除潜在的市场竞争者进入。但是，企业有没有考虑过：这背后需要多少资金的支持？需要多强的组织能力支撑？需要多长时间脚踏实地的耕耘？在今天看来，当初的战略确实有些堂吉诃德式的浪漫主义。

如果企业当初可以选择将单一市场充分打透，验证商业模式，然后再图发展，也许结局会大不相同。

其次，商业模式不是竞争力，那么共享单车出海的核心竞争力是什么？

一个企业的核心生产要素是什么，这个企业的核心竞争力就应该是什么。新能源汽车的核心生产要素是三电（电池、电机、电控），那么车企的核心竞争力就是三电的研发和生产能力。咖啡、茶饮连锁企业的核心生产要素是品牌和产品（包括口味和定价），那么企业就应该在品牌建设和供应链方面加大投入。

共享单车的核心生产要素是单车，单车的采购成本、运维成本以及调度成本占了业务收入的大头。那么企业就应该自研甚至自产单车，并且建立完善、便捷、低成本的运维网络，从而压低核心生产要素的价格，提高核心生产要素的体验。

但事实上，单车采购价格一路飙升，并且订单还供不应求。中国是个自行车大国，自行车市场早就已经成熟，甚至进入了衰退期，但共享单车热潮的兴起让自行车厂进入了第二春。天津王庆坨镇被称为"中国自行车之乡"，当地很多自行车厂老板反馈"订单接到手软"，他们做梦也没想到忽然有一天自己成了香饽饽，还能干成"甲方"。

单车价格一路上涨，但损耗却一直居高不下，城市运维人员和调度人员的配置长期跟不上车辆的投放，大量价值不菲的单车被损毁、偷盗、占用，或者侵占道路造成拥堵，却无人管理、无人回收、无人维修，一度造成海量单车被报废，形成了"单车坟场"。这些都反映了共享单车企业对供应链的失控。

海外单车标准、安全标准、物流、关税、发达国家高昂的人工成本、支付手续费等都会给供应链带来额外的压力。而企业并没有把主要精力用来建设更高效的全球供应链、降低核心生产要素的成本、提高资产运维效率，而是把最主要的资金用在了市场开拓、昂贵的海外营销以及促销上面。

最后，海外业务对组织能力提出了更高的要求。

我们曾经在前文做出过一个论断：与美国企业的国际化不同，中国企业出海一定是基于国内能力的溢出，而所有的能力都需要组织能力的承接。当国内业务面临众多问题和挑战，企业的组织能力还有明显短板的时候，贸然开始全面国际化是一种非常冒险的行为。2016 年 11 月，ofo 在进入新加坡之后，可以多花一些时间进行试点和验证海外的业务模式，建设海外团队，培养国际化人才，但企业却选择了多点开花，大量招聘国家经理、城市经理等拓展岗位，产品和供应链本来就没有优势，人才又成了新的问题。

02　出海的开拓模式

当企业讨论到出海具体方案时候，往往很多问题会接踵而至：

- 是通过投资并购，还是直接开拓？
- 业务是直接交给海外代理商，还是搭建经销商、加盟体系？或者干脆直营？

- 是主要依赖远程线上管理，还是搭建本地团队？
- 如果需要搭建本地团队，是外包给本地供应商，还是派遣团队前往目标市场招募并管理？
- 如果要派遣团队前往目标市场，是派遣高层管理者常驻，亲自招募、管理中基层业务人员，还是高管与 HR 中短期出差，招聘本地高层管理者，并且对其进行充分授权？

这些纷繁复杂的问题扑面而来，往往会让企业管理者感到头大，所有的问题归根结底就是"出海八问"中的**具体怎么做？**当企业梳理清楚自己的核心竞争力以及发展方向之后，对这个问题的思路就会变得更加清晰。

目标市场的选择是个方向性问题；核心竞争力是个驱动模式的问题；那么，出海的开拓就是个路径问题。路径有难走的也有容易走的，有远路也有近路，有拥挤的也有空旷的，但就是没有一条完美的路径。就像司机只有明确了方向，了解自己的车况，才能想明白是走高速、国道，还是抄山路。

在当前的市场环境下，企业面临着残酷的存量竞争，陷入持续的内卷。出海亦是如此，没有完美的国际业务拓展路径，一切都只是取舍，一切都关乎选择。

每个人都希望一路坦途，坦途也正是大部分人的最终选择，所以坦途往往很拥挤，竞争很激烈；并且平坦的路一般都是绕远的路，而直通巅峰的路则需要急速攀升。每个人都希望走捷径，离成功更近，避免长途跋涉，但捷径往往布满荆棘，充满危险。

公元 263 年，魏国发动灭蜀之战，钟会的主力被堵在剑阁时，邓艾穿越七百里渺无人烟的高山峻岭，奇袭阴平，直捣成都，击败了蜀国。在行军过程中，邓艾身先士卒，以毛毡裹身滚下百丈悬崖，将士们紧随其后，在整个行军过程中，非战斗减员过半。

关于出海的开拓模式，分门别类之后无非就三种：

- 远程开拓。
- 投资与并购。
- 本地化开拓。

以上每一种模式都有众多企业在进行国际化实践，每一种模式都不乏成功者和失败者。企业如何才能找到最适合自己的模式呢？如上所述，每一种模式都是一条路径，每条路都有自己的优势和困难，不存在一条完美的路径，只关乎取舍，取舍只基于市场的竞争态势和企业自身的竞争力。

我搭建了一个框架（见图 3-9）可以帮助读者厘清思路。在这个框架中，我们用竞争、难度、成本三个维度来衡量一条路径，这三个维度就构成了一个"不可能三角"。任何一条路径都不可能同时满足竞争少、难度小、成本低三个条件，如果有，那么竞争对手会马上蜂拥而至，把成本抬高，把难度加大。事实上，在市场竞争日趋激烈的今天，别说满足三个条件，能满足一个就很不错了。

图 3-9　出海的开拓模式

在这个框架中，**远程开拓**模式不需要前往海外国家落地运营，更多地靠线上平台和海外渠道进行市场开拓，难度最低，所以我们把它放在离"难度大"这个角最远的边上。但也正因为远程模式难度低,广大企业出海会更多地采取这种模式,也就相应地抬高了流量、渠道、平台的成本,竞争也比较激烈。

投资与并购可以直接把本地潜在竞争对手收入旗下,为自己所用,并且获得了本地化运营的能力,避开了数量众多的线上竞争者,所以竞争对手相对而言是最少的。但是投资与并购需要大量的资金,对好的标的公司甚至要溢价收购,成本高昂,并且并购之后的整合难度非常大,大部分并购最后往往并不成功。

本地化开拓要远赴重洋,有大量的初始投入,要克服重重困难,听起来令人生畏,做起来难度确实也很大,并且要直面本地市场的竞争对手,虎口夺食,竞争也非常激烈。但是长期来看,本地化开拓的渠道、客户、团队、产品自主可控,成本最小,能力建设反而最强。

我们可以把这三种模式比作战争中的三种模式:远程火力覆盖、代理人战争、抢滩登陆。

大型公司资源充足,组织能力强大,出海可以选择三管齐下,三路并进。但对于绝大多数企业来讲,资源和能力捉襟见肘,并且目标也务实而渐进,所以应该详细分析目标市场的业务生态,分析竞争、风险,预测成本、收益,基于企业自身条件制定合适的开拓模式,并且在出海的不同阶段适时调整。

但事实上并非如此,企业在出海过程中往往存在很多误区:

- 很多企业的并购不是因为自己的战略需要,而是在合适的时间,发现了一个合适的标的,而企业恰好手头有那么一笔钱,投资方老板又恰好对被投企业的管理层心生欢喜,于是就买了下来。

- 很多企业的核心竞争力并不强,组织比较孱弱,业务基盘不稳,现金流非常不稳定，而出于老板的个人雄心，企业匆忙地大举进军海外市场，往往在登陆的关键战役投入不足，最后功亏一篑，前功尽弃。

- 也有企业已通过远程火力覆盖目标市场多年，具备了很高的市场口碑和资源积淀，但满足于微薄的利润，对陌生的市场充满莫名的恐惧，就是迟迟不登陆占领更多的市场，白白错失了时机，把市场拱手让给了他人。

在出海的不同阶段，需要采取不同的开拓模式。万万不可陷入路径依赖，固守一种路线而不知变通。如果国际业务发展阶段变了，企业的能力进化了，市场环境改变了，那么企业的业务开拓模式也要发生相应的变化。

在企业出海早期，不具备国际化组织能力，海外业务经验不足，就需要稳妥一些。小公司低门槛地从事外贸，在现有的大型跨境电商平台上迅速开展业务是一个好的开始。而大公司如果希望迅速抓住窗口期，节约时间和试错成本，可以采用投资与并购的方式，快速建立海外业务。

当企业积累了一定的经验并且储备了足够的国际化人才之后，登陆就成为了一个必然选择。当然，大型企业从一开始就应该考虑登陆模式，节奏可以慢一点，稳扎稳打，步步为营，一步一个脚印地让自己的业务在海外站稳脚跟。我们会在下一章中更详细地阐述。那么，现在先让我们进入三种模式一窥究竟吧。

1. 远程开拓

远程开拓指企业管理层常驻在中国，不依赖海外线下团队，主要利用线上工具、渠道、平台开拓并运营海外业务。流畅的通信工具、强大的协作软件、便捷的视频会议系统、灵活的在线文档处理等现代化的企业工具让远程管理变得更加轻松。而蓬勃兴起的国际性大平台、大渠道又聚合了很多资源，让国际展业的门槛变低，难度变小。

2021—2023 年的新冠疫情硬生生地切断了很多公司全球总部与海外区域的联系，这又检验并且证明了远程模式的有效性，进一步普及了远程模式，并且完善了远程模式的诸多管理实践，锻炼了很多企业远程跨国管理的能力。

远程模式就好比战争中的远程火力覆盖，指挥官坐在遥远而安全的指挥部运筹帷幄，不需要大规模派驻地面部队，当地只需部署少量人力并借助有限的盟友支援，主要通过先进武器的远程打击就可以实现既定的战略目标。

这种模式适合那些线上运营的企业，企业的产品或者服务可以全部在线上交付，或者在线上可以安排好线下的交付。比如，网络游戏、视频网站、工具软件都可以在纯线上的环境中完成交付，电商也可以在线上运营，通过物流来实现线下履约。

这种业务模式的优势和劣势都很明显，因为该模式主要还是依靠国内的技术、生产、产业链、成本等优势，向海外输出有竞争力的产品。出海的难度比较低，只需要很小的初始投入，没有什么门槛。这种模式更加适合"以货品为驱动的出海"和"以产品 / 技术为驱动的出海"。这也是为什么绝大多数国内的外贸企业、早期的工具类软件公司、游戏公司大都采取了这种出海的开拓模式。

国内的生产制造企业通过跨境电商平台对海外销售商品，无疑也是远程模式。这些企业的设计、生产、运营都在国内，在海外没有团队，纯粹依靠线上的流量和平台来获取海外业务，并且主要通过线上的方式维系与海外客户的连接。

早期的工具类软件公司也采取了这种模式。猎豹于 2013 年左右在海外推出的"清理大师""电池医生""安全大师""猎豹桌面""猎豹浏览器"等产品都属于工具类 app，其利用这种开拓模式取得了巨大的商业成功。在 2014

年 5 月，猎豹上市前夕，海外仅"清理大师"一款应用就已经拥有 1.4 亿月活用户，而猎豹有 4 款产品在 Google Play 的应用（不含游戏）排名中进入前 50。

猎豹是远程模式的先行者和探索者，但现在已经有越来越多的小型互联网公司和网站开始采用这种模式了。

这种业务模式门槛低，初始投入小，所以采取这种方式出海的企业数量最多。当然，远程模式的劣势也很明显。

首先，远程模式决定了企业的客户流量只能从外部获取，企业需要支付巨额成本购买流量。不管是哪个行业，只要不能完全控制用户的触达渠道，再大的公司都需要买流量。远程模式看起来节省了很多海外人力、生产、房租、行政等支出，但长期来看，采买流量的成本可能会更高，企业的利润也会被压得很低。

其次，如果企业采取远程模式开拓市场，必然需要深度依赖跨境的平台，或者依赖当地的合作伙伴。这就导致终端用户不在自己手里，辛苦建立起来的业务不可控，甚至连品牌都不能自主控制。在这种情况下，企业的利润就会被压得很低，很容易被合作伙伴裹挟，甚至被当成"韭菜"收割。

如果企业所有的业务全部依赖跨境电商平台，某天平台忽然单方面提高收费；或者企业的海外业务都由当地的代理商打理，某天代理商要求大幅度降价，否则就减少出货……这时候企业有什么办法？自己的鸡蛋全部在别人的篮子里，就只能被迫就范，乖乖地出让自己的利益。

最后，企业采取远程开拓模式，必然对市场和用户的感知不敏锐。稻盛和夫有一句名言：答案永远在现场。如果企业没有对本地市场和用户的深刻认知，在面对本土竞争者时就会有明显的劣势，很难大有作为。

美国互联网公司进行全球业务开拓的时候，往往会采取远程模式，只在目标市场部署较少的人力，战略、研发、生产、财务、组织都在美国总部。美国互联网巨头凭借这种模式在全球畅通无阻，但是遇到本地强力竞争者的时候往往就略显应对不足。早期的雅虎、MSN、eBay 在中国的折戟沉沙，也都是因为依赖远程管理，无法应对来自中国本土的竞争对手；而 Uber 虽然已经实现了相当程度的本地化，在目标市场设置了运营、客服、营销等前端职能，但依然不足以应对中国、东南亚、俄罗斯、印度等地激烈的竞争和复杂的环境。

也有的企业把初期业务放在线上，到了中后期才让线下团队接入。比如，快手出海初期更多依赖线上获取用户并且招募达人，以线上的方式对达人和用户进行促活和留存。但是到了后期变现的时候，广告主这一角色就会出现，这时候企业就需要搭建线下的销售、服务团队来对接广告主。甚至还需要建设公关团队、政府关系团队、法务团队来对接本地不同的实体。

2. 投资与并购

投资能获得对被投企业的影响力，甚至投资方还可以通过董事会席位、投票权的安排来影响被投企业的重大决策，或参与、或控制该企业的业务经营。并购可以直接获得标的企业的控制权，并购后往往伴随着业务和组织的整合，被并购企业就成为母公司的有机组成部分。

如果说远程开拓和运营的模式好比军事上的远程火力打击，那么投资就像是打一场代理人战争，并购则相当于收编代理人部队，亲自下场指挥作战。

投资与并购模式可以快速切入市场，节约大量的时间，直接获得现成的一定体量的业务。但这种模式需要支付较高的成本，这种成本既体现在初次投资、并购的成本上，也体现在后期的整合成本上。大部分企业的海外投资或并购或多或少都会遇到麻烦，甚至面临失败的风险，损失的不仅仅是金钱，还有市场发展的时机，所以企业要慎重考虑多个因素。

企业的实际情况：是否可以采取投资或者并购模式，取决于企业的财务实力、组织能力和业务整合能力。投资的财务投入小，业务、组织投入也不大，后期企业可以支持、扶持、依赖被投企业的管理团队，间接参与海外市场业务。并购需要更多的资金和组织付出，除了前期的一掷千金，后期整合团队和业务更有挑战性。

市场的实际情况：市场竞争态势是另外一个重要因素，这是由市场发展阶段决定的。我们在"进入时机评估"一节中介绍过市场发展的四个阶段：萌芽期、成长期、内卷期、成熟期。其中前两个算前期，也属于窗口期，而后两个属于中后期。前期的变数很大，头部企业不见得会笑到最后，而尾部企业也不见得没有翻身的机会；而到了中后期，竞争格局已经比较稳定，公司的市值也比较明确，低有低的道理，高有高的原因。

被投企业的实际情况：被投企业的份额、竞争力、团队以及估值（市值）。这些企业可以依业务体量分为两类：头部企业、中尾部企业。头部企业竞争力强，自然估值高，投资与并购的条款更加苛刻；中尾部企业估值低，议价能力弱，越靠近尾部的企业越弱，急迫地想要把自己卖出去。

根据这三个维度，我们建立了一个分析企业投资与并购模式的框架（见表3-2），帮助读者厘清投资或者并购的思路。在开始本节之前，有两点需要说明：

表3-2　投资与并购策略框架

企业	阶段	
	市场早期	市场中后期
头部企业	策略1：投资	策略3：投资
	策略2：并购	策略4：并购
中尾部企业	策略5：投资	策略7：投资
	策略6：并购	策略8：并购

首先，我们取的是海外业务开拓者，而非财务投资者的视角。在本节，投资与并购的主要目的是拓展海外市场的业务。在这个大前提下，成本投入小、效率高、业务健康是相对重要的，这不同于一般的财务投资者的考量。

其次，就拓展海外业务而言，投资与并购往往是结合在一起的，形成了一套组合拳。在很多情况下，并购是投资的后手，投资是并购的投石问路，一个完整的国际业务拓展策略甚至会结合远程模式、登陆模式，形成一整套打法。

策略 1：市场早期，投资头部企业

如果企业希望先谨慎参与海外业务以积累经验和能力，看重和被投公司的业务协同以及投资的财务回报，那么企业可以选择投资海外市场的头部企业。

这是一种比较稳健的拓展策略，在国际业务成功建立之后，投资方进可攻、退可守。如果几年之后，企业的国际化能力足够强，则可以更加激进地收购、整合被投企业；如果能力积累到更强的程度，企业甚至可以自己登陆海外市场，获得更大的份额和影响力；如果企业的国际化能力尚不足，也可以耐心发育，依赖被投企业来运营海外业务，出海企业至少可以享受来自被投企业的财务回报。

2012 年是游戏行业新旧交替的开端，这一年触屏智能手机正式成为主流，这带来了手机游戏的大爆发。

腾讯作为国内的游戏巨头，在手游市场发展的早期就开始了国际化投资的历程，其投资对象普遍为国际游戏巨头或者小巨头，包括端游公司和手游公司。即使投资了端游，腾讯也会大量进行手游化的开发和推广。

2008 年，腾讯投资了《英雄联盟》的开发商——美国的游戏公司 Riot Games（拳头游戏），开始了国际化投资的试水。《英雄联盟》是一款 MOBA

（多人在线战术竞技）端游，这款游戏长盛不衰。随着国际业务经验的积淀和增长，以及组织能力的发展，2015年，腾讯收购了Riot Games所有剩余股份，从而实现了全资控股，并且于同年推出了自研的《王者荣耀》，一经推出便大获成功。

腾讯的海外投资案例非常成功，其投资的都是顶级的游戏公司，这些公司的作品也都曾经名噪一时，甚至经久不衰。被投的头部企业获取了必要的资金支持，加快了产品开发和技术创新，保持了技术领先，也获取了腾讯在中国的资源，可以快速进入中国市场，扩大现有市场份额，建立或巩固市场领导地位。以上投资发生在手游市场的早期，通过投资拿下这些好的端游IP，腾讯只花了一份端游的钱，却赚了端游和手游大爆发的两份钱。

腾讯不仅在财务上获得了丰厚的回报，而且实现了既定的战略目标。腾讯不仅获得了众多的全球热门游戏IP，巩固了其在中国电竞市场的领导地位，也拓展了在全球游戏市场的渠道和资源，为其后续的海外扩展打下了坚实的基础。

策略2：市场早期，并购头部企业

在市场发展的早期阶段有很多本地初创企业，中国企业想要赶在窗口期迅速在海外市场打开局面，拔得头筹，可以考虑并购本地头部企业来抢得先机。

这是更激进的拓展策略，相对于策略1，策略2的难度也更大，这种难度不仅体现在并购所消耗的资金量上，更体现在并购后的整合上。被投资的企业往往依然拥有较高的自主权，管理层也拥有更高的主观能动性；但目标企业一旦被并购，就必须融入并购方的企业中去，这涉及较大的整合动作。财务上、业务上、组织上都会面临非常大的挑战。

当然好处也很明显，在市场早期的时候，并购成本不高，企业如果直接并购本地排名第一的企业，自然就快速地成为了本地市场的第一名。但也正是因为处于市场的早期，这个第一名的位置能不能保住就很难说了。

2016 年，在东南亚电商市场的早期，阿里巴巴就投资 10 亿美元收购了东南亚最大的电商平台 Lazada，并开始了对其的整合。今天回头来看并购金额其实不大，但从此以后，Lazada 就成为了阿里巴巴的吞金兽：

2017 年，阿里巴巴向 Lazada 注资 10 亿美元；

2018 年，阿里巴巴向 Lazada 注资 20 亿美元；

2022 年，阿里巴巴先后三次向 Lazada 注资，总金额超 16 亿美元；

2023 年 4 月，阿里巴巴向 Lazada 注资 3.53 亿美元；

2023 年 7 月，阿里巴巴向 Lazada 注资 8.45 亿美元；

2024 年 5 月，阿里巴巴再次向 Lazada 注资 2.3 亿美元。这也是阿里巴巴对 Lazada 的第 10 次注资。截至彼时，阿里已经累计向 Lazada 注资约 77 亿美元。

但 Lazada 的表现却不尽如人意，阿里巴巴并购后对管理团队的整合并不成功。阿里巴巴往往强势派驻能代表总部意志的管理者，对被并购企业强行进行业务整合、文化融合、组织接管、财务管控，但这却导致本地团队和业务的震荡，从 2018 年创始人离职到 2022 年现任 CEO 上任，Lazada 一共更换了四位 CEO。

在业务的此消彼长中，2020 年 Shopee 拿下了东南亚地区 57% 的市场份额，Lazada 也从"东南亚第一电商"的宝座跌落。

这一策略也有很多成功案例，字节跳动于 2017 年对美国领先的音乐视频 app Musical.ly 的收购以及后续的整合无疑就非常值得学习。字节跳动通过一系列的整合动作让 Musical.ly 成功并入 TikTok，巩固并进一步扩大了市场份额。为此字节跳动采取了一系列举措。

品牌整合： 逐步将 Musical.ly 整合到其已有的短视频平台 TikTok 中。2018 年 8 月，字节跳动宣布将 Musical.ly 正式并入 TikTok，统一使用 TikTok 的品牌和产品交互界面。

技术整合： 字节跳动快速对接了 Musical.ly 和头条的技术平台，Musical.ly 完美地复用了今日头条的推荐算法，极大地增强了内容推荐的准确性和分发效率，从而提高了用户的体验。

业务整合： 整合后，字节跳动通过 TikTok 推出了全新的内容策略，继续沿用全屏高清、音乐、特效滤镜等 Musical.ly 的核心元素，同时加强了自身擅长的个性化推荐，实现了 1+1>2。同时，字节跳动关闭了 Musical.ly 旗下的独立直播应用 Live.ly，将用户引导至其他直播应用，避免了内部竞争，确保了资源的有效利用。

组织整合： Musical.ly 的联合创始人阳陆育和朱骏加入字节跳动，继续在新公司任职，保证了团队的平稳过渡，也保证了业务的持续发展。两人在很长一段时间内都继续在字节跳动发挥重要作用。

策略 3：市场中后期，投资头部企业

这是一种稳健的结盟策略，出海企业与本地市场的优胜者强强联合，一起把蛋糕做大。

当市场进入内卷期或者成熟期时，本地头部企业往往拥有较强的核心竞争力和丰富的资源，牢牢占据了一块生态位。这些企业的估值或者市值往往非常高：内卷期的企业和投资人都会有些狂热，激烈的竞争往往让人"上头"，头部企业的估值可能有一些泡沫的成分；而成熟期的市场头部企业体量很大，并且市场份额独占鳌头，投资方也别无选择，所以往往也很贵。

在这种情况下，打又打不过，买又买不起，如果出海企业非常想要进入当地市场，就可以考虑加入冠军的阵营，利用自身的资源和优势帮助被投企

业，与其形成业务协同，从而参与本地业务，分享增长的收益。

擅长投资的腾讯在该领域有众多案例。

动视暴雪（Activation Blizzard）是游戏行业的老牌巨头，是世界上最大的游戏开发商、发行商。动视暴雪旗下有多款经典的游戏，包括《星际争霸》《暗黑破坏神》《魔兽世界》《守望先锋》《使命召唤》《炉石传说》等，可以说其游戏代表了相当一部分80后、90后的青春。

虽然当游戏从端游走向手游后，动视暴雪的统治地位急速下滑，但其在2022年被微软收购的时候，收购价依然高达687亿美元。

但我们回到2012年的时候，动视暴雪依然是全球游戏统治级的巨头，所以腾讯在2012年前与动视暴雪达成合作，获得了《使命召唤Online》的国内代理权，并于2013年投资动视暴雪，获得了5%的股份。

而这笔投资不但使腾讯在财务上收获颇丰，也扩大了腾讯的全球影响力，让腾讯更好地进入了全球游戏市场，并且学习、积攒了丰富的游戏开发、运营和推广的经验。

腾讯的投资对象当然不只有美国的动视暴雪一家。腾讯在全球广泛布局，四处结盟，投资了包括美国的拳头游戏、美国的Epic、芬兰的Supercell、韩国的蓝洞、法国的育碧等著名头部企业。

今时今日，腾讯已经成为全球第二大游戏公司。2023年，腾讯游戏业务年收入达到393亿美元，国际市场的游戏收入占比首次提升至30%，这表明其国际业务正在成为新的增长引擎，腾讯已经成为一家真正的国际化公司。能取得如此成绩，腾讯的投资战略功不可没。

策略4：市场中后期，并购头部企业

这是一种冒险的增长策略，随着中国企业国际化能力的增强，近年来这种策略在市场上已非常少见。

　　既然已经成为市场上的头部企业了，为什么它还愿意被并购呢？头部企业的董事会之所以愿意出售公司，只有两个原因：第一，并购方愿意支付极高的溢价；第二，企业陷入了麻烦中，急于出手。

　　到了市场中后期，头部企业体量大且份额高，要并购这些企业必然要付出巨大的代价。尤其是后成熟期企业也患上了"大公司病"，变得臃肿而低效，竞争力变弱，盈利能力变差，文化开始堕落。并购这种公司之后，整合难度将剧增，失败的风险也会很大。出海企业何必花费巨资来冒这个险呢？除非有其他的战略考量，否则需要极度谨慎。

　　当然也有可能是因为目标企业陷入了麻烦，出海企业想"捡漏"，但这也是一个充满风险的交易，因为远在千里之外的中国企业很难充分了解目标企业：真实麻烦到底有多大？有没有解法？是否有其他未披露的风险？等等。如果真是个"漏"，那为什么国际化程度高很多的其他跨国巨头不捡？

　　当并购发生之后，中国企业还需要远赴重洋，去完成并购后的整合，帮助一个陷入困境的海外公司摆脱困境，难度可想而知。更何况市场进入中后期时，行业往往还面临整体衰退的风险。

　　这些巨大的挑战决定了：这种策略只能是巨头的冒险游戏。

　　近年来我们很少听说中资企业并购成熟并落后的国际巨头，除非国际巨头掌握了中国企业急需的核心资源或者技术。但是在中国企业出海的早期，这种策略还是偶然会见到。那时候中国的企业没有太多的国际化经验，中国的国际化人才也非常稀缺，但是部分优秀的民族企业很早就心怀全球野望，往往采取了整体打包购买的策略，以快速实现国际化。

　　2004 年，中国刚刚加入 WTO（世界贸易组织）才三年，中国的市场发展依然处在初级，联想就开始了国际化的勇敢尝试。在这一年中，联想以12.5 亿美元的价格收购了 IBM 的 PC 业务，一跃成为大型国际化企业。

　　2004 年，联想的全球收入只有 30 亿美元，其中 98% 来自于国内市场。

而 IBM 则在全球 150 多个国家开展 PC 业务，收入是联想的三倍。通过并购 IBM 的 PC 业务，联想的业务量快速增长，提升了自身的技术实力和品牌力，学到了重要的国际化管理第一课。

由于当时中国国内缺乏国际化的土壤和人才，当时国内的管理层大部分连英语都不会讲，更别提全球展业经验了。联想不得不把全球总部搬到美国纽约州，并且把一些管理职责交给 IBM 代为行使。中间遇到了很多文化上的挑战，业务也历经波折，海外市场长期陷入亏损，联想花了很长的时间才让 PC 业务逐渐走上正轨。网络上有很多中国用户吐槽：联想用国内市场的利润来补贴全球市场。从某种意义上来讲，这也是无奈之举。

并购 IBM 的 PC 业务的代价远远不止当时支付的 12.5 亿美元，整合 IBM 的 PC 业务消耗了联想管理层大量的战略关注，也延缓了联想在研发上的投入和新的战略转型。等到联想整合完毕的 2009 年，iOS 和安卓的横空出世又宣告了移动互联网时代的到来。这场席卷了全世界的智能手机风潮最终让 PC 时代的王者们黯然失色——除了联想，还有我们前文提到的动视暴雪。

从今天的视角来看，对大型企业的并购拓展策略是充满风险的，整合失败或者不顺利损失的不仅仅是财务资源，更严重的是会在战略上拖累企业，让企业错过行业发展的历史机遇。

在国际化探索和企业发展路径上，联想常常被拿来与华为对比：华为选择了企业自主开拓，向目标市场派出一批又一批的年轻人登陆运营，甚至远赴重洋至印度、拉美、非洲。华为的登陆模式耗时更加漫长，前期的增长虽然缓慢，但自己长出来的组织和业务则更加可控，有利于应对激烈的市场竞争，更容易进行变革和战略调整。也正是这种竞争力让华为持续进化，在交换机时代、网络时代、5G 时代、人工智能时代，华为都能够紧紧地跟随甚至最终引领时代潮流。

如果时光回到 2000 年左右，中国企业大面积的国际化听起来仿佛是一个天方夜谭。中国企业的实力普遍还很弱小，那时只有 13 家国字头央企位列世界 500 强，不少中国人才都以加入外企为荣；而现在中国有 133 家世界 500 强企业，数量仅次于美国。

那时的企业家们谁都说不出到底应该采取怎样的出海模式。并购还是登陆？并购的话，应该采取怎样的并购策略？也正是因为一批又一批的企业分头探索，一遍又一遍地试错，一课又一课地学习，才形成了我们现在的认知。

策略 5：市场早期，投资中尾部企业

这是一种有特殊战略意图的策略，企业需要想明白这么做的投入和回报是什么，否则失败的风险很大。

在市场早期，头部企业最终的胜率尚且不敢保证，中尾部企业更是九死一生。但投资方如果能够押中有潜力的中尾部企业，并且扶持其扭转颓势，自然可以获得更高的回报，包括财务上的回报和业务上的协同；但如果投了中尾部企业，任由其自生自灭，这笔账就很难算了。所以，采取这种策略的企业一般都有相匹配的整体战略规划。

2013 年，Uber 开始了全球激进的扩张，陆陆续续进入了亚洲、欧洲、非洲、拉美等市场。Uber 初进入一个市场后，往往采取非常激进的补贴策略：乘客端低价甚至免费，司机免抽佣且有高额奖励。这样可以迅速积累第一批乘客和司机，快速建立起更加高效的供需匹配平台。由于 Uber 财大气粗，其他本地初创网约车公司往往无力跟进，于是就面临司机、乘客大量流失的问题，由于司乘密度持续降低，最终司乘体验恶化，业务逐渐凋零。

Uber 用这种策略横扫全球，战无不胜攻无不克，各个市场的玩家基本上都毫无还手之力——直到 Uber 进入了中国这个著名的美国互联网巨头坟场，遇到了滴滴，但滴滴在早期与 Uber 的竞争并不轻松。

2014 年 12 月，Uber 和滴滴都公布过一轮融资，那时候 Uber 的估值是

400亿美元，滴滴则是70亿美元。而Uber在全球市场即将胜出，一旦Uber可以在全球其他市场实现盈利，滴滴在中国的局面将会更加恶劣。于是滴滴在全球范围内组织起反Uber联盟，以求牵制Uber在中国的扩张。

滴滴联合软银等资金实力雄厚的战略合作伙伴，广泛投资了一系列的海外网约车公司，如美国的Lyft、印度的Ola、东南亚的Grab、中东的Careem、欧洲和非洲的Taxify。网约车行业有明显的平台规模效应，第一名往往可以做到赢家通吃。虽然这些被投企业都是本地市场的第二名，但份额普遍都已经萎缩得很厉害，在Uber的打击下已经奄奄一息。尤其Uber在全球已经形成秋风扫落叶之势，很少有投资者愿意支持剩下的玩家。

但是滴滴这一广泛结盟、报团取暖的策略收获了奇效，Uber在很多战场上都陷入了胶着，补贴率居高不下，而市场迟迟不能拿下，从而造成了公司整体的严重亏损。随后Uber在多个市场接受失败，黯然离场：

2016年，Uber退出中国；

2017年，Uber退出俄罗斯；

2018年，Uber退出东南亚；

2016年，Uber在印度从第一宝座滑落，至今仍位居Ola之后；

2019年，UberEAT退出印度；

…………

策略6：市场早期，并购中尾部企业

这是一种改造"落水狗"（under dog）的策略，旨在帮助落后企业增强竞争力，从而争夺更大的市场份额。

在介绍前面的策略时，我们了解到企业可以通过投资扶持海外市场的中尾部企业，从而形成联盟来共同应对竞争。如果依然不奏效，企业可以考虑并购被投企业，进行更加彻底的改造以增强其竞争力。这种改造可能包括经

营管理的改善、产品技术的提高、品牌形象的提升、企业资源的补充等。

并购中尾部企业的成本不高，并且在条款上可以相对强势，因此比较容易对其展开改造，如果被改造后落后企业的竞争力得到极大的增强，在未来可以转败为胜，那么出海企业就会获得较大的回报。

但"落水狗"之所以落水是有原因的，要么团队不行，要么产品不行，要么竞争对手太强……"落水狗"不见得能救得活，救了老半天还是淹死了的情况也很多。总之，拯救"落水狗"也需要在后期付出很大的代价，投资方需要投入更多的资源进行扶持，以期待"落水狗"华丽转身，成为一匹黑马。

2017 年，滴滴投资了巴西的 99Taxis。当时 99Taxis 的市场份额已经微乎其微，排在 Uber、Cabify、EasiTaxi 之后，并且只有几个月的现金储备，濒临破产。投资后，滴滴随即对其展开了一系列改造，帮助其稳住了阵脚，恢复了元气。

而如果要真正地与 Uber 竞争，必须彻底升级产品技术，并且消耗更多的资金用于增长，于是滴滴选择整体收购了 99Taxis。交易完成后，滴滴与 99Taxi 进行了技术和运营方面的整合，利用滴滴的技术优势提升 99 Taxi 的服务效率和用户体验。这一策略起到良好的效果，使 99Taxis 的业务规模相较于并购之前有了极大的提升。

策略 7：市场中后期，投资中尾部企业

这是一种抄底捡漏的策略。市场中后期竞争格局比较稳定，中尾部企业被头部企业牢牢压制。在很多情况下，头部企业占据了大部分的市场份额，享受丰厚的利润；而中尾部企业守着较小的市场份额，却承担了巨额的亏损。中尾部企业如果不能深刻地变革和激进地突破，那么情况会持续下去，甚至更加恶化。

这时候投资这些企业，财务回报可能很有限。若企业只是进行股权投资，并不能干预被投企业的运营，那么这笔交易对企业海外业务开拓的价值就不大。除非有其他的战略意图，否则投资的意义并不大。

策略 8：市场中后期，并购中尾部企业

但是对于进入海外市场比较晚，目标市场竞争格局相对清晰，市场已经非常拥挤的业务场景，抢滩登陆的难度就非常高了，甚至滩头上都已经挤满了竞争者。这个时候找到那些奄奄一息的长尾玩家，以非常划算的收购成本，以非常有利的投后条款，对其进行强势改造，以求逆天改命，这未尝不是一种可行的策略。

毕竟这些企业有广泛的业务存在，有满足基本需求的产品体验，有一定的品牌知名度，有现成的跑得比较顺的业务流程，有一颗求生存的心，也有被改造的充足心理准备和意愿。

只要是并购，难度肯定比投资大，因为要花更多钱，并且要负责整合。

只要是中后期，难度就比早期大，因为后期的竞争格局已经稳定了下来。

只要是中尾部企业，难度就比头部企业大，因为中尾部企业落后是有原因的，往往一堆麻烦。

在市场中后期，并购中尾部企业是最有挑战性的一种策略了，鲜有成功。这种类型的并购如今越来越少被采用，也只有在市场的早期，才偶尔见诸报端。

这是一种扶持后进者的竞争力套利的策略。这种策略背后也有很多不同的动机，最近有些国内企业收购海外非头部企业，是以资产收购视角来做的。比如，收购以后就可以获得子公司在当地的品牌积累、相关牌照、客户资源、技术积累、渠道网络等优势资源，从而增强母公司的竞争力。

母公司除了吸收子公司的竞争力，还可以向子公司输出竞争力。中国国内的供应链非常发达，工程师素质十分优秀，并且更加努力，如果能用国内的资源替换海外的这些职能，就会有获利空间。而且国内竞争如此激烈，短视频、直播获客、商业化等玩法可以降维打击海外竞品，这种经验上的复用也是机会。我们将这种策略称为竞争力套利。

我们把所有的投资与并购策略填入表3-2的框架，就得到了一个完整的全集（见表3-3），企业可以根据市场、标的和自身的实际情况，制定最合理的投资与并购策略，从而快速开拓海外市场。企业一旦确定了要用投资与并购模式进行国际业务拓展，就需要请投资的专业人士全程参与，与业务人员紧密协作，才能确保战略的完美落地。

表 3-3　投资与并购策略全集

企业	阶段	
	市场早期	市场中后期
头部企业	策略 1：投资（稳健的拓展策略）	策略 3：投资（稳健的结盟策略）
	策略 2：并购（激进的拓展策略）	策略 4：并购（冒险的增长策略）
中尾部企业	策略 5：投资（合纵连横的策略）	策略 7：投资（抄底捡漏的策略）
	策略 6：并购（改造"落水狗"的策略）	策略 8：并购（竞争力套利的策略）

总的来说，投资是并购的妥协方案，少数股权的代价小但控制力也小，最后实现战略价值的可控度也小。互联网和电商总体来说是平面竞争，是网络效应的竞争，有非常显著的赢家通吃的效应，所以并购和防止被并购是很重要的战略考量。而在很多复杂行业中，如制造业、医药行业等，产业链比较长而复杂，网络效应弱，出海投资、并购的目的会更多元化一些，因此在出海路径的选择中也会更丰富。

并购其实也是登陆的妥协方案，当企业出海到了更高阶段，在企业积累了更强的组织能力和国际化经验之后，必然要面对的就是本地化展业。

3. 本地化开拓

远程开拓几乎是所有企业出海的起步模式；投资与并购是巨头独有的资本游戏；对于绝大部分企业来讲，本地化开拓才是企业国际业务做大做强的必经之路。

我们将企业在海外市场进行本地化业务开拓，并且落地运营的模式称为"登陆模式"。在登陆模式下，企业派驻员工前往海外市场，搭建团队，注册公司，开展业务，直面本地竞争对手。这种模式就像海军陆战队进行抢滩登陆，建立据点和阵地，随后陆军大规模登陆进行部署，占领目标城市。

登陆模式的成本在初期是高昂的，就像抢滩登陆的战损是巨大的。在登陆模式下，市场调研、公司注册、法律合规、人员招聘、培训、产品本地化、品牌建设、渠道搭建等初期投入是不可避免的，外派管理人员的差旅和补贴费用也是一笔昂贵的支出。不停地立项，不停地批费用，不停地付款……这会让企业老板有一种"肉疼"的感觉。俗话说得好——"骑共享单车去酒吧，该省的省，该花的花"，在出海的初期，有些事情必须要做，有些钱确实要花，企业要克服一下这种"肉疼"的心理障碍。

企业还要面临诸多的经济风险、政治风险、法律风险、文化风险，还要直面更加熟悉本土作战的竞争对手。各种未知的风险就像一颗颗地雷，随时会给登陆部队造成沉重打击。出海企业对此往往充满未知的恐惧感，众多的企业因此迟迟无法下定决心。

即便面临这么多的困难，登陆模式依然是中国企业出海必须要掌握的作战模式。

短期看来，登陆模式的成本远远低于并购；而长期来看，登陆模式也比持续的远程火力输出划算很多。前期开拓海外业务可以靠远程火力和代理人战争，但要真正打败竞争对手，实现对目标市场的占领，要建立真正的壁垒和核心竞争力，还是需要企业在目标市场进行本地化运营。所以，登陆模式看似麻烦，但其实却是最划算的路径。即便出海初期依赖远程模式以及投资与并购，企业也需要做好长远的规划，持续积淀能力和资源，以求在合适的时机进行登陆，开展本地化运营。更何况有的业务非常依赖本地的线下团队，否则很难顺利开展，在这种情况下，企业最好一开始就采用登陆的拓展模式。

- 需要在线下提供面对面的服务和产品的交付。比如，工程类、咨询类、服务类行业需要工作人员在现场提供服务。
- 依赖本地的供应链，上下游都在本地。比如，需要建立本地生产基地，或者在本地采购原材料。
- 需要面对严格的监管，需要较高程度的本地化满足合规要求。
- 其他情况。

在以上的几种情况下，如果不能与客户、供应商、监管方面对面地沟通，就无法提供好的服务，甚至很难理解客户的需求，更别提满足对方的需求了。那么，企业就只能采取登陆战略。

本书虽然讲的是国际化业务拓展，但重点会放在"登陆模式"上，后续章节主要是围绕"登陆模式"展开的。第四章"出海的四个阶段"的主体部分是登陆的节奏；第五章"国际化组织建设"的重点是如何搭建本地组织，以及总部如何管理、监督、支持本地团队；而在第六章"国际化风险管理"中，这些风险自然都是发生在海外市场的，相信企业对国内的风险管控早已驾轻就熟了。

远程模式和登陆模式并不是相互对立的，事实上这两种策略相辅相成。如果企业想要在海外做大做强，最终都要在目标市场深度本地化运营。而远程模式通常是在时间、资本、人才、资源都非常有限的情况下做出的一种临时安排。只要海外业务发展顺利，企业自然会尝试本地化经营，扩大战果。

即使后期企业的海外本地业务已经形成了较大的规模，也少不了来自总部的远程火力支持。

战术性登陆和战略性登陆

在军事上，登陆分为战术性登陆和战略性登陆。

战术性登陆：这种类型的登陆作战规模较小，通常用于特定战术目标，如打击敌方关键设施、建立通信节点，甚至是建立临时据点等。强调突然性和机动性，通常涉及少量特种部队或精英突击队。

战术性登陆需要总部的远程支持，包括信息、装备、运输，以及远程火力支援，但最重要的还是登陆部队的作战能力。在国际上，各国的海军陆战队都是该国各兵种中的佼佼者，他们不仅具备强大的两栖作战能力，还在众多高风险任务中展现出卓越的专业水平和勇气。这些部队的训练和装备都高度专业化，确保他们在各种复杂环境下都能高效执行任务。这些部队的单兵作战能力相较于其他兵种也是最高的。

战略性登陆：此类型的登陆作战通常是大战略的一部分，在目标地点建立前进基地，从而未来可以展开更大规模的作战。第二次世界大战中的诺曼底登陆、冲绳战役都属于战略性登陆。

战略性登陆对单兵个人能力的依赖较小，更多是靠大部队、多兵种的协调。包括陆军的大规模调动和火力部署；海军的制海权的争夺，以及濒海作战；空军对制空权的争夺，以及对地、对海的绝对控制；甚至还包括海军陆战队通过前期战术登陆做好充足的侦察和准备。

企业登陆海外市场，其实也可以按照对总部资源的依赖程度，分为战术性登陆和战略性登陆。不同行业的企业开拓海外市场，对企业资源的依赖程度是不同的，对登陆人员作战能力的要求也不同。大部分企业开拓海外市场都需要投入大量的公司资源，建立的业务也是公司的，个人很难带走。但有些企业在前期投人、投钱、投资源，辛辛苦苦地建立起了海外业务，到了收获的时候却和本地团队发生了激烈的冲突。总部觉得本地团队不受控，本地团队觉得不自由、不公平、不受尊重……

创业模式

如果登陆海外市场更加依赖外派员工的个人能力，对于企业资源的依赖较小，或者企业资源的可替代性很强，那么这种登陆模式就属于战术性登陆。这种登陆更像是一次海外创业，企业更像是天使投资人或者是孵化器，我们称之为"创业模式"。在创业模式下，企业必须要对海外派驻员工和本地员工做好激励的制度安排，否则登陆很难成功，就算成功了，后期也可能会有纠纷。

我们都承认一个简单的事实：在创业公司中，哪怕是在孵化器里的创业公司，创业者的角色也比投资人重要。但对于采用"创业模式"的海外展业，绝大部分老板都不会觉得海外本地员工的角色比自己重要。

海外团队对于海外业务至关重要，尤其是在最早期的开拓阶段，派遣人员更是承担了海军陆战队的使命，他们的作战难度高并且战损率高，但是他们的单兵作战能力强。企业需要针对他们做好激励和相关制度安排，最大化地激发他们的战斗力，并且保持团队的稳定性。

如果企业海外开拓恰好符合"创业模式"，老板就应该把自己定位成投资人，把由外派员工和本地员工组成的本地团队定位成创业者。在创业模式下，真正挑大梁的是本地团队，企业需要将他们的个人收益与海外业务收益直接挂钩，把他们的个人利益和公司利益绑定，从而激发本地团队的主观能动性和创业精神，也能确保公司的业务安全。

创业维艰，需要创业者抱着破釜沉舟的勇气奔赴新的战场，而这种义无反顾的信念不能完全依赖创业者自己的觉悟，更要公司提供制度保障，让创业者可以看到未来的回报和现在的保障。如果创业者经常担心成功后拿不到好处，担心失败后找不到位置，处处给自己留点后路，创业就很难成功。就算创业成功了，他们也会以功臣自居，可能对所收获的回报心生不满，甚至伤害企业的利益。

某生产制造企业外派了公司最精锐的员工在目标市场建立了子公司，在当地销售公司的 A 产品。经过多年的打拼，海外团队开发了大量高价值的客户，与本地政商建立了深厚的关系，终于打开了市场。

但是随着业务的突飞猛进，海外团队并没有共享公司发展的收益，虽然海外团队都被足额发放了佣金和外派补贴，但个人得到的回报和公司的海外收益远远不成正比。

A 产品的替代性比较强，并且是 2B 销售的产品，本地就那么几十个大客户，都牢牢地掌控在海外团队的手中。海外团队开始心生不满，经常抱怨收入，公司却置若罔闻。

忽然有一天，总部得知了一个令人震惊的消息：海外团队集体离职，成立了一个独立的公司，代理了公司在国内的竞争对手的 B 产品。

于是，A 产品在海外市场的销量在短短半年内出现了断崖式的下跌。

国际业务是国内管理问题的放大器。总部和地方的博弈在任何大公司都存在，但一旦涉及海外业务，这种矛盾就会被放大，很多公司都遇到过类似的情况。

本地团队往往认为"将在外，君命有所不受"；而总部则担心"将在外，军情有所不知"。沟通本来就不是很顺畅，如果出现了矛盾，很难及时发现并且解除。如果总部并不掌控海外业务的关键资源，如产品、技术、品牌等，或者对本地团队缺乏控制，那么海外业务就很容易被本地团队挟持，最后很有可能出现业务的流失，或者遭受破坏等情况。

但如果总部对海外团队的控制过紧，管理过严，那本地团队就会失去主观能动性，伤害竞争力，海外创业也不可能成功。解决总部和地方博弈的这个矛盾，本质还是在于利益分配的制度安排。让打工人付出劳动拿稳定的工资，让创业者义无反顾地付出心血并分享业务收益。

登陆的准备工作

确定了采取登陆战略后，接下来就需要落实具体的登陆步骤。以下我们将分享一些海外本地拓展经验，这部分内容来自于快手国际创新业务负责人曾言博士，在此表示感谢。曾博士拥有丰富的拉美业务拓展经验，涉猎包括网约车、短视频、图文博客等多个行业。

■ **建主体**

通常来说，要在国外开展业务，必须在当地设立实体公司。设立实体公司的过程涉及应对当地复杂的法律法规，这项工作通常会交给专业的律师事务所来处理。虽然这可能会增加一些费用，但可以大大减少在设立过程中遇到的麻烦和风险。只要选择的律师事务所较为靠谱，问题一般不大。

寻找靠谱律师事务所的方式有两种：选择知名的律师事务所或者选择朋友推荐的律师事务所。知名的律师事务所虽然费用高，但服务质量通常有保障。它们在行业内有着丰富的经验和良好的声誉，能够提供全面的法律支持和咨询。如果预算充足，选择这些律师事务所是一个明智的决定。

然而，如果预算有限，则可以请朋友推荐一些性价比高的律师事务所。朋友的推荐往往是基于实际经验，可以为你提供一些有价值的信息和建议，从而找到那些在费用和服务质量之间有较好平衡的律师事务所。此外，如果你的业务有一定的特殊性，如涉及高科技、医药、金融等特定领域，则选择一个对该行业有深入了解的专业律师事务所尤为重要。这类律师事务所不仅了解行业的法律法规，还能提供有针对性的法律建议，帮助你在设立公司和开展业务过程中避免潜在的法律风险。

在设立实体公司时，需要关注几个关键点：

首先是设立完成的预期时间。不同国家和地区的办事效率差异很大，在某些国家可能只需一两周即可完成公司设立，而在另一些国家则可能需要数月时间。这就要求你在制订业务计划时，考虑到可能的时间延误，合理安排各项工作。

其次是实体公司的业务范围。确保公司设立后可以合法开展计划中的各项业务，避免后期因业务范围不符合法律要求而遭到处罚或限制。

最后是相关的税务情况。了解当地的税务政策和法规，确保公司在经营过程中遵守相关规定，避免税务纠纷和罚款。

在实体公司设立的过程中，业务并不需要完全停滞。你可以同时开展一些前期工作，如市场调研、招募人才、建立供应链等。只要不涉及以实体公司名义开展的活动，这些工作都可以提前进行，为公司正式运营打下基础。特别是在设立过程较长的国家，这些前期工作尤为重要，可以大大缩短公司正式运营后的准备时间，提高整体效率。

■ 办公室

作为一个经历过长期酒店办公、共享办公和长租办公室的出海老兵，我建议出海业务负责人千万不要在办公室这件事上掉以轻心。通常来说，业务负责人都是在各自领域表现出色的员工，他们对自己的工作非常热爱，因此很容易忽略办公室之类的行政问题。然而，在海外花些时间和精力选好办公室往往是一件投入产出比非常高的事情。以下是对各种办公选项的详细分析和建议。

酒店办公

很多初次出海的企业都想先把业务跑起来再说，因此可能连办公室都懒得租。然而，酒店办公（或居家办公）并不是一个理想的选择。虽然酒店办公在短期内可能看起来方便且节约成本，但它有几个显著的缺点。

- 缺乏专业工作环境：酒店房间或居家环境难以营造出专业的工作氛围。这种环境容易让员工感到松散，难以保持工作激情。
- 沟通和协作困难：缺少固定的办公场所，会让团队的沟通和协作变得更加困难，特别是需要频繁面对面交流的工作。
- 品牌形象问题：在酒店办公可能会让本地员工、客户和合作伙伴觉得公司不够专业，影响公司形象。

共享办公

共享办公也称联合办公，往往是大多数中国企业出海的第一选择。它的优势包括以下几个方面。

- 灵活性强：不需要签订长期合同，可以根据业务需要随时调整办公空间的大小和租期。
- 配套设施齐全：办公桌椅、休息区、会议室、咖啡和茶点等配套设施一应俱全，企业不需要花费太多精力操心这些问题。
- 选址优越：共享办公地点通常位于城市的 CBD 区域，交通便利，方便员工通勤。

然而，共享办公也有以下几个方面的劣势。

- 成本高：共享办公的租金通常是自己长租办公室的 2~3 倍，对于预算有限的企业来说，这是一笔不小的开支。
- 专业形象欠佳：共享办公容易给人一种"皮包公司"的感觉。如果你的业务只涉及 C 端用户，可能影响不大。但如果涉及许多 B 端客户，试想一个大公司的人员来你公司谈合作，却发现你在共享办公，可能连个像样的会议室都找不到，这在很多商业环境较为保守的国家对公司形象是非常不利的。

长租办公室

长租办公室是另一个常见的选择，它的优势如下。

- 成本较低：与共享办公相比，长租办公室的租金要便宜得多，适合长期使用。
- 自主装修：可以按照自己公司的风格进行装修，突出企业文化，提升员工的归属感和工作热情。
- 长期稳定：签订长期租约能够保证公司在未来几年内有一个固定的办公地点，有利于长期业务规划的实施。

然而，长租办公室也有以下几个方面的缺点。

- 缺乏灵活性：一般需要签三到五年的合约，如果违约，往往需要支付高额的赔偿金，对于业务规划还不明确的企业来说，这种方式的资金风险较大。
- 初期投入较大：长租办公室通常意味着自行购买办公家具和设备，以及承担装修费用，初期投入较大。
- 另外也需要相关的 HR 和行政团队来配合服务商把前期很多工作完成。

综合来看，对于刚进入一个新市场的企业，我建议采用以下策略。

- 短期过渡：先使用共享办公过渡半年到一年。在此期间，逐步了解和适应当地市场环境，稳定业务发展。
- 长期规划：在使用共享办公期间，制定未来三年的业务规划。一旦业务和市场定位稳定下来，就可以开始准备长租办公室的相关事宜。
- 选择合适的办公地点：在选择长租办公室时，综合考虑交通便利性、周边配套设施以及租金成本等因素。确保选址能够满足员工通勤需求，同时控制租金开支。

- 灵活调整：在签订长租合同时，尽量争取灵活的条款，如提前终止合同的选项或租约期满后的优先续租权等，以应对未来可能的业务变化。总之，在海外选择合适的办公室是企业成功出海的重要一环。通过合理规划和选择，企业能够在初期节约成本，逐步实现业务的稳定和发展。

■ 团队筹建

员工外派

员工外派在中资企业国际化过程中扮演着重要角色，不同公司有不同的实践和策略。以华为和字节跳动为例，它们采取了两种截然不同的外派模式。

华为长期以来坚持中国人主导、外国人辅助的管理模式，在国际化过程中建立了大量外派团队。华为更倾向于将关键职位外派到海外，这些职位通常包括总经理、技术专家和项目管理人员等。在这种模式下，华为在本地化进程方面可能相对较慢，仍然保持着中国化的管理风格和工作方式。

相比之下，字节跳动更强调全球化，外国员工在公司中所占比例较高，高管团队中也有一定比例的外国人。字节跳动的员工更多地以短期出差的形式展业，而不是长期外派。这种模式强调灵活性和多元化，更注重本地团队的建设和发展，尽量避免大规模地外派团队。

然而，我更倾向于提倡学习华为的做法，而不是字节跳动。这是因为TikTok 的成功并非完全依赖于本地化。事实上，TikTok 在产品形态、推荐系统和用户增长等方面的领先优势，相对于它的竞品来讲，几乎可以说是碾压性的。因此，无论组织层面做得好坏，对最终结果的影响都非常有限。

相比之下，华为并没有这样的优势，它在出海前二三十年间，完全是一步一个脚印地在当地打拼。

外派员工的首要考虑因素是成本。对于大多数企业来说，外派人员的成本可能相当高。我的建议是控制数量，保证质量。尽量派遣精英人员，如核心职能管理者或专家，并确保员工在当地有相对安全、舒适的生活条件。对于执行层面的事务，最好还是使用本地员工，而不是图方便外派中国员工去做。有些员工的英语水平不高，但因为组织内部原因被外派到海外，这些员工在当地往往不好适应和融入。

涉及外派，必须同时具备能力和意愿。有些人比较顾家，不喜欢长期在海外，这类人即使外派效果也不好。另一类人适应新环境的能力较弱，即使具备一定的专业能力，也只能短期发挥作用。在选择外派人才时，我们必须小心谨慎。我就见证过不少中国员工在外派期间出现了心理问题，最终不得不回国治疗。

外派员工的职能（除总经理外）一般以产品、技术和策略为主。在这些职能上，不能指望当地人在短时间内快速学习，因此必须靠中国的核心业务骨干来带。在更偏本地化的职能上，应更多地依赖本地人，可以派遣中国员工作为指导和协助，但不做管理。外派时间应至少为一年，并与员工签订合同，对服务时间做出约定。

如果时间短于一年，员工可能会将其视为短期项目，而不会做更多的长期规划，如学习当地语言或结交当地朋友。有些喜欢旅行的员工可能会抓紧时间去游山玩水。若外派时间超过一年，员工会更长远地考虑业务和个人发展。

本地招聘

相比员工外派，本地招聘的难度通常更大。在与许多中资企业讨论如何进行海外扩张时，我发现最常被问到的问题就是如何招募本地员工。这几乎是中资企业在海外扩张过程中面临的最大挑战。虽然没有一个标准答案，但确实有一些共性的经验可供大家参考。

首先，文化和价值观的契合度至关重要。很多国际化新手常常忽略这个问题。以加班文化为例，对大多数中资企业来说，加班是司空见惯的，但在许多西方国家甚至大多数非东亚国家，大多数外国员工很难接受这种文化。这天然地制造了企业和员工间的矛盾和冲突。一般来说，如果本地员工之前在中资企业工作过，他们对中资企业的工作模式会有一个相对实际的预期，不太能接受这种模式的人一般也不会选择来中资企业工作。

出海企业可以查看应聘者的简历是否显示他们在不同国家、不同行业都有成功适应的经历，通常这样的经历表明他们适应新环境的能力更强。例如，在华为工作过几年的本地员工适应其他中资互联网公司的工作一般也没有太大问题。

其次，要明确你需要的是哪种人才：是内部实干型，还是外部公关型。在这个时候，我们要戒掉"既要又要"的想法，很难找到既实干又擅长外部销售的人才。一般来说，国外的高级管理人才更适合做中资企业的公关型人才。并不是说这些人不愿意实干，而是他们对我们的业务模式可能并不那么理解，在商业理解上的欠缺会大大限制他们在产品和技术上的发挥。在海外员工的管理上，我们应该尽量发挥当地人才的长处，让那些擅长沟通表达的本地人才去做他们擅长的事情，而不是硬逼着他们去从事那些让他们头疼的深度思考。

最后一点是，没有必要非得选择最优秀的人才，而是要选择最适合的人才。当地最优秀的人才往往期望值更高，在中资企业大概率无法得到他们想要的职位，如成为公司的总负责人。中资企业往往并不愿意太快放权给本地人才，所以这些人才过不了多久就会离开。在面试阶段，我们应该尽量开诚布公地谈论彼此的期望。

很多企业通常倾向于招聘那些在知名企业获得过高位的本地员工，但这些员工往往更容易活在过去的成功里，并且其路径依赖远比其他非知名企业的员工更强。我也曾招聘过在谷歌、脸书有丰富任职经历的中高管，效果往往很一般。而那些在后期给我惊喜的本地员工往往来自名不见经传的中小企业。大企业的员工往往认为之前的工作模式就是最佳的，而不会更深度地思考如何适应中资企业在当地的运营模式。

此外，还要注意的是，本地招聘的流程和方法也需要根据当地市场的具体情况进行调整。在一些国家，招聘可能需要借助猎头公司或专业的招聘网站，而在另一些国家，可能需要更多地依靠内部推荐或社交网络。一般来说，能够迅速招到一个靠谱的"自己人"，然后利用这个人去裂变员工，是个不错的策略。如果要总结本地候选人的核心竞争力要素，可以归纳为三个关键词：聪明、有野心、适应性强。

聪明指的是具备较强的学习能力，能够迅速了解和融入公司的业务和文化；有野心指的是有追求、有目标，愿意在公司内部发展和成长（本地员工无欲无求是最令人头疼的）；适应性强指的是能够快速适应不同的工作环境和文化背景，具备良好的跨文化沟通和协作能力。

综上所述，本地招聘是中资企业海外扩张过程中面临的一个重大挑战，但只要掌握了正确的方法和策略，就能找到合适的人才，推动公司的国际化进程。

■ 游学式出差

游学式出差主要针对的是外派员工，特别是那些被派驻海外的员工。

以外派到巴西的员工为例，他们通常居住在巴西最大的城市圣保罗。所谓游学式出差，是指鼓励员工前往巴西其他城市进行游学。这种安排虽然听起来像是企业花钱让员工去旅行，但实际上，它对于建立国际化管理人才梯队具有非常重要的意义。

那些长期只待在圣保罗的同事，我往往认为他们就活在泡沫里，就像那些从来不离开市中心的人一样，对于外面的世界一无所知，但我们在一个新国家做业务，很少是只做有钱人的生意。

深度体验与文化理解

游学式出差是一种体验式的学习模式，员工能够通过这种方式更深入地理解当地用户的性格特质和生活习惯，同时在这个过程中锻炼跨文化的领导力。

这种游学精神可以追溯到孔子的时代，通常指离开自己熟悉的环境，到另一个全新的环境进行学习和游历。它既不是单纯的旅游，也不是简单的学习，而是在学习中体验人生，在体验中学习书本以外的知识，从而实现个人的升华。

游学的本质是文化的融合，是帮助员工开阔视野、培养国际观的一种方式。设想一个中国员工，长期居住在巴西圣保罗，主要与中国同事一起工作和生活。一年之后，他能有多了解巴西呢？

如果不去米纳斯州的欧鲁普雷图，他就很难了解黑金时代的巴西孕育出了什么样的民族性格。如果不去巴伊亚的古城走走，他也很难理解为何当年欧洲列强会把这里当作进入巴西的第一站。如果不到首都巴西利亚看看总统府和国会大厦，他就不能理解巴西现代风格的建筑如何和殖民时代的风格相融合。

跨文化领导力的培养

通过游学式出差，员工能够在不同的文化背景下锻炼和提升跨文化领导力。这种领导力不仅体现在管理技能的提升，更体现在对不同文化的深刻理解和尊重上。员工需要在短时间内适应不同的环境，学习新的工作方式和生活习惯。这种跨文化的体验不仅能提升他们的适应能力，还能增强他们的决策和应变能力。面对全球化的业务挑战，这种跨文化领导力显得尤为重要。

提升员工的职业满意度与忠诚度

游学式出差还能有效提升员工的职业满意度与忠诚度。通过这种方式，员工不仅能体验到不同的文化，还能在不同的环境中学习和成长。企业为员工提供这样的机会，不仅能增强员工的归属感和忠诚度，还能激发他们的工作热情和创造力。

员工在多样化的工作环境中获得的丰富经验，也会反哺企业，带来新的思维和创新的解决方案。

语言学习

对于许多中资企业的外派管理者来说，是否需要掌握当地语言是一个值得认真思考的问题。在我看来，完全掌握当地语言的投入产出比并不高。对于大多数管理者来说，日常工作非常繁忙，很难抽出大量时间来学习语言。另外，对于高层管理者而言，直接向其汇报的本地员工通常懂英文，因此完全掌握当地语言的必要性并不大。

尽管如此，我仍然强烈建议外派在当地的中国管理者对当地语言有一个基本的了解。

首先，日常生活会因此变得更加方便，包括出行、就餐和旅游等方面，懂一点语言和完全不懂是两种很不一样的生活体验。

其次，对一个国家的语言有基本的理解，有助于更好地理解该国背后的文化和历史。

最后，掌握基础语言技能对于管理当地团队也非常有帮助，至少能让当地员工感受到领导对他们文化的尊重和重视。

第四章　出海的四个阶段

> 不谋万世者，不足谋一时；不谋全局者，不足谋一域。
>
> ——陈澹然

现在来到了"出海八问"的第（六）问：出海这件事，**多久能做成？**本章将会回答这个问题，但本质上还是在继续回答上一个"具体怎么做？"的问题，因为出海的节奏和出海方法、策略是息息相关的。

企业做出出海的决策之前，需要做充足的调研，并且制订计划。调研包括案头研究和实地考察，计划包括长期规划和短期计划。本章就探讨如何做调研，如何做规划、计划。

进入每个新市场、创建每个新业务、生产每个新产品都需要先投入，再产出，才能有回报。有的投入很快就可以得到回报，有的投入几年之内都不会有任何回报。每个行业、每块业务的投资回报周期是不同的，所需要的资源也是不同的。

- 有的业务在国内开发完产品，在国内也能做海外目标市场的适配，可以快速上线，如工具类 app、游戏。

- 也有的产品非常标准化，并且在不同国家都是通用的，只要在目标市场找到经销商就可以打入该市场，但是前期依然需要大量寻源和市场调研工作，并且要建设配套的物流体系、销售网络、品牌推广和售后体系，以提高产品的竞争力。

- 有的业务市场上就屈指可数的几个大客户，产品使用周期非常久，销售周期很可能长达数年，海外业务拓展的回报周期也相应地被拉得很长。

- 有的业务需要深度本地化开发和定制，甚至需要在海外设立研发基地、建设工厂，但本地生产就需要投入巨资进行前期建设，回报周期就会很长。

....

不管是短回报周期的行业，还是长回报周期的行业，出海都不能强求一蹴而就。事实上，很多企业的国际化之路是反反复复地尝试，经历了多次失败才能够拨云见日的。就算是中国国际化开拓非常成功的领军企业华为，在出海伊始也经历了极大的挑战和磨难。

俄罗斯是华为"走出去"的第一站。1996 年，华为首次出海，在莫斯科设立海外第一个代表处。在当时的俄罗斯人眼中，电信产品是朗讯、西门子等国际巨头的专业领域，他们基本上不信任中国品牌，华为几乎在每个客户那里都碰了钉子。下面是随后几年华为在俄罗斯的销售收入表现：

1996 年，销售收入为零；

1997 年，销售收入为零；

1998 年，销售收入还是零；

1999 年，销售收入 38 美元。

2000 年，华为捕捉到中俄两国达成战略合作伙伴关系背后的商机，抓住了俄罗斯电信市场新一轮的采购机会。

2001 年，华为与俄罗斯国家电信部门签署了价值上千万美元的 GSM 设备供应合同。这一年，销售收入超过 1 亿美元。

2002 年，华为与俄罗斯国家电信部门签署价值上千万美元的 GPS 设备供应合同。同年年底，华为又取得了铺设从莫斯科到新西伯利亚地区 3739 公里超长距离的光传输干线的订单。

2003 年，超过 3 亿美元的销售收入使华为位居俄罗斯电信市场大型设备供应商之首；同时，这个销售收入占华为当年海外总销售收入的 1/3。

经过十几年的不懈努力和持续投入，华为已成为俄罗斯电信市场的领导者之一，与俄罗斯所有顶级电信运营商建立了紧密的合作关系。此后，华为在俄罗斯势如破竹：

2011 年，华为在俄罗斯的销售收入突破 16 亿美元。

2013 年，华为智能手机、平板电脑在俄罗斯共售出 60 万台。华为中标俄罗斯最大的电信运营商 Rostelecom DWDM 的第一条国家级干线项目。

2014 年，华为与俄罗斯第二大电信运营商 MegaFon 公司签订了一份为期 7 年的合约，总价值达 6 亿美元。

…………

华为在俄罗斯市场的表现是华为出海之路的缩影，也是所有中国企业出海之路的缩影。十年奋斗，最后一夜回到解放前的情况也是存在的。企业对于开展国际业务这件事，需要做一个坚定的长期主义者。企业需要抱有极大的战略耐心，能够长期坚持投入，长期耕耘。并且在投入之前，一定要做好长期的规划。

企业需要制订长期的、宏观的国际业务规划，并且分阶段稳步推进。就像国家会制定五年规划一样，企业也需要长远的规划，这对于提高成功率并降低试错成本至关重要。但企业的规划不需要以五年为单位，一般以年为单位就够了。

不同行业的投入回报周期、业务拓展节奏有很大的差异，我尝试将所有不同性质行业的业务出海的过程抽象成一个简单的四阶段模型，希望能够给读者一些启发，从而相应地制定属于自己的国际业务规划。

一个完整的国际业务应该包含以下四个大的阶段。

阶段一：试水温。这是市场调研和长期规划的阶段。企业需要充分了解市场的各种情况，做出正确的市场进入决策；一旦决定进入目标市场，就需要制订合理的计划、制定合理的目标、确定时间节奏、配置充足的资源。

阶段二：打样板。企业选取小型典型市场，以较小的资源投入，但是选取公司最精干的业务人员，积累海外业务经验，并且总结方法论和流程。我们可以将这个方法论和流程称为 Playbook，或者"标准作战手册"，方便指导后续大部队登陆。这是具体的计划完善阶段。

在这个阶段，企业并不追求高增长，而是建设能力和获取经验。业务规模不是最重要的考核指标，小型、典型市场的相对份额、效率和体验则比较受关注。

阶段三：破坚冰。在海外小型市场验证了业务模式、产品能力、组织能力之后，企业有了自己的海外展业方法论和经验，必然希望在关键市场取得可观的市场份额。拿下关键市场往往是一场硬仗，竞争激烈、回报周期长。企业需要投入关键资源，做好充足的准备，一举拿下目标市场。

在这个阶段，企业追求的是业务的爆发式增长，业务的 CAGR（年复合增长率）往往成翻倍趋势（见图 4-1）。

阶段四：打呆仗。企业在关键市场获取可观的市场份额之后，已经充分地验证了 Playbook 的有效性，可以投入更多资源进入更广大的市场。这是一个由点到面的过程，彻底告别了之前依赖精英部队单点突破的作战模式，开始了大部队步步为营的推进，以求实现对市场的占领。曾国藩有句名言"结硬寨，打呆仗"说的就是这个意思。

在这个阶段，企业往往投入了大量资源和人力，进入到更广大的市场之后，企业往往也负担了很多庞杂的开支，人员开始冗余，组织变得臃肿，成本费用率居高不下。这个时候企业需要适时地对业务进行调整，甚至是变革，并且持续地对现有业务进行优化，改善企业的经营管理，提高效率，扭亏为盈。这使得海外业务可以尽快进入正向循环，避免长期消耗战。在这个阶段，企业的CAGR（年复合增长率）会滑落到正常的数值（见图4-1）。

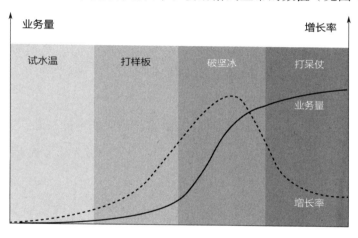

图4-1　出海四阶段的业务增长

下面，让我们分别来探讨一下国际业务规划的四个阶段。

1. 试水温：调研与计划

> 所谓胜兵者，先胜而后求战；败兵者，先战而后求胜。
>
> 夫未战而庙算胜者，得算多也；未战而庙算不胜者，得算少也。
>
> 多算胜，少算不胜，而况于无算乎！吾以此观之，胜负见矣。
>
> ——《孙子兵法·始计篇》

"试水温"是企业出海的第一个阶段，因为海外市场信息量不足，企业的国际展业能力不足，所以出海的信心不足。企业在这个阶段只能试探性地开展少量海外业务，最主要的就是通过我们之前介绍的"远程开拓模式"展业，或者通过"投资与并购模式"来间接参与到海外业务中。同时，企业也在紧锣密鼓地筹备"登陆模式"。一谈到登陆，就必须做好完善的规划和计划，在远征之前做好充足的准备。

"庙算"就是推演，本质上就是做计划。计划有两种：一种是宏观的、框架性的、长期的计划，往往也被称为战略"规划"；一种是微观、具体的、短期的执行方案，也就是普通的"计划"。

关于"庙算"，孙子有三重意思。

首先，开战之前必须要做推演，判断自己到底能不能获胜，这关乎制定合理的目标。开战不是必选项，在单次战斗中打败敌人也不是唯一的目标，更未必是合理的目标。司马懿有句名言：

夫将兵者，不战则守，不守则走，不走则逃，不逃则死。

在这里，除了最后的"死"，战、守、走、逃都是合理的选择。当然对于很多悲壮的历史名将，从容赴死也是一种选择，但对企业来讲不是。企业没有道理去打一场根本赢不了的战斗，无谓地消耗资源。

在规划阶段，企业的"将领"就要搞清楚：

（1）能不能打得过？——调研。
（2）打到什么程度？——目标。
（3）打到什么时候？——时间。
（4）投入多少兵力？——资源。
（5）怎么打？——策略。

其中（1）被称为调研，（2）（3）（4）（5）都属于计划。

其次，推演得越多，计划得越充分，胜算就越高；反之，如果推演和计划不充分，胜算就会变低；那些不做计划的就是盲目地向前冲，一定会被动地跟着对方的节奏和方向，在疲于奔命中消耗掉自己所有的资源。

企业不要害怕花时间调研，老板不要拍脑袋做决定，毕竟前面多花些时间做规划，后面就少很多不必要的被动。

最后，那些打胜仗的将军都已经提前做足了推演和计划，在他们的计划中，胜利已经是大概率的事件了，而作战本身只不过是完成最后的执行，以实现"先胜而后求战"。

遗憾的是，大多数企业在出海之前并没有做好规划，很多计划是被业务推着走，边走边做的。出发的时候不知道要走多远，要走多久，要付出多少成本。往往走着走着发现时间不够了，于是调整计划；做着做着发现资源不够了，于是追加投资；更严重的是走着走着发现走偏了，甚至离目标越来越远了，要花的钱和时间太多了，走不下去了。最终所有努力都付诸东流。这就属于典型的"败兵者，先战而后求胜。"

Z公司是一家专注海外市场的中国游戏公司，其开发了一款第一人称动作冒险类手游，以十字军东征这段历史作为故事背景。十字军东征是中世纪天主教皇发动的宗教战争，持续了近两百年。对于伊斯兰国家来讲，这段历史被称为"法兰克人入侵"，是不正义的入侵，是痛苦的回忆。故事主角设定为一个骑士，他的敌人自然就是阿拉伯战士，游戏里面充满了丑化阿拉伯战士的元素。

这款游戏的目标市场主要是欧洲、亚洲，而亚洲有许多伊斯兰国家，接近4亿穆斯林。所以这款游戏在伊斯兰国家纷纷被封禁——我们丝毫不觉得奇怪。

虽然这款游戏的内核立场是站在欧洲用户那一边的，可是欧洲用户并不买单。欧洲已经是个成熟的游戏市场，已经有大量的骑士题材的大型制作，一个来自中国的小型工作室对这段历史的理解有限，叙事和游戏设计并不能打动挑剔的欧洲用户。

欧洲市场不讨好，阿拉伯市场被封禁，这重创了这家还处在创业期的游戏公司。为了获得在阿拉伯国家的发行许可，该公司对游戏进行了多次整改，删除了大量有争议的内容，付出了巨大的额外劳动和成本。虽然最后得以上线，但是游戏的完整度已经被破坏，团队士气遭到沉重打击，公司资源也捉襟见肘，最后这款游戏惨淡收场。

企业在出海前期，务必对目标市场做好充分的调研，从而制订出详细而合理的计划，避免在后期把资源消耗在大量的意外之中。

市场调研

这不是企业第一次做市场调研了，在选择目标市场的时候企业就已经做过大量的市场研究工作，包括国际市场分类评估、进入时机评估、投入产出评估、市场风险评估等。基于这些研究，企业做出了进入海外市场的决策。

但这些研究是偏宏观的案头研究，并且颗粒度比较粗，对于实际开展业务来讲是远远不够的。如果企业要进入业务的实际运营阶段，那么就需要做更加深入、细致的实地调研工作。如果预算有限而不能派团队亲赴海外市场，企业也应该给出一个自己的问题清单和调研目标，聘请当地的咨询公司或者调研机构辅助完成。在展业前夕，这个更加深入、细致的调研应该包含以下内容。

■ 本地化合规

在海外做生意，首先要尊重当地的法律法规以及各项规则，并考虑公序良俗。法律是国家立法机构制定的规则；行政规章是政府部门制定的规则；

而出海免不了和各大平台打交道，平台也有自己的规则，这些都是企业需要遵守的。如果违反了，很可能招致罚款、封禁、限流等惩罚。合规的内容包括以下几个方面。

- **法律调研**：了解目标国家的法律法规，最重要的内容包括：业务许可和牌照、产品标准、税务规定、劳动法。这是非常专业的领域，大企业有自己的法务团队，但也不可能熟悉所有市场的法律法规，企业可以听取当地律师事务所的专业意见。

- **ESG 政策**：在有些发达国家，ESG（Environment，Society and Governance）已成为一个热门话题，很多政府和第三方机构针对 ESG 颁布了一系列标准和认证，甚至政府会为达标的企业提供一系列的优惠政策，从而增加企业的竞争优势。企业需要把这些因素考虑在内。

- **内容审查**：这些东西可能不在具体的法律法规明文规定中，但是却实实在在地影响业务的开展，如果忽视这方面的内容，就会给企业带来巨大的风险。参考我们之前提到的 Z 游戏公司的例子。企业务必确保自己的产品、文案、视觉、营销策划都符合当地的法规和文化习俗，避免敏感话题和元素。

- **平台规则**：了解相关平台在当地的上架要求，如 Apple Store、Google Play、视频网站以及电商平台等。如果在海外开展游戏业务，需要了解该国是否有游戏版号和游戏分级、分类的规定，以及是否对用户年龄有限制等。若产品需上架 iOS Store 或 Google Play，则需要了解这两个平台对上架的要求。

- **业务许可**：基于以上调研结果，公司要向当地监管部门申请展业所必须的业务许可和认证，不要无照经营。在很多国家，有可能无照经营是常态，在监管层面通融一下就没人管了。但这个风险是客观存在的，当企业做大，相关部门决定要管的时候，可能就意味着巨大的损失。

每个国家的合规要求都不同，如果忽视了，则有可能给业务带来巨大的风险。企业在法律合规方面的调研一定要慎重，并且充分了解情况，做出正确的决策。

以本地生活服务行业为例，不同国家对司机、骑手、家政服务人员等注册流程的要求有很大的不同。巴西要求验证 CPF（Cadastro de Pessoa Física，即个人税号），通过 CPF 可以查询服务人员的犯罪记录和信用情况，还需要服务人员提交身份信息、住址信息和其他相关信息。A 企业前往巴西展业，但由于对当地复杂的合规要求不太熟悉，人力也不充足，于是决定找一个本地的供应商来提供这些信息的查询服务。

一名本地员工 Augusto 推荐了一家供应商来查询这些信息，并且很快上线。但一年后才发现：这个供应商是他朋友注册的。关键是这家公司并未获得政府认证，很多接口返回的信息竟然是错误的，这给企业带来了巨大的风险。但好在企业及时发现了这个问题，并且进行了修复和弥补，避免了风险的发生。

■ **产品本地化**

产品本地化的内容很多，包括语言本地化、视觉本地化、用户体验本地化、功能本地化、品牌本地化等。

不同行业的本地化差异非常大，下文我们来一一说明。

（1）语言本地化。

语言本地化的第一步是翻译。随着人工智能的发展和普及，产品翻译变得比以前容易很多。尽管如此，建议在整个产品流程中多次进行本地校验，最好由本地人或者精通本地文化的华人来负责，以避免上线时闹笑话，这种事情发生多了就会给公众留下一个不专业的印象。

很多工具类和内容类 app 有个非常常见的功能"打卡"。某公司的产品经理在海外 app 上将其非常生硬地翻译为"punch card"，让人啼笑皆非。

这种互联网术语对当地人来说很难理解，因为他们大多没有使用过中国产品，翻译成"check-in"可能会更准确一些。

翻译的最低要求是不出错，但最好还是能够翻译出本地的味道，做到"信、达、雅"，毕竟语言也是产品体验的一部分。

短视频 app 中提供了视频制作的功能，其中"模板"是一个重要的功能，可以直接翻译成 template，虽然可以让用户理解，但显得干涩。

快手（Kwai）在海外开发本地化产品的过程中，把这个词翻译成为"蒙太奇"（Montage），虽然与原意有所不同，但在当地文化的语境下，这个词语能更好地体现产品的功能，超越了"准确"这个标准，堪称"信、达、雅"。

总之，产品本地化不仅仅要做好翻译，还要深刻理解和适应当地文化，以提供更好的用户体验。

（2）视觉本地化。

不同的国家对色彩有不同的理解，对不同的视觉元素有种种禁忌，企业需要做好市场调研，迎合本地用户的偏好，避开本地用户的忌讳。我们可以参考几个例子。

红色：是中国传统的喜庆的色彩，在中国被广大品牌广泛使用；但是在很多国家红色是不吉利的颜色，甚至会比较忌讳。

绿色：除了时尚人士，一般中国人不喜欢把鲜艳的草绿色穿在身上，尤其是戴在头上；但阿拉伯国家对绿色却非常喜爱，它代表了沙漠中的希望。

白色和黑色：在中国，是哀悼的色彩；在西方，是婚礼的色彩。

高饱和度的色彩：虽然近年来兴起了"多巴胺风"，但大部分中国人还是接受不了，传统意义上，中国人认为低饱和度的色彩代表品质。然而，在拉丁美洲、东南亚、非洲等热带国家，当地居民特别喜欢高饱和度的色彩，他们的国旗大多是高饱和度色彩的。

除了色彩，很多视觉元素也不能乱用，它们可能有其他的意思，如万字符、十字架、六芒星、新月以及宗教人物的形象或者隐喻等。

企业在推出产品标识，或者进行营销活动的时候，一定要多加注意，如果能在视觉和品牌形象上取悦本地市场就最好了，但更重要的是避免踩雷。

（3）用户体验本地化。

在用户习惯方面我们发现一个现象：中国互联网公司的产品一般追求功能的大而全，而美国互联网公司往往追求简洁。我们比较一下 Google 和百度的页面（见图 4-2）就可以看出两者风格的迥异。

图 4-2　Google 和百度页面

百度的首页内容丰富，提供多种服务。有底部主导航条、顶部子导航条，不同的频道琳琅满目，内容推送目不暇接。而 Google 的首页则非常简洁，重点突出搜索功能，就算有内容推荐，也做得很克制。

这无所谓对错，只反映了各自用户的倾向性。不少中国用户非常讲究效率，非常强调功能性，并且喜欢热闹，所以在一屏之内看到琳琅满目的商品和丰富的信息时，会觉得非常受用，而不会觉得乱。

而许多西方用户对审美的要求比较高，喜欢大面积留白。看到淘宝上满屏的商品信息，往往会觉得信息过载，甚至眼花缭乱。

拼多多就深谙此道，其在国内的 app 就拼命地在一屏之内塞满尽可能多的商品和促销信息，而出国之后就改变了自己的风格，走了简约风，迎合海外用户的偏好。图 4-3 左边是拼多多，右边是拼多多的海外版 TEMU。

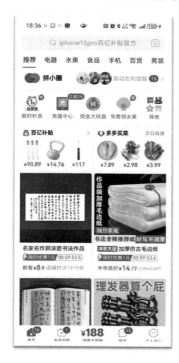

图 4-3　拼多多国内版和海外版页面

企业都会宣称以用户为中心，"以用户为中心"最重要的是尊重用户的习惯，而不是强行改变用户的习惯。用户保持自己最舒适的使用习惯是用户需求的一部分。即使我们带着一个全新的、完整的、领先的产品方案来到一个新的市场，仍然建议雇用当地产品专家进行可用性测试，走遍整个用户使用流程（user journey），看看有没有明显的使用障碍。尽可能尊重用户原有的习惯，尽可能减少用户接受新产品时的学习和适应，尽可能降低用户的迁移和切换成本。

（4）功能本地化。

每个市场都有自己独特的情况，每个市场的用户群体都有自己独特的需求，每个市场的监管也有不同的要求，这就要求企业的产品功能也必须相应地进行本地化，以满足当地市场的种种独特的要求。

功能本地化不是去照抄本地竞争产品的功能，很多企业在海外市场一落地就打开竞品 app 或者购买竞争对手的产品，开始了"像素级"的抄袭——当然这也不失为一种快速提升产品力的方式。但我们需要明白：我们无法靠抄袭超越对手，抄袭者只能是追随者，当企业想要追求更宏大的目标的时候，就必须主动向用户学习，就必须主动引领创新。

功能本地化是基于本地用户的需求，开发出适合本地市场的功能。功能本地化的最终学习对象是本地市场的用户，而不是竞争对手。

中国是个非常安全的国家，当企业前往拉美、非洲国家展业的时候，往往会对当地的社会治安状况非常不适应。在中国，我们从来不用担心某天横死街头，但在拉美、非洲国家这种担忧却非常现实，暴力抢劫、强奸、凶杀随时可能会发生，尤其夜间更是犯罪高峰期。

在 Numbeo 的全球犯罪率排行中，巴西和南非常年排在前十。印度、墨西哥等国家的社会治安状况也不容乐观。但这些国家都是企业出海的热门目的地，如何让产品适应本地严峻的安全挑战是一个重要课题。

在巴西的网约车行业中,治安案件的案发率非常之高,其中很多都为恶性治安案件,包括谋杀、强奸、抢劫,而女司机是尤其易受攻击的群体。案发率之高,恶性案件数量之大,都令人不安。

当年巴西网约车的现金支付比例非常高,一天下来司机兜里往往装了一天的收入。歹徒往往以乘客的身份叫车,然后对司机实施抢劫。

2017 年,我曾经在巴西一家本地网约车公司工作,刚就职短短几个月,公司就遇见了多起针对网约车司机的谋杀案。而同事们仿佛见怪不怪,觉得这是个一直存在的问题,并且会一直存在下去。

在之后的几个月,我与国内的研发团队基于巴西的现状,设计了一系列本地化的安全新功能,全面覆盖了司机和乘客的各个场景。到了年底,案发率就已经大幅度降低,这意味着每年有几百名司机和乘客免受侵犯,甚至每年能挽救几十条鲜活的生命。而这也成为了企业的竞争优势,吸引了更多的司机。很多功能也被反向输送回中国,在更大的市场上默默地保护着司机和乘客。

这是我在从业经历中最自豪的事情之一。

竞争对手长期在本地市场展业,但未必对本地市场需求有深刻而全面的洞察,这也许是因为长期领先而丧失了对本地市场的敬畏,也许是因为满足于现有的市场地位而丧失了进取心,也许是形成了路径依赖而对用户的呼声置若罔闻……**存在只说明它暂时没有被取代,而并不代表它是合理的**。功能本地化,不能简单照抄现存竞品的功能。

在前面的案例中,竞品的安全功能是不足的,如果只是简单照抄竞品,我们就只能做出一个"猴版"的竞品,并没有给市场创造什么额外的价值。我们没有尊重用户真实的"需求",用户也不会尊重我们,我们在市场份额上也不会取得真正的突破。

本地化的安全策略是功能本地化的一个缩影,不同的产品有不同的功能。各个企业需要根据目标市场的独特情况来开发本地化的功能，满足本地市场的需求，从而形成企业的核心竞争力。

传音手机就是这个领域的佼佼者。在开发非洲市场的过程中，传音发现了非洲用户的许多独特需求，并且开发出了广受非洲人民喜爱的手机。传音手机在非洲的独特功能包括以下几个方面。

摄像头优化：普通的摄像头在黑暗的环境中往往会将黑皮肤和背景融为一体，但传音手机的摄像头针对非洲用户的肤色进行了优化，在黑暗中也能拍出令非洲用户满意的照片。

电池容量大：非洲许多地区的电力供应不稳定，传音手机通常具有大容量电池和超低功耗技术，以确保较长的通话和待机时间。

手电筒功能：非洲许多地区缺乏稳定的照明设施，传音手机通常配备高功率的 LED 手电筒，方便用户在夜间使用。

定制铃声和壁纸：传音手机往往预装了大量与非洲文化相关的铃声和壁纸，以满足用户的个性化需求。

本地语言支持：非洲是个多民族、多语言的区域，其中有些语言不常用。传音的手机操作系统和应用程序通常支持多种非洲本地语言，如斯瓦希里语、豪萨语等。

高音质扬声器：非洲人民很容易情绪高昂，并且非常喜爱大声播放音乐。针对这一习惯，传音手机通常配备高功率的扬声器。

防尘和防水设计：考虑到非洲部分地区多扬尘和多雨的环境，传音手机通常具有一定的防尘和防水功能。

多卡多待功能：传音手机通常配备多个 SIM 卡槽，允许用户同时使用多个网络服务，而无须携带多套设备。这使其在网络覆盖不稳定的地区及价格敏感的用户中广受欢迎。

价格亲民：传音的产品定价通常低于其他国际品牌，这使得其产品在价格敏感的非洲市场更具吸引力。

本地化营销和服务：传音在非洲建立了广泛的销售和服务网络，提供本地化的营销活动和售后服务，以增强用户满意度和品牌忠诚度。

通过这些本地化功能和特性，传音很好地满足了非洲用户的特殊需求，并在非洲市场建立了强大的品牌地位。

（5）品牌本地化。

在前文中我们介绍过品牌的重要性，品牌是一个企业的名字及其人设。名字非常重要，但我们有的时候往往记不住名字，尤其是外国人的名字就更难记了。英语名字相对容易记住，毕竟大多数人都学过英文，而非英语国家的名字就会让人感觉特别难记住。

我们举几个例子感受一下。

先来看几个中文名字：马云、马化腾、王兴、张一鸣、雷军——记住这些名字没有任何难度。

另外再看几个英文名字：Joseph、Abraham、John、Mary、David。如果读者现在闭上眼睛，能否复述出来这五个名字？

我们再来看几个阿拉伯名字：Youssuf、Ibrahim、Yahya、Maryam、Daud。读者再一次闭上眼睛，是不是感觉很难复述出来了？

但我们把这几个名字翻译成中文：优素福、易卜拉欣、叶海亚、麦尔彦、达乌德，是不是感觉难度下来一些了？多试几遍还是可以记住的。

其实这五个英文人名和阿拉伯人名是一一对应的同源名。但对大部分读者来讲，记住阿拉伯人名的难度是最大的，因为大家对伊斯兰文化比较陌生。大家都学过英文，记住英文名字尚且不容易。相比之下，人们对于自己母语的理解和记忆永远是最深刻的。

如果我们说 Colgate、Crest、Walch、Safeguard，相信不少人都会觉得很陌生，但我们要是说高露洁、佳洁士、威露士、舒肤佳，可能大家就都知道了。本地化的品牌名才能被本地的用户记住。

除了名字要本地化，人设也要本地化。所谓人设就是品牌的形象，取决于品牌希望给自己的消费者和潜在受众留下一个怎样的印象。这个形象必须要符合目标用户的整体气质，也要符合当地市场的文化和习俗。产品的一切都应该高度符合本地居民的认知习惯，包括名字、标识、包装、产品设计、交互界面，以及广告、招贴画、代言人等营销活动，都要给本地消费者传递一个非常明确的信息：我是自己人，信我！选我！

在我们的主观印象中，阿拉伯国家通常和一片黄色的沙漠形象联系到一起，但其实大多数阿拉伯国家会把黄色视为不吉利的颜色，黄色往往和荒芜、死亡联系到一起。如果读者到阿拉伯国家的商店里浏览本地的商品，会发现很多品牌的色系是草绿色，品牌 TVC（电视广告）和 KV（主视觉）中充满了骆驼、绿洲等本地元素。

虽然阿拉伯人钟爱绿色，但在沙特等国家，国旗上的绿色是禁止在商业领域使用的，前往展业的企业需要特别注意。

墨西哥喜欢熟色系，整个国家的气质比较沉重、忧郁。在墨西哥，很多商品的主色系是墨绿，如果有红色的使用则多为暗红，这是他们国旗的颜色。他们大量使用红配绿的色彩搭配，如墨西哥国家足球队的球衣。而"红配绿"在中国是审美禁忌，两国在这方面的认知非常不同。墨西哥当地品牌的常见视觉元素包括宽边大圆帽、仙人掌等。

另外，墨西哥很多商品包装上都有骷髅的视觉元素，甚至很多品牌的标识就是骷髅，很多当地龙舌兰酒瓶就被设计成骷髅头，为当地居民喜闻乐见。而骷髅在中国则是绝对的不祥之物，如果不实地了解则很难想象。

巴西的文化习俗就截然不同，整体气质非常欢乐，甚至狂热。巴西人喜欢大量的生色块，本地的商品视觉中充斥着狂欢和宗教的元素。

企业在完成自己品牌的初版设计之后，可以找到本地目标客户群体的代表进行测试，对照不同的备选方案，选出最受本地消费者认可的品牌设计方案。

（6）支付习惯本地化。

就像在中国大家都习惯了电子支付，甚至很多商店都广泛应用了刷脸支付、掌纹支付等现金支付工具一样。很多国家也都有自己习惯的支付方式。

很多国家电子支付的比例也很高，但不是用微信、支付宝，而是用本地的电子钱包。企业出海到当地，需要接入本地市场占有率最高的电子钱包，确保对主流用户的全覆盖，避免在支付环节卡住，从而导致客源不必要的流失。

很多国家的主流支付方式是信用卡，那就需要企业支持多卡种，并且要做好反作弊工作。信用卡是一种安全漏洞非常多的支付方式，在很多国家信用卡盗刷、作弊现象非常严重。

还有很多欠发达的国家习惯线下支付，交易中现金的比例依然非常高，企业设计的交易流程必须支持现金支付，并且要做好安全措施。因为现金非常容易被抢劫，被抢劫就可能造成伤亡。支持现金交易并保护交易双方就是一个重要的课题。

本地化的内容还包括货币和定价本地化、度量单位本地化、地址格式本地化、电话号码格式本地化、客服本地化等，我们就不展开讲述了。

制订计划

一个好的计划需要基于翔实的市场调研，并且包含以下四个要素。

设置目标：目标要合理，确保务实而有挑战。过于激进则投资巨大，并且激进的目标容易导致动作变形，失败的风险会提高；而过于保守就会错失机会，企业需要给国际业务施加一定的压力，以激发团队潜能。有了目标之后还需要把大目标拆解成过程指标、阶段性目标，从而稳步推进。

匹配资源：有了目标之后要配置相应的资源，资源要合适，确保充足但不浪费。资源投入不足，有可能导致项目失败；资源投入过度，会抬高成本，项目亏损也会导致失败。

限定时间：时间要恰好，确保有紧迫感但完全有可能实现。时间太紧有可能完不成，导致压力过大，会引起混乱；时间太松则会拖很久，导致缺乏士气和紧迫感，也很难赢得胜利。国际业务拓展是昂贵的，拖得越久，消耗就越大，不温不火的持续投入是企业需要避免的。在企业出海的过程中，稳妥的、合理的节奏感是非常重要的。

给出方法：具体怎样使用资源，才能在限定的时间内完成规定的目标？如何做到目标、资源、时间的匹配？具体的计划、策略、方法是什么？

我们只谈论如何做计划的方法论，读者依然很难理解，下面让我们进入第二个阶段，结合实际的场景来看如何制订一个合理的国际业务拓展计划。

2. 打样板：标准作战手册（Playbook）

> 武经七书之中，惟《孙子》纯粹，书仅十三篇，而用兵之法悉备。
>
> ——《投笔肤谈》

"打样板"就是企业中比较精锐的人先用较小的投入，在一个小型市场建立一个微观模型。通过这个"样板"，企业可以见微知著地学会如何在更大的市场展业。"样板"就像是房地产行业的样板间，企业不需要把所有的房间都装修完成，销售只要看到样板间就知道如何向客户生动地介绍楼盘，而客户只要看到样板间就能有身临其境的居住体验。

而出海企业的"打样板"则需要通过实战产出"标准作战手册",英文通常翻译成为"Playbook"。这个"标准作战手册"本质上是一个SOP(Standard Operation Procedure,标准运营流程)。在我的另外一本销售工具书中,我曾强调了销售SOP的作用,它基于最佳实践提供了销售团队的从业原则和作业准则,使庞大的销售团队都能够向销售冠军的标准靠拢,从而提高企业的整体业绩。国际业务的Playbook也有同样的作用,可以说,企业的Playbook就是指导所有海外业务拓展人员的"孙子兵法"。

"打样板"是企业出海的第二个阶段,意味着企业不再观望,不再仅仅采取远程开拓模式"试水",企业已经决定要开展本地化的运营,开始了实质性的登陆作战。

首先,"样板"由核心骨干创造,被广大员工复用和持续完善,这是对企业人力资源的极大节约。

万事开头难,创业对人才的要求是比较高的,而"出海"是开创国际业务,对人才的要求就更加苛刻。海外团队职能的完备度和规模不可能与国内同日而语,因此海外拓展人员需要非常综合的业务能力,并且他们需要有一定的授权,从而可以调动国内资源。

海外市场的挑战和风险更大,所以海外拓展人员的内心也需要更加强大;在国际市场上与客户、供应商、团队进行跨文化沟通也需要更高的沟通协调能力。可以说出海团队的人才能力模型是非常全面且优秀的。

出海不仅需要全面和优秀的能力模型,还需要人才的冒险和创业精神。这种人才本来就很少,还要求他们对企业高度忠诚,这样才能得到企业充分的授权,发挥自己的业务能力和市场、用户洞察能力,把海外业务带上正轨。

这就需要企业对他们投入极大的关注,认真培养,并且提供令其满意的薪资待遇。所以，目前企业国际化人才非常少，而让他们忠诚地为企业服务的代价就是高人力成本。在一个企业中能够承担开疆拓土重任的业务骨干和综合管理者屈指可数，多了企业也养不起。很多企业甚至由 CEO 亲自抓海外业务拓展，核心管理层亲自带队花很长时间待在海外市场，直到业务做起来并且把接班人培养起来之后，才把业务托付给接班人。

但企业的国际化业务拓展不是拓展一个国家，而是拓展一片国家；不是拓展一个市场，而是拓展全球市场。CEO 不可能常年待在海外，业务骨干也分身乏术。另外国内的基本盘承担不起主帅和主力长期缺位的后果，万一大本营被竞争对手偷袭，就得不偿失了。

所以由主帅亲自带队的精兵强将组合承担第一次攻坚任务，之后就把经验沉淀下来，形成可复制的方法论和流程，让更多的员工都可以快速学习并且执行，可以极大地节约企业的人力成本。

其次，作为"样板"的小型典型市场有较高的容错空间，失败了也不影响大局。

样板是用来学习和完善的。一个公司只有一个 CEO，只有屈指可数的业务骨干，而打样板是"借事修人"的过程，靠打造标准流程和方法论来培养更多的人才，从而成就更大的事业。

主力市场承受不起失败，一旦第一次进入失败，再次进入的门槛就很高了。一次糟糕的体验就会让客户流失，而客户一旦流失，再想让他们回流就需要更高的成本。千千万万个客户因为失望而流失，就会给企业打上失败者的烙印，市场的负面心智一旦形成，企业就很难甩脱了。

所以企业"打样板"时要死磕小型典型市场，以求在大型关键市场一击必中。

再次，"打样板"选取的是小型典型市场，所以周期短，投入小，成本可控。

这跟上一个观点是相通的，越小的市场需要的资金量就越小，企业的开拓工作起效越快，但回报也越有限。这很好理解，假如企业初次进入一个小镇的市场，只要在镇中心立一块广告牌子，第二天全镇的人就都看过这个广告了；但是，如果要在一个大都市推广一个品牌，立个广告牌是远远不够的，还需要电视广告、网络投放等。

B 公司初次进入澳大利亚市场，首先选取的是在吉朗进行试点，也就是我们说的"打样板"，探索开拓模式。吉朗是个小城市，只有 28 万人，但已经是维多利亚州的第二大城市，仅次于首府墨尔本，距离墨尔本 70 多公里。而墨尔本有 523 万人口，是澳大利亚第一大城市，是澳大利亚市场的核心。

选吉朗做试点的策略是没有问题的，吉朗是进入墨尔本最好的试验田。但问题是吉朗的开城非常失败，虽然 B 公司进行了非常大力度的促销和营销，但业务量依然非常小，产品体验非常差。当时的团队选择在没有成功的 Playbook 的前提下，直接在墨尔本开城，最后不出意料地复制了吉朗的失败。B 公司在海外市场的失败不仅在当地造成了口碑危机，甚至被国内的媒体报道，在国内造成了二次口碑伤害。

口碑和品牌形象一旦崩塌，再想挽回这个业务就需要付出更大的代价。最后的结果是 B 公司花了数倍于之前的预算，才勉强把墨尔本的交易市场建立起来。

最后，"打样板"做出的 Playbook 不是标准答案，不是终极答案，需要海外团队活学活用，持续完善。

虽然我们称之为"标准作战手册"，但一定要深刻地意识到 Playbook 并不是标准答案，它只是开拓团队的有限经验的总结，难免会有疏漏甚至错误的认知。尤其是在第一版 Playbook 中，财务模型、产品定义、功能设计、品牌方案、业务计划、组织架构设计往往很不完善，有非常多值得优化的地方。

但这些文档毕竟是资深前辈的心血结晶，甚至是 CEO 和高层亲自带队设计或者拍板决策的，后来者和新人很有可能选择盲从。

> 为了更好地工作，有人创造了流程，但流程变成了后来人的工作。

我们讲个故事，说明持续更新迭代流程的重要性。

在第二次世界大战期间，英国空军有一个非常奇葩的规定，即新装备的飞机中的牛皮座椅必须要用骆驼粪来擦拭。但英国境内骆驼很少，骆驼粪非常稀缺，需要长途运输供给。

有个士兵非常好奇，问老兵："为什么要用骆驼粪？"所有人都说不知道，这是规定，并且以前就是这样维护的，照这么干就行了！

他找了很多人问，大家都不知道，但都保持了这个传统。这个士兵偏偏要刨根问底，终于找到一位资历非常深的退役老兵，才了解到其中的原委。

之前在北非沙漠里打仗，需要大量地使用骆驼来运输物资和人员，骆驼上的座椅和挽具是牛皮的。骆驼闻到牛皮的味道就非常抵触，就不愿意走了。于是军方就在牛皮座椅上涂抹骆驼粪，这样牛皮的味道就被掩盖住，骆驼就不再抗拒，变得温顺服从了。

于是军需部门就在"标准作战手册"中更新了这样的一条规则：**新的牛皮座椅必须用骆驼粪擦拭处理**。批量地处理牛皮座椅和挽具大大提高了效率，降低了作战人员管理骆驼的难度。

战争一年一年地打下去，人员数次更迭，人们已经不知道这条规则背后的意义是什么，但是"标准作战手册"却在军需部门沿袭了下来，甚至随着军官的流转和晋升，流传到了英国国内，甚至流传到了空军。这条奇葩的规定也就一代又一代地沿袭了下来。

由军需部门提前、批量地用骆驼粪擦皮椅是非常重要的，这极大地减少了作战人员的额外工作量，减少了因为骆驼临时"罢工"而导致的时间损耗乃至对物资运输和战斗部署的影响。把这个流程固化在军需部门的"标准操作手册"中，这在当时的时空背景下无疑是非常合理的措施。但离开了沙漠的作战环境，摩托化部队逐渐取代了畜力，到了空军的领域，这个措施已经毫无意义，但依然随着僵化的流程沿袭了下来。

出海初期的开拓团队的作用虽然很重要，但也是有限的，他们最重要的使命是勇敢、小成本、快速地迈出第一步，从而让后续的大部队更有信心，更有方向感。后面的海外运营人员也千万不可迷信，需要充分发挥主观能动性，持续地创新和迭代，完善"Playbook"，帮助企业沉淀宝贵的知识和经验财富。

而企业也需要建立相应的文化和机制，不只是把过去的东西放在代码库、文档库，或者储存一堆 PPT，而是要把企业的知识、经验、技术梳理成清晰的框架体系，对于广大海外业务人员来讲，这些知识是可学习、可迭代、可复用的。

那么"Playbook"应该包括哪几部分呢？每个行业都有各自的特点，但是回归到企业经营的本质，我认为应该包含以下几个方面。

业务增长计划：企业的主要业务收益和产出，包括收入、销量、单量、拉新量、活跃度和留存量等。结合下面的成本投入计划就构成了完整的"投入和产出分析"。

成本投入计划：有投入才有产出，企业增长的背后是各项成本费用的开销，企业需要把成本、费用按照大项归类，并且把细项算清楚，与企业的增长节奏挂钩，确保所有的投入都是为了产出。

体验改善计划：出海初期的体验一定是有差距的，但随着国际业务的深入开展、对市场和用户洞察的深入以及产品力的加强，体验也会逐步地改善，企业需要制订一个计划来逐步推进这个过程。体验的改善是需要投入资源的，可能是产品研发资源、人力或者预算，所以企业需要定量地计算，设立体验改善的目标，并且投入合理的资源。

效率提升计划：出海初期的效率一定是有差距的，这需要在国际化的过程中稳步提升。这里说的效率是多维度的。

- 对于增长来讲，拉新漏斗上的层层转化率、留存率、活跃度、流失率都是关键指标；如果销售人员是成本大头，则需要分析员工人效；如果房租物业是开支大头，则需要分析和优化坪效、店效……不同行业都有自己专属的增效指标。

- 对于成本来讲，CAC（Customer Acquisition Cost，获客成本）、CPL（Cost per Lead，每线索成本）、CPS（Cost per Sales，实际销售额付费）属于拉新成本；还有用户留存成本、服务成本、召回成本等，都有更加细节的成本效率考虑。总的可以看成本费用率，但是也需要对成本大项进行效率分析。

- 很多行业有专属的各种效率指标，对业务有着重大的影响，对此都应该专项进行优化，并且定期监控这些指标。比如，库存周转率、平均履约周期等供应链效率指标，资金周转率、投资回报率等财务效率指标，最大并发量、最大数据处理量等技术效率指标，算法匹配率、供需满足率等平台交易效率指标……每个行业都需要总结出自己的关键效率提升点，并加以监控、优化。

项目管理计划：大型企业的业务和组织都很复杂，出海会面临千头万绪的事务，以及烦琐的内部协调。很多大企业往往需要专门的项目管理人员，确保所有的事务都协调一致，不出现卡点。

项目管理不是简单地制作一个甘特图，约大家定期开会，而是基于对业务计划的深刻理解，以及对内部资源方的熟悉，协助业务负责人把资源有效地整合到一起，从而完成既定目标。

组织建设计划：一切都需要人来做，通常还需要很多人协作。海外业务刚开拓时，没有现成的队伍，只有少数几个派遣人员，需要企业从头开始招聘、培训，上岗之后还要管理、考核。在海外，招错人的概率很大，又需要对人员进行淘汰。由于文化、语言的巨大差异，水土不服或者文化冲突的情况比比皆是，组织需要推动文化上的融合。

组织建设计划不只是简单的招聘计划和 HC 管控，国际化的组织建设是个非常重要的话题，我们会在第五章详细展开论述。

财务计划：财务表现是评价一个企业海外业务成功与否的终极标准，企业如果长期亏损，也看不到盈利的希望，不管业务做多大，用户口碑多好，这块业务最终都是失败的。而可观的财务回报是业务健康发展的基础，有了财务回报，企业才有更多的资源持续改善用户体验，提升产品和服务质量，追求更高的用户价值和社会价值。

下面我将结合具体的业务，为读者提供一些思路，甚至提供一些示意的模板和计划，但最终还是需要读者结合自己的行业、企业实际情况，量体裁衣地制订出符合自己的相关计划。

业务增长计划

我们从以下几个方面展开论述。

■ 目标拆解，责任到岗

每个企业都有少数几个核心业务指标，如销量、单量、平台交易量等。这些指标反映了最终业务结果，我们也称之为"结果指标"。

但是"结果指标"看到了就是既成事实，就算结果不好也只能以后再提高了；即便公司想要提高这些指标，大部分人也无从下手。所以在日常工作中，需要把宏观的"结果指标"拆解为微观的"过程指标"，以方便有针对性地进行监控，并对具体的问题点进行处理。上文提到，"销量"是一个结果指标，那么销售人员每周的"**客户拜访量**"就是一个过程指标。如果管理者希望销售人员提高销量，很多情况下销售人员并不知道具体怎么做；但如果要求销售人员将每周客户拜访量增加 20%，这个指标就非常清晰，要求也非常具体，所有的销售人员就都知道该怎么做了。

以 O2O 本地生活业务为例：**收入 = 平台交易额 x 平台抽佣**，其中平台抽佣弹性有限，调整起来阻力很大，隐蔽地进行差异性抽佣也有很大的风险，所以在短期内可以看成一个常量。企业需要以提高平台交易量为主要目标。

平台交易额 = 单量 x 客单价，企业就有两个目标：提高单量，提高客单价。

我们先说一下客单价，提高客单价相对简单，主要有三种方式：

提高基础定价。这个调整很难，因为价格涨了，需求就降了，单量就跌了；价格下调，需求会增加，但供给会减少，单量也不见得涨。平台要做好供需的匹配工作。更加困难的是，企业调价还需要面对舆论的压力。

差异化定价。这种定价，有个臭名昭著的名字——"歧视性定价"，会受到比较严格的监管。

提高长单比例。这个需要企业针对长单的场景进行挖掘，并且做好推广的工作。

提高单量一般是企业的主目标之一，我们可以从供需两端来继续拆解：

1）单量 = 用户量 x 订单量 x 订单满足率（Completion Rate，CR），其中 CR 是需求侧非常重要的效率指标，也是体验指标，它反映了用户的需求被满足得如何。如果 CR 太小，就意味着很多用户没有被服务到；但 CR 过大也往往意味着有问题，虽然随叫随到的服务让用户感觉很爽，但这也意味有太多的服务者处在长期等待的状态，服务者的体验和效率就会很差。平台需要兼顾供需两侧。

2）单量 = 服务者量 x 人均时长 x 每小时单量（Order Per Hour，OPH），其中 OPH 是供给侧最重要的效率、体验指标，反映了服务者的忙碌程度，也反映了服务者的收入效率。OPH 越高，服务者越容易赚钱，但这意味着有很多需求。如果需求过于旺盛，总有需求没有被满足，体验就很差。OPH 低，就意味着服务者有大量时间在等待，他们就赚不到足够的收入。

针对以上目标，可以继续拆解，如用户数量 = 留存量 + 拉新量 - 流失量，针对这些指标，相关岗位就有很多具体的工作可以做了。

作为目标拆解的示意，我想读者们已经理解得非常充分了。以上指标可以从更多的维度继续拆解，分给不同的职能和岗位。比如按照区域拆解、按照品类拆解、按照场景拆解、按照渠道拆解，等等。这个话题非常大，我们就不详述了。

企业需要把目标拆解得清清楚楚，分配给具体的责任人，落实到具体的行为和项目中去，并且及时跟进进度，确保总的业务目标可以完成。

■ 及时跟进，灵活应对

为了能够更好地跟进目标进度，企业需要按照产品的销售周期，把目标拆分到相应的时间段中，把控好时间节奏。如果一张订单要跟进几个月才能成交，那么就可以进行月度跟进、季度考核、年度激励。

如果是销售周期以周计的企业级产品，那么目标需要分解到每个周，如果分到每天就太细了，今天和昨天比没有什么变化，每天都跟进进度也会造成团队疲劳；但如果每个月才跟进一次，那就会造成跟进不及时，造成业务上的损失。

如果是日活型 app 就需要有每日看板，甚至实时看板，管理者可以看到每一分钟的业务表现。企业需要有专岗盯盘，并且通过系统自动监控数据表现，如果出现异常的数据波动，需要马上介入处理，这是很多公司的通行做法。

在制定目标的时候，务必要确保目标和投入匹配。最好把资源投入放在同一页进行展示，这样就会很清晰地知道目标达成的代价是什么。有些时候目标没达成，但资源却照常投入，钱也没少花，企业就需要警惕了，可以组织更加细致的业务复盘。

我们就以本地生活业务为例来解释一下增长计划。

本地生活平台往往是个多边交易市场，包括需求侧、服务侧、商家侧等。需求侧是用户，而服务侧有可能是司机、骑手、家政、维修工等，商家侧可能是餐厅、商场、店铺、娱乐场所等。只有供需密度突破一个临界值，在同一个时空才比较容易进行供需匹配，供需两侧才会有更好的体验，平台才会有更好的交易效率。密度不足的话，商家和服务者收入不够，用户体验也差，平台就需要补贴。

所以拓展平台型业务，最重要的就是快速建立高效的交易市场，积累足够的密度。图4-4是一个典型的"九周增长模型"，企业在两个多月的时间里快速建立起有效的交易市场，从而开展持续的经营活动。这个模型在市场发展的现阶段已经失效，但依然可以示意如何做增长计划。

本地生活业务是城市属地化的业务，需要一个个城市地拓展。在每个新开拓的城市都可以参考类似的业务模型，在9周里，拓展团队明确地定义了业务目标（收入、单量或者用户数）、成本以及毛利率（成本使用效率）的关系。成本的投入带来相应的增长，企业需要忍受暂时较大的亏损。如果停止补贴，那么增长就会停滞，甚至出现回撤，这个时候就要关注留存。这个模型帮助我们对目标、资源、时间进行良好的匹配。

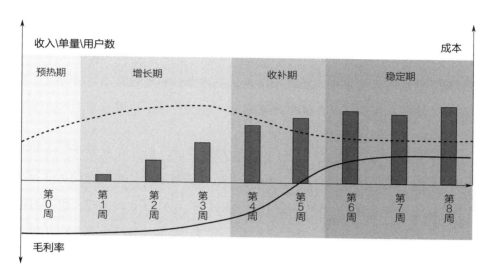

图 4-4　业务增长计划 - 目标跟进

第一阶段，预热期：开展大型营销活动之前要有预热，这样会极大地提高市场的关注度，预热可以采取很多创意形式，如制造悬念、倒计时、提前预订、抢购低价等。

第二阶段，增长期：新产品在海外上市初期的体验可能不太理想，密度不足导致交易效率低下。对于用户来讲，服务不到位，等待时间长，产品可能还有缺陷；对于服务者和商家来讲，单少，服务距离远，服务成本高。所以在增长期，平台给了大量的补贴，来鼓励用户克服这些问题，尽量让更多用户、商家、服务者使用平台。

第三阶段，收补期：当平台的交易效率越来越高，产品体验也持续改善，平台开始提供更高的用户价值的时候，低价和补贴就不再是用户使用产品的主要理由了，这个时候企业可以开始收窄补贴。但需要注意：收补不是一蹴而就的，需要循序渐进。

在收补的过程中，一定会面临业务增长的放缓甚至下滑，此时需要沿着既定的目标持续推进。但如果下滑严重超出预期，就需要灵活应对，重新开始投入以稳定局面。Playbook 需要动态调整，以适应不同的市场和竞争态势。

第四阶段，稳定期：当毛利恢复到可控水平，业务也能稳定在健康水平的时候，就进入了稳定期。在这个时期，虽然营销和增长活动慢慢停止，但是依然需要一些保温、用户留存的活动。

"九周增长模型"是开城 Playbook 的目标部分，但海外业务开拓不只是开城这短短几个星期，还有后续的持续开拓和稳态运营，有可能长达几个月甚至几年（见图 4-5）。这种运营有可能以营销活动的形式出现，也有可能以项目的形式出现。有可能一个"九周"不够，还要再加个"六周"，或者正好赶上本地的大型节庆，可以做一个更大型的营销活动，长达 16 周也有可能。甚至几套活动做下来，感觉效果一般，就提前进入防守和稳态运营，也是一种合理的选择。但最关键的是需要有决策力的人来为之负责，并且及时跟进，及时应对。

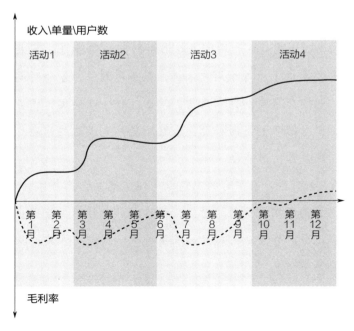

图 4-5　业务年度增长

不同行业的业务属性差异巨大，所以业务的增长模式也有很大的不同，有的业务拓展需要几个月，有的则只需要几周，有的上线之后就会进入稳态运营。每个企业都应该有自己的"业务增长模型"，回答**"投入多少资源？取得多少业绩？什么时候？"**这些问题。

"业务增长模型"是基于大量的实战经验和历史数据得出来的标准"投入产出模型"。这个模型在同类型、同时期的市场会更加精准，但如果变量发生了改变，那么结果也会大相径庭：巴西的模型放在澳大利亚肯定是不准的；2017 年的模型放在 2024 年确实已经过时了；甚至在同样的时空，如果竞品做出不同的反应，结果也有天壤之别……

但"业务增长模型"的方法论都是一样的，这就需要不同市场的负责人充分发挥主观能动性，对 Playbook 进行本地化，更好地指导海外团队的业务开展。

■ 投入可控，产出明确

业务增长计划和模型需要有一个合理的 ROI（Return On Investment，投入产出比）。我们在第二章介绍过一个市场宏观的"投入产出分析"模型。

我们现在已经进入了实际展业阶段，在中观层面、微观层面都需要考虑投入产出的问题。企业的现金、人才、研发、营销等资源都是有限的，这些资源要投入最有价值的领域。如何判断哪些领域更有价值？哪些领域的价值含量比较低？企业的每一个项目、每一次营销活动、每一笔大型支出都需要做"投入产出分析"，都需要计算 ROI。

$$ROI=（收入 - 成本）/ 成本 \times 100\%$$

我们在前文的"业务增长计划"及"九周模型"中，把成本、毛利率与业务目标放在一起比较，其实就是在分析 ROI，但是这并不够，因为投入的成本可以用金钱来衡量，但业务目标的达成并没有换算成金钱。真正的 ROI 需要计算出产出的金额，除以投入的金额，从而对不同业务单元进行横向比较。

韦尔奇是历史上著名的 CEO，他有个非常著名的"数一数二"原则。在韦尔奇的经营理念中，在激烈的全球竞争中，只有把企业的核心关注和资源投入在核心竞争力上，才能让企业立于不败之地。他为下属企业提出了几个要求，反映了韦尔奇的经营原则：

（1）数一数二，也就是在市场上排前两名。

（2）ROI 高于市场的平均水平。

（3）有核心竞争力，或者与其他业务有战略协同。

如果下属业务单元不满足以上条件，就要被剥离、关停或者出售。在这一阶段，GE 共出售了价值 110 亿美元的资产，解雇了 17 万名员工。但在韦尔奇执掌 GE 期间，企业的各项指标一直保持两位数的增长，收入和利润在十年间增长了数倍，连续多年被《财富》杂志评为"全球最受推崇的公司"。

虽然 GE 的辉煌属于上一个时代，韦尔奇也逐渐被新的时代英雄所取代，但直至今日，他的商业哲学依然值得我们学习。

99.999% 的企业都做不到每个业务都在行业内数一数二，50% 的企业甚至都做不到拥有高于市场平均水平的 ROI，但韦尔奇的经营哲学对于我们依然极其具有指导意义。他的核心理念是：**企业的资源是有限的，要把资源投入自己最有竞争力的领域，从而创造更大的价值。**这种资源包括财务资源、研发资源、生产资源、人力资源，甚至 CEO 的个人时间和精力也是非常稀缺的资源。在企业中，老板亲自抓的业务往往大概率会成功，而老板忽视的边缘业务基本上都会面临困难和失败，白白消耗本来就没分到多少的资源。

所有的企业都需要用这个原则思考一下自己的战略优先级，看清楚企业内部各业务单元的竞争力和 ROI，从而做出战略取舍。竞争力的标准也许会比较模糊，不同的事业部之间很难比较；但 ROI 相对清晰，并且横向可比，可以成为企业内部评价、取舍的工具。

业务单元的 ROI：一块新业务需要企业大量投入。对那些正在亏本且看不到盈利希望的业务，如果不能够与企业战略有其他的协同，建议尽快放弃。这是对企业经营最基本的要求，但这远远不够。企业还需要计算每一个业务的 ROI，那些 ROI 垫底的业务单元应该出售或者剥离，如果不行就彻底关闭。这样企业就可以把宝贵的资源投入更有价值的业务中去。

市场单元的 ROI：企业在很多市场展业，对那些正在亏本且看不到盈利希望的市场，建议长痛不如短痛，尽快退出。企业还需要计算每一个市场单元的 ROI，市场单元可能是城市、国家或者区域。对那些 ROI 比较低的市场单元，企业不应该有太高的业绩目标，也不必继续投入太多资源。

项目的 ROI：企业会做很多项目，对每个项目都应该计算 ROI，那些 ROI 非常低的项目不必多做，而对那些 ROI 非常高的项目则需要加大投入。有些品牌类的营销活动投入的真金白银比较容易计算，但产出的心智、口碑、好感度、知名度等非常难以计算。并且营销活动需要持续做，虽然不见得每次都有效果，但指不定哪次就火爆了，回报远超预期也是有可能的。这就需要企业管理者左右脑同时开工，理性与感性并用，综合决策。

客户的 ROI：有的企业在微观层面上对每一个客户、用户群体都能够计算出 ROI，真正做到了精细化运营。企业提高了利润的同时，还提高了客户满意度。

客户的 ROI=（LTV-LTC）/ LTC，如果企业的客户数据比较全面，就很容易算出。

其实这并不难，如果企业可以做到所有的交易线上化，那么就很容易计算每一个客户的 LTV（Life Time Value，生命周期价值），即客户在整个生命周期内给企业贡献的收入。

而客户的 LTC（Life Time Cost，生命周期成本）= 获客成本 + 留存成本 + 服务成本 + 商品成本。其中获客成本和商品成本非常清晰，相对容易计算，留存成本、服务成本往往会被忽略，但对于有的行业来讲，这块成本可能不小。企业需要记录每个客户参与的每一次促销、核销的每一张优惠券、每一次投诉和补偿、每一次维修等活动产生的成本，并且计入 LTC。计算一个群体的 LTC 容易，但要实现对客户的精细化运营，就必须能够做好个体归因，能够在微观层面计算每一个客户的 LTC 和 LTV。

结合留存率的数据，企业还可以预测客户未来的 LTV，判断客户未来的 ROI，相应地提供差异化服务。高价值客户和低价值客户理应得到不同的对待，这种差异化对待体现在优惠券、促销、赠品、礼遇、服务优先级、物流配送优先级等方面。但这里往往有个误区：并不是历史购买总量大的客户就是高价值客户，客户价值要看历史毛利贡献，而不是简单的消费额。有些消费额很大的客户其实属于"羊毛党"和"代购党"，他们往往混在高价值客户里面，让企业产生了大量额外的服务成本，并且消耗了企业的促销资源。企业需要在系统中对这些客户进行明确的标记，避免资源的浪费。

业务协作计划

企业出海不仅仅是"国际业务部"的事，更是全公司的大事。对于出海而言，业务增长是第一大事，所以每个职能部门都应该支持国际化这个大的目标，背负相应的目标考核，并且制订协作计划来支撑"国际业务增长计划"。

我们在前文中已经介绍过，整体目标需要拆解到更细节的过程指标，从而可以让具体岗位上的人很清楚地知道自己的目标是什么、自己该做什么，从而压实责任到岗，落实责任到人。当过程指标都被完美地达成时，结果指标就一定可以被达成。过程指标包括部门指标和岗位指标：

产品研发部门：需要为海外系统的可用性、海外产品功能的丰富度、性能指标、与竞品的功能差异等指标负责，从而制订自己的资源投入和目标达成的计划。

生产物流部门：需要为海外产品的产量、质量、物流履约效率、交付体验负责，并且要控制生产成本，确保产品有国际价格竞争力。

市场营销部门：需要为品牌在海外市场的知名度、好感度负责。

用户增长部门：需要为海外用户的拉新、留存、体验负责。

销售部门：需要为海外销量和回款负责。

后台的支持部门可能给不出增长计划，但必须要给出增长的"保障计划"，如以下几个部门。

人力部门：需要为人员派遣和保障制度、海外用工主体设立、薪酬及制度设计、海外人员招聘、入职流程和体验、文化融合、海外人力资源系统等负责。

财务部门：需要为银行账号、支付和收款、税务注册、资金管理、外汇风险管理等负责。

法务部门：需要为公司注册、本地牌照获取、各项合规进度及本地风险的规避负责，不能让法律相关的事务成为业务的"卡点"。如果有风险发生，那么需要避免损失，并处理诸如诉讼、罚款和赔偿上限等。

公关部门：需要负责与政府、社会组织、公众的沟通工作，并且为舆情相关指标负责。如果有负面舆情出现，需要及时应对，避免损失；如果有竞争对手抹黑，需要采取合乎法律和当地实情的处理方式进行反击。

售后服务部门：确保客服能力匹配业务的增长，当销量增长的时候，客诉也在增加，相应的客服座席、维修人员、维修网点都在增长，售后的体验也应该能跟上。

不同的公司有不同的职能设计和部门设置，但所有的部门都需要积极参与国际业务，给予自己的专业支持，并为国际业务承担相应的责任。

把各个职能部门的责任集合起来，就成了各个部门需要为国际业务所承担的 OKR，以表 4-1 为示意。

表 4-1　各职能部门的 OKR

	产出	投入		目标			
	关键指标	成本投入	人员编制	Q1	Q2	Q3	Q4
产品研发部门	• 系统可用性 • 各项性能参数 • 与竞品的功能差						
生产物流部门	• 产量 • 生产成本控制 • 良品率 • 平均交付周期						
市场营销部门	• 品牌知名度 • 品牌好感度						
用户增长部门	• 拉新 • 留存 • 体验						
销售部门	• 销量 • n 天回款率						
法务部门	• 风险事件数量 • 诉讼胜率 • 赔款、罚金总额						
公关部门	• 舆情指数 • 负面舆情应对						
售后服务部门	• 投诉率 • 投诉解决率 • 客户满意度						
人力部门	• 招聘进度 • 员工满意度 • 业务满意度						
财务部门	• 业务顺利展业 • ……						

"结果指标"和"过程指标"是相对的，上面的所有指标对于企业 CEO 来讲都是"过程指标"，但对于各个职能部门而言都是"结果指标"，是企业

CEO 考核各个副总裁或总监的结果。以上 OKR 汇总仅示意 CEO 如何拆解各个职能部门的关键指标，并且颗粒度是比较粗的，各个职能部门还需要进一步拆解，把这些指标拆成更细的过程指标。对此我们就不再展开讲解了。

我们可以发现，各个部门对应国际业务的 OKR 和对应国内业务的 OKR 并没有什么本质不同。事实也的确如此，不管是在深圳还是在纽约，不管是在中国还是在美国，业务开拓和企业经营的本质都是一样的，只是在具体事务的处理上有较大差异，国际业务涉及一些额外的工作。

各个职能部门需要像支持国内核心业务一样支持新的国际业务，确保国际业务的成功是总部每个职能部门义不容辞的责任。这个责任不能靠大家的思想觉悟，而是需要落实到各个总部职能负责人的目标和考核上，需要由各个总部职能负责人制订相应的支持和协作计划，并且由 CEO 在企业的经营管理会议上密切跟进。

有的企业规模比较大，部门非常多，有的部门参与国际业务多一些，有的部门参与少一些，有的部门可能完全参与不进去；同时有的指标横跨了好几个部门，如果大家分头工作的话，会面临责权利不清晰、边界重叠的问题。很多大企业并不是由各个职能部门分头制订计划，而是由总部牵头做一个整体计划，并且进行跨部门的协调和推动。这个计划是以业务目标为导向的，而不是以部门工作为导向的。

除了我们前面说的业务增长计划，有可能还包括：

- 体验改善计划。
- 效率提升计划。
- 产能保障计划。
- 安全攻坚计划。
- …………

做好充分的计划是必要的，但企业要根据自己的规模和阶段来综合考虑，做计划要注重实质内容而不是形式，中小企业要避免得"大公司病"，各种文档、表格、幻灯片漫天飞，但不解决实际问题。

关于以上各种支持协作计划我们就不一一展开了，但用户体验是所有企业的核心关注，下面我们结合具体的行业详细讨论一下这个话题。

体验改善计划

客户购买和使用某个产品是因为客户体验非常好，企业和产品提供了客户价值。

客户体验和客户价值是所有企业共同的追求，很多企业都宣称自己极度重视客户体验，并且有各种口号来宣扬这一理念：创造客户价值、顾客是上帝、客户第一、沉迷于价值创造……

客户体验和客户价值到底是什么呢？是哪些因素构成了完美的客户体验呢？我们需要对客户价值做更加清晰的定义，把笼统的"客户价值"拆解成许多具体价值点的集合。

■ 客户价值的定义

客户价值和客户体验是高度一致的：客户价值越高，客户体验就会越好；客户价值越低，客户体验就会越差。客户价值可以拆成两大类：

1）产品和服务吸引力：包括品牌体验、服务体验、功能体验、性能体验、外观设计、附加服务、惊喜礼物，甚至一些其他的心理体验。

2）价格吸引力：包括有竞争力的定价、时不时的优惠、筹备已久的大促等有形或者无形的现金等价物。

上面把客户价值分为了产品和服务吸引力以及价格吸引力，但其实还可以继续拆分，直到拆分成一个个具体的价值点，每个价值点的背后都有相应的产品功能和服务流程来支撑。此处提供一个客户价值拆解方案（见图4-6）供读者参考。

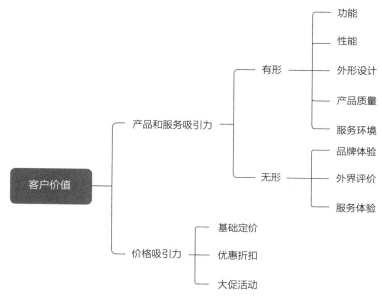

图 4-6　客户价值拆解方案

客户价值 = 产品和服务吸引力 + 价格吸引力。

首先，产品和服务吸引力以及价格吸引力都非常重要，但两者可以互相代偿，甚至具体价值点也可以互相代偿。

当产品和服务吸引力非常强，远远超过竞争对手的时候，客户完全可以承受该产品昂贵的价格。在国产汽车尚未崛起的时候，很多客户心甘情愿地排队、加价购买保时捷、宝马、雷克萨斯和丰田的某些热门车型。这就表明产品和服务吸引力代偿了价格吸引力和交付体验。

在产品和服务吸引力不足的时候，企业可以用低廉的价格吸引那些价格敏感型的客户，在一定程度上挽回局面。这种情况也很常见。当你在商场、饭店、酒店、娱乐场所消费体验不好，向老板投诉之后，老板决定给你一个不错的折扣，这时候，你的体验忽然就变好了，心情就舒畅了，跟老板又可以做朋友了。打折就是一种价格吸引力，代偿了不佳的产品和服务体验。

其次，**客户价值是相对的**。企业的产品不是孤立地存在于市场之上，市

159

场上存在大量竞品，客户反复对比、权衡这些产品，做出最终的购买选择。有时客户会在具体细节上展开对比，但大部分时候，客户会整体衡量企业产品、服务及价格的综合竞争力，并做出购买选择。

企业必须高度关注竞品的客户价值和体验，进行全面而细致的对标，确保自己的产品和服务有综合竞争力，并且在各个细项中没有显著的短板。

最后，客户价值是动态的。 在中国企业出海之初，由于对海外市场和客户的认知并不完善，产品和服务的价值很有可能会落后于竞品。为了能够打开局面，企业将不得不采取低价策略，承受低毛利甚至亏损，以此争取更多时间来改善产品和服务。

当企业的产品与服务体验与竞品拉齐的时候，企业就可以减少对低价的依赖，在提高客户价值的同时，改善自己的经营状况。

■ **客户体验的具体化拆解**

前文中我们提到了客户体验是由很多要素构成的，"客户体验"这个宏观概念可以拆解为一个个具体功能和流程细项。这些具体的细项可以和竞品一一对标，从而有针对性地改进。为了方便读者理解，我们以本地生活行业为例，将客户体验进行拆解（见图4-7）。在拆解的过程中，我们并没有严格地按照之前的框架，读者在做客户体验拆解的时候也不必拘泥于形式，而是要基于业务的实际情况。

经过图4-7的拆解，我们得到了大量的客户价值点，并且按照属性进行了归类，形成了全景图。这样后续与竞品进行对标分析时就不会有遗漏，也更加方便对客户体验做长期管理。这只是客户体验全景图的冰山一角。如果把所有的价值点、体验指标、功能、流程全罗列出来，那这个图就会非常大，需要专业的文档进行存储和展示。

这是一项非常有挑战性的工作：拥有完整业务视角，并且对细节足够了解的人本来就凤毛麟角，如果还要求他熟悉远在海外市场的竞品就更难了。

况且海外市场不是单一的，而是多元化的，每个市场都有自己的本地需求，甚至语言也不相同。一个人，甚至一个团队无法完成对所有市场的体验分析工作，这就要求总部的团队与各地的本地业务团队通力协作。

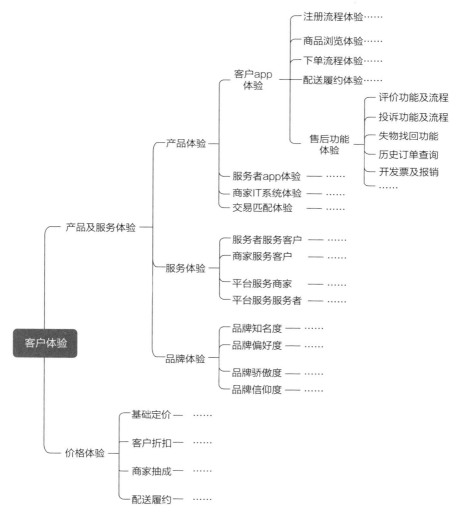

图 4-7　本地生活客户体验全景图（示意）

本地团队深刻了解本地的竞品和客户需求，总部团队深刻了解自己的产品体系，只有两者能够密切配合，才能够发挥出巨大的战斗力。但语言差异、文化差异、时区差异、业务认知差异、距离因素等时时刻刻都在阻碍总部和本地团队的沟通，这也是很多中国企业在海外折戟沉沙的原因。对此，我们在后文组织建设的相关章节展开讨论。

综上，创造足够的客户价值是决定企业成败的关键，是企业核心竞争力的终极表现。企业需要把自己产品和竞品的完整的价值点，以及背后的产品功能和服务流程梳理出来，进行完整的对标和分析，找出优势和不足，强化优势，弥补不足。

在完成了对所有价值点的梳理，产出了足够多体验改善的项目之后，我们就会发现各个项目推进起来的复杂程度是千差万别的。

有些项目在一个部门内部就闭环处理了，比如，调整一个 app 按钮、外观或者修改几句说明性的文案，可以由 app 团队全权负责；也有很多项目需要跨部门协作，比如，开发票就涉及 app 团队和财务 / 税务部门的协作；还有些项目需要多个部门复杂协作才能完成。

比如，"失物找回"在网约车行业中是一个重要的价值点，虽然这个场景实际发生的概率非常低，但是发生了之后，如果能及时帮客户找回，那无疑能为客户创造巨大的价值，给客户带来极佳的体验。如果发生之后公司不能够妥善地解决，则很有可能造成重大的司乘纠纷，引发司乘与平台之间的矛盾，甚至乘客会报警，在社交媒体上控诉，引发舆论热点。

但这并不是一个简单的功能，如果企业想要解决乘客失物寻回这个具体的问题，就必须建立跨部门协作的机制，需要进行项目管理。很多相关部门需要参与，需要包括乘客 app、司机管理、客户服务等多个部门的协作，如果物品金额巨大或乘客报警，还涉及安全部门介入；如果事件涉及媒体，还需要公关部门有相应的应对机制。

在这种情况下，项目管理的重要性就凸显出来了。

关于项目管理，市场上有各种专业的认证和考试，有非常多的教材和工具书，我们就不在本书中赘述了。下文中我们将会结合海外市场的具体案例，介绍客户体验改善项目管理。

■ 客户体验改善模型

想要改善客户体验，就需要提高企业提供的客户价值，这里我们提供了一个客户体验改善模型。在图 4-8 中，黑色虚线代表了本地竞品所提供的客户价值，它代表了当地消费者心中对于同类产品的标准，如果我们所提供的客户价值不能够超过竞品的标准，客户将不会选择我们的产品和服务。

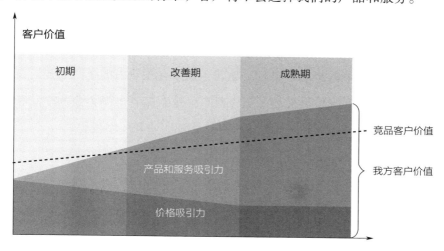

图 4-8　客户体验改善模型

在模型中，我们将出海企业对竞品的追赶分为三个阶段，下面展开论述。

阶段一：初期

竞争对手对海外市场进行了长期的深耕，对本地需求有着深刻的认知，它们的产品和服务已经被市场验证，被客户广泛接受。竞品的客户价值标准非常高，并且在持续进步。

这个时候，进入该市场的中国企业面临的是一个非常严峻的局面，产品需要进行大量的本地化适配，在此之前，产品体验很难与竞品匹敌；本地化的服务体系正在建设中，不管是售前还是售后服务，与竞争对手成熟的服务体系相比，都有明显短板。当产品和服务吸引力很小的时候，中国企业只有制定非常激进的价格策略，依靠价格吸引力维持在市场上的存在。

虽然这种策略会让毛利极其微薄，但是在这个阶段，出海企业的业务体量较小，并且只在小型的样板市场试点，所以亏损总体可控，可借此争取更多的时间，提升产品和服务体验，获得更广泛的市场认可。

阶段二：改善期

出海企业深入本地化，不断地提高产品力、品牌力、服务能力及各种核心竞争力。在这段时间，竞争对手也不会停下脚步来等待，但来自中国的出海企业会付出加倍的努力来追赶。随着企业综合竞争力的不断加强，在改善期，中国企业的客户价值反超了竞争对手。这意味着出海企业的产品和服务终于获得了本地市场的普遍认可，并最终体现为业务的增长。

但这不意味着中国企业出海取得了成功。虽然看起来业务增长非常迅速，市场份额在持续扩大，但是在这个阶段，价格吸引力依然扮演了重要角色，这也就意味着企业的利润率依然很低，甚至还在忍受亏损。单纯就产品和服务体验而言，中国出海企业可能依然落后于竞争对手。

所以中国企业需要继续努力提高产品和服务的体验，降低对低价的依赖，争取可以早日在利润水平上追平竞争对手。

阶段三：成熟期

当中国出海企业的产品和服务体验彻底超越竞品之后，定价就会维持在一个合理的水平，企业就不再依赖低价了。这时候，企业在样板市场已经获取了一个可观的份额，并且利润率也非常健康，客户价值进入了成熟状态。这意味着"打样板"成功了，企业可以在更多、更大的市场推进复制这个过程了。

3. 破坚冰：攻克关键目标

> 每战集中绝对优势兵力，四面包围敌人，力求全歼。

当企业在海外的小型典型市场取得了成功，再进入大型市场，胜算就比直接进入大型市场高出许多。企业在验证了它的业务模式以及产品能力、服务能力、品牌力、组织能力等竞争力，把这些能力固化下来，并且总结成标准作战手册之后，就可以更加大胆地应用到大型市场，寻求海外业务的实质性突破，追求更大的目标。我们将这个阶段称为"破坚冰"。在这个阶段，企业将会和竞争对手在正面战场展开主力对决。

"破坚冰"是企业出海的关键战役，是太平洋战场上的中途岛战役。"破坚冰"一战直接决定了企业出海的成败，需要企业提高到战略的高度来看待。

首先，"破坚冰"的关键市场不一定是最大、最重要的市场，但这个市场一定是最有战略价值的。

一旦产品和服务被关键市场所接受，企业在关键市场证明了自己核心竞争力，后续的业务进展就会势如破竹，越来越顺利。客户会普遍认可企业的产品，投资人会认可企业的股价，媒体和舆论会对企业的出海战果不吝溢美之词。拿下关键市场，基本上意味着企业出海的成功。

也正是因为关键市场有战略价值，所以往往会吸引众多竞争对手前往，如果是在市场的后期，关键市场的成熟度往往也会更高。企业需要把握好进入市场的时机。在关键市场一定会面临更加激烈的竞争，并且投入会更高，回报周期更长，失败的风险也更大。

其次，"破坚冰"是一个过程，不是一次性事件。

企业不能够抱着"毕其功于一役"的心态来对待关键市场。在一个具有

165

战略价值的市场，必然会遇到很多困难和挑战。有可能会遇到激烈的竞争、挑剔的用户、骄傲的媒体，以及严格的监管等。虽然企业在样板市场已经积累了大量的经验，有了应对的方法，也建立了应对的标准流程，但企业依然需要做好打硬仗甚至长期作战的准备。

在实际的海外展业中，面对关键市场，一次性成功固然令人欣慰，但也有可能耗上一两年也打不开局面，甚至最终饮恨败北，这都是很有可能发生的。

也有企业采取了"农村包围城市"的战略，先在小型典型市场试点成功，然后继续在更多的小型市场开拓，之后再进入中型市场，最后慢慢地延伸到大型市场。这种拓展模式的业务增长呈线性，投入曲线也比较平滑，在这个过程中，企业可以持续积累能力，获取更多的市场洞察。在这种拓展战略下，"破坚冰"和"打呆仗"就融合到一起了。Playbook 就像是企业的兵书，但用兵却不是教条的，对兵法的运用之妙，存乎一心。读者一定要结合企业、市场、竞争的现实状况，灵活运用各种方法论和模型。

再次，"破坚冰"是企业出海重要的里程碑，需要企业投入充足的资源。

因为有了在样板市场的试点，企业建立了大量的业务模型，积累了大量的运营数据，所以企业有能力做出更精准的预测：在更大型的市场上，预期会取得什么样的结果？相应地需要匹配多少资源？

在打样板之前，想要算清楚预算、人员编制、研发工时、产能安排等数字全靠拍脑袋；而在打样板之后，就有了可以参考的历史数据，企业需要充分利用这些宝贵的数据，搭建预测和评估模型，让计划做得更加精准。配置资源要留有裕度，资源充足的时候，就要一次到位，而非多次追加。

在小型典型市场上，如果需要 100 万元的预算才能做到 100 万单的业绩，那么换成核心关键市场，想要达成 1000 万单的业绩，匹配相应的预算就非常重要了。如果企业只给了 300 万元，那很有可能做到一半才意识到远远不够，后面就算再追加预算也已经失去节奏了。企业一定要避免"葫芦娃救爷爷"式的投入，陷入长期资源消耗，业务上却没有预期的进展。

另外，**"破坚冰"是一把手项目，需要一把手的积极参与甚至主导。**

在企业出海的前期，企业派出的都是核心的业务骨干和管理层，由他们来完成市场调研和拓展计划，并且打造 Playbook。CEO 甚至会躬身入局，亲力亲为，做到"运筹帷幄，身先士卒"。在高层的高度重视下，企业各个业务部门积极配合海外业务拓展人员的工作，出海前期往往比较容易取得成功。

但是，随着企业国际化历程的一步步推进，出海之初的新鲜劲慢慢就淡化了，更多的还是日复一日的常规工作，有的时候还会遇到一些困难，这些都在消耗企业高层的精力和耐心。国内业务毕竟是基本盘，依然需要占据高层大量时间，而时间紧张是国际展业最大的挑战之一。漫长而疲劳的旅程，昼夜颠倒的时差，半个小时都讲不明白一件事的英语，这些都在挑战高层本来就已经密密麻麻的日程表。最后，高层慢慢地淡出了国际业务：从之前每天都会与相关负责人讨论国际业务，到每周参加一次例会；从例会上积极发言并主导，到三心二意地旁听；最后例会也不参加了，只是想起来的时候问几句。

如果业务已经进入了"打呆仗"的第四个阶段，企业高层降低投入度就没有任何问题，因为竞争格局已经相对稳定，业务已经相对成熟，高层理应把指挥棒转交给守成的同事，或者聘请当地的职业经理人。但"破坚冰"是企业出海的关键战役，需要主帅担纲，争取彻底的胜利，奠定国际业务的成功基础。

最后，**"坚冰"市场是高标准市场，一旦实现了突破，再进入其他市场的难度就将大大降低。**

核心关键市场规模庞大，有重大战略意义，回报往往也是巨大的，所以会成为兵家必争之地，市场竞争会额外激烈。也正因为市场竞争激烈，监管往往也比较严格，各种法律法规和制度都是比较完善的；本地的媒体和舆论环境也更加挑剔，人们内心深处有一种自豪感；而客户往往是被过分"宠溺"的，对产品和服务有着更高的要求。

为了能够满足核心关键市场的高标准、高要求，企业需要在产品研发、设计、生产、营销及服务上投入更大的成本。这是一种基于市场的自然选择，但很多时候可能会被视为一种"双标"或者对其他市场的"歧视"。

CE 是欧盟的产品认证，是欧盟市场的准入门槛；欧洲还有严苛的GDPR，这是对信息安全的合规认证；FDA 是美国食品和药品认证，这是让美国消费者吃下企业产品的必要条件；UL 是美国的安全认证，也被很多国家所认可；ESG 在很多发达国家也得到了越来越广泛的实施，以后很有可能成为市场准入的新门槛。

这些认证标准都比较高，企业需要花费很高的成本才能通过；当然也有很多欠发达国家要么没有自己的产品标准和认证体系，要么标准就设置得很低，或者沿用发达国家的现有标准。

以上面的各种认证为例，当企业在发达国家通过了各项认证，其价值不仅仅在于可以更轻松地进入其他国家的市场。其实发达国家的很多标准在欠发达国家根本用不到，反而是额外增加的成本，但是经过了高标准市场的历练，企业的各项能力都已经得到了极大的提高，在产品研发、设计、生产质量、安全保障、客户服务、人力、法务、财税体系等各方面都已经进入了更高的层次，如果企业再试图进入低难度的市场，就将是得心应手、势如破竹了。

30天-100天-300天计划

"破坚冰"是"打样板"成功经验的大规模应用，并且需要根据实际业务进行调整和迭代。在前文中我们介绍了企业出海的"标准作战手册"，包括制订业务增长计划、团队协作计划、体验改善计划等内容，以及相应的模型和模板。为了让读者更好地理解以上内容，更好地在实际业务场景中应用各种模型和模板，我们用一个案例来进行示意说明，该案例为虚构。

B国的GDP世界排名前十，是一个区域性经济、政治大国，在世界经济中扮演了重要的角色，属于所在大洲的核心关键市场。B国的互联网经济方兴未艾，市场正处在快速成长期，但是市场中的各个企业正在分化，竞争格局逐渐形成。位于B国的A公司是一家O2O创业公司，在竞争中逐渐落入下风，市场份额最低的时候已经不到2%，无奈之下寻求出售。

C国是世界前二的大国，国内互联网行业逐渐进入成熟期，C国的D公司正在寻求通过投资、并购的方式出海。

D公司先以投资A公司的方式参与到其在B国的运营，并且深度介入投后管理，积累了大量海外业务经验。基于快速增长的考虑，D公司决定收购A公司。

由于并购的决策和过程过于仓促，尽职调查做得严重不足，并购后D公司发现自己陷入了一个巨大的泥潭：

第一，并购后发现了A公司很多隐藏的亏损，还发现了很多莫名其妙的成本项，财务上存在很多制度上的漏洞。

第二，A公司的业务泡沫很大，补贴率、作弊率、留存率、毛利率、净利率等指标都非常糟糕，业务正在迅速下滑。

第三，A公司的产品体验极其糟糕，产品功能不健全，交易市场密度不足让产品缺陷雪上加霜。

第四，A公司的团队缺乏沟通和维护，士气低落，优秀员工纷纷离职。

第五，舆论环境非常不利，大量的离职员工带来了海量负面口碑，而B

国当地一家很大的主流媒体更是爆出一则文章，批判并购毁掉了本土企业，D 公司的口碑在当地迅速崩塌。

D 公司陷入了四面楚歌：用户因为体验糟糕而指责公司；商家因为收入下降而指责公司；团队因为业务震荡、组织震荡而指责公司；媒体和舆论因为以上种种问题，也在指责公司。D 公司并没有因为并购受益，现在正面临着迫在眉睫的业务下滑带来的投资损失！

之前的高速增长掩盖了大量的问题，包括粗放的管理、粗糙的经营、缺失的功能和体验、漏洞百出的业务流程、岌岌可危的团队、大量的无效及低效行为……在 A 公司，离谱的事情比比皆是：

- A 公司一层楼里配置了两台从中国跨境购买的电动平衡车，用于不同工位的员工之间的"通勤"，每台平衡车的价格高达一万元。

- 运营团队为庆祝某个业务的阶段性成果，大家在餐厅聚餐，COO 激情地开了一瓶店里的好酒请大家畅饮，折合 5 万元。然后 COO 找 CFO 报销了这笔钱。

- A 公司聘请了咨询公司进行业务支持，但是高层不管什么活都甩给顾问去做，连整理会议纪要也不例外。每周都有几个高级顾问过来旁听各种会议，然后在会议结束两个小时后群发一份精美无比的会议纪要。但是从来没有人关心账单有多夸张。

- 最离谱的是 A 公司本地的研发团队在公司的主系统之外，偷偷维护了一个大数据集群，将所有的业务信息和客户数据都在外部备份了一份。这已经不是额外的 IT 成本和管理的问题了，这说明本地团队时刻准备"造反"……

当靠着烧钱轰鸣的增长引擎慢慢停息下来之后，各种问题就接连爆发出来了。并购后才一个月，市场份额就从最初的 25% 滑落到 12%，但毛利率依然是负的，最差的时候竟然达到了负 30%。用户半年留存率只有 15%，产品的体验如此之差，除了极度便宜，用户没有其他理由继续使用 A 公司的产品。此时业务看起来已经没有太大的希望，整个公司陷入了焦虑和无助。

D 公司派出的海外管理人员现在正面临严峻的挑战，被拖入了一场只能赢不能输的决战。

虽然财务、组织、管理、研发等领域都有着各种火烧眉毛的问题，但归根结底，以上种种问题的根源还是在于业务，而业务问题的根源还是在于产品体验。大家对业务已经失去了信心，于是对公司也失去了信心，公司已经出现了"破窗效应"，很多员工对自己的职责开始破罐子破摔，很多人都产生了一种感觉：这公司要完蛋了，最后再捞一把！就算捞不着，也最后造一把。

如果企业能够成功地挽回糟糕的用户体验，让业务摆脱下坠的死亡螺旋，就能够获得用户的支持，就能赢得团队对公司的信心。这样公司就能争取更多的时间，提升经营效率，加强管理和治理，让业务重新回到增长的轨道上来。

因此，D 公司所派驻的海外管理层针对 A 公司的现状，启动了"30 天 - 100 天 -300 天计划"，目标如下。

- **短期计划**（30 天，为期一个月）：解决 A 公司火烧眉毛的体验问题，止住业务快速下滑的趋势，对内稳定军心，对外留住用户。对应图 4-8 中的初期。

- **中期计划**（100 天，为期一个季度）：帮助 A 公司追平与竞品的用户体验差距，逐步降低业务对补贴的依赖，维持一定的业务体量。对应图 4-8 中的改善期。

- **长期计划**（300 天，为期一年）：重启增长引擎，帮助 A 公司获取 30% 的市场份额，并且极大地改善毛利率。对应图 4-8 中的成熟期。

这个计划制定了非常明确的体验指标，并且发起了一系列的具体项目进行支撑（见表4-2）。这些项目主要围绕着所属计划的核心目标展开，分为了30天项目、100天项目、300天项目。这些项目主要参与部门是位于海外当地的运营部、产品部，以及位于C国的研发部、产品中台、客服部、安全部等。在后期的300天项目中，当公司重新启动增长的时候，市场部、增长部也更多地参与了进来。

表4-2　"30-100-300天"计划指标

	负责人	30天计划	100天计划	300天计划
指标1	张三	××	××	××
指标2	李四	×	×	××
指标3	王五	××	××	×××
……	……			
核心项目		项目a	项目a	项目e
		项目b	项目b	项目f
			项目c	……
			项目d	
			……	

需要说明的是这里的30、100、300只是一个泛指，主要还是为了好听、好记、好宣传。给整个团队一个明确的信号：**我们一定会在规定的时间内重新赢得市场**。

如果计划中的每个里程碑都能够如期完成，团队就会重新找到信心，找回业务的节奏。数字并不是特指一个非常精确的天数，这三个数字分别指代期限为一个月的短期计划，期限为一个季度的中期计划，以及期限为一年的长期规划。毕竟把名字起成"31天-92天-365天计划"就拗口了，拗口就不利于企业内部宣传和团队动员了。

30 天计划

对 30 天计划，管理层整理了"火烧眉毛清单"（Burning Issue List），列举了所有需要在 30 天内紧急解决的事项，包括问题的描述、解决方案、可量化的目标、责任人、协作方、资源投入、进度等重要信息。

在 30 天计划中，对"火烧眉毛清单"采取每日站会的形式检查进度，每天都必须要有进展，如果在各个项目推进的过程中出现了困难，要及时解决，确保当天的卡点当天移除，不影响项目的整体进度。每天的站会不超过 30 分钟，不进行过多的讨论，也不说跟项目无关的信息。

针对 30 天计划，管理层启用了"**战情室**"（War Room）机制，在本地各个部门的负责人都坐在一个封闭的会议室中，确保有事情可以当场讨论，有问题当场解决。大家都坐在一起也非常聚气，有利于增强团队的凝聚力，打造一种同仇敌忾的氛围。各个部门的负责人都在"战情室"里面办公，各个部门不停有人找领导汇报或者反馈问题，整个大会议室热闹非凡，每个人都被这个场域中的情绪所感染，士气非常高涨。

另外"战情室"不止存在于 B 国前线，还有一个微信群作为线上战情室，C 国总部各个部门的一号位或者二号位也都加入了这个微信群。当前线需要总部支持的时候，B 国的业务人员总是会毫不犹豫地联络 C 国总部的各位管理者，如果总部回复不及时，他们甚至会在半夜直接打电话。

总部和前线各个部门的一把手非常重视，并且身体力行，这确保了资源的投入，最终确保了各个问题的解决。最终 30 天之后，各项指标停止了继续恶化，业务暂时稳定了下来。

100 天计划

100 天计划就是"改善期"计划，目标是追平与竞品在客户体验方面的差距，逐步降低业务对补贴的依赖，维持一定的业务体量。这就需要做更多的产品、服务方面的基础能力建设，也需要落实到一个个具体的项目上。

基于对业务的深刻理解和对竞争对手的充分研究，团队详细地拆解出了**客户体验的全景图**（参考图 4-7），并且在每个细项上与竞品进行对标，找出落后的地方，这样才能更有针对性地优化和提高。

这还不够，我们还需要评估各个细项的发生频率和重要性，给这些细项打分并且排序，以此来决定企业的产品研发资源先投向哪些项目、后投向哪些项目。这样，我们就得到了一份客户体验改善清单（见表 4-3），只要这些项目优化了，客户体验就会得到全面的改善。

表 4-3　客户体验改善清单

用户价值点	我方		竞品		功能重要性	优先级	项目排期	负责人	资源方	进度
	功能点	评分	功能点	评分						
价值点1	缺失	0	竞品功能点1	4	高	P0	week3	张三	……	已上线
价值点2	缺失	0	竞品功能点2	4.5	中	P0	week6	李四	……	开发中
价值点3	功能点3	3	竞品功能点3	4.5	高	P1	week8	王五	……	技术文档确定
价值点4	功能点4	3.5	竞品功能点4	5	高	P1	week9	Jack	……	产品设计确定
价值点5	缺失	0	竞品功能点5	3	低	P2	week12	Tom	……	业务需求确定
……	……	……	……	……	……	……	……	……		……

300 天计划

300 天计划的目标是重启增长引擎，获取 30% 的市场份额，并且改善毛利率。

客户运营有个非常重要的原则：**留存能力不足的时候，不要向增长投入过多资源**。增长是一根长链条，包括品牌宣传、渠道投放、客户激励、销售转化等诸多内容，增长是很昂贵的，在这根链条的每个环节花的钱最终都会摊到每一个最后成交的客户上，也就是客户的平均获取成本 CAC。当留存能力不足的时候，增长获取的客户就会大量流失，客户的平均生命周期价值 LTV 就会很低。

当 CAC > LTV 的时候，企业最重要的事情不是花钱获取更多的客户，而是恰恰相反，企业应该紧缩业务，尽量降低展业成本，主要服务好自然流入的客户。自然流量的客户 CAC 比较低，企业的经营模型是跑得起来的。并且自然流入的客户宽容度往往更高，即便体验不太好，留存率往往也比花钱招揽来的客户高一些。这样可以为提高 LTV 争取更多的时间。

LTV = 客单价 × 月均购买频次 × 存续月数 × 毛利。当然在存续期间，客户的活跃度会衰减，这个公式可以做得更细。但这个公式可以说明，在这个阶段，要提高 LTV，重要的是提高客单价、活跃度和留存率，而客户体验是一切的根本。

同样的道理，**产品和服务体验不好的时候，也不要过度追求销售**。因为卖不出去，所以企业只能依靠价格吸引力来维持销量。但因为产品和服务不好，客户会大量地退货、投诉，并且传播负面评价，这会让后续的销售越来越困难。企业为了维持不断下滑的销量，只能加大打折、促销、优惠的力度。而这无法解决实际问题，只会让企业坠入恶性循环。

所以，在短期和中期计划里，团队更关注的是基础体验的改善，这更多地依赖产品、运营、客服、安全部门的协作。

当我们顺利完成了"100 天计划"，客户体验已经逐渐走上正轨的时候，团队在"300 天"长期计划中首次提出要恢复增长。想要实现这个目标，就需要启动增长引擎，需要更多的团队参与进来。其中就包括了以下几个部门。

- **增长部门**：负责效果广告投放，以及 app 端内的各种增长工具，包括推荐工具、裂变工具、分销工具、积分体系、会员体系、红包工具等。
- **销售部门**：包括直营销售和渠道加盟，线上和线下销售，目的都是把商品卖给客户。

- **市场部门**：负责品牌广告投放，包括各种线上、线下的广告渠道，以及各种营销事件的策划和执行。
- **公关部门**：负责与各种线上、线下的媒体进行沟通，为企业赢得更多的曝光和正面口碑，并且处理负面的舆情。中小型公司的公关部门的工作不太饱和，这个职能可以合并到市场部门。
- 有的公司还有专门的地推、招商等部门……

以上所有部门的职能都与业务增长相关，当产品和服务的体验过关之后，增长部门就可以加大马力进行输出了，获取更多的客户，把商品和服务推广到更广泛的市场。

在这个阶段，参与的部门比较多，各种项目和营销活动也多了起来。加上之前庞大的客户体验全景图依然在不停地迭代，客户体验改善清单中还有很多长期项目没做完，所以企业需要更好的项目管理工具来统筹。

我没有兜售任何管理软件的意思，其实就算是用 excel 表格也可以管得很好。但建议企业把所有的项目汇总成一个甘特图（见图 4-9），把所有的项目和部门级的待办事项都清晰地罗列在上面，以周为单位检查进度，落后进度的项目要高亮展示，重点跟进，确保整体计划顺利完成。

通过项目甘特图，哪些工作进展顺利、哪些工作进度落后就一览无余。如果某个项目拖慢了整体进度，相关责任人会有一定的压力，从而奋起直追。如果有协作问题、资源投入问题或者其他问题，管理者就应该及时介入，帮助解决问题。同时，也方便各个协作部门及时了解全局，灵活调整自己的工作计划和资源安排。

在"30 天 –100 天 –300 天计划"执行的过程中，团队经历了数不清的会议与加班，经历了大量的通宵跨时区电话会议，经历了无数次激烈的辩论和妥协，经历了无数次相互的包容和支持，经过海外本地团队和总部团队的通

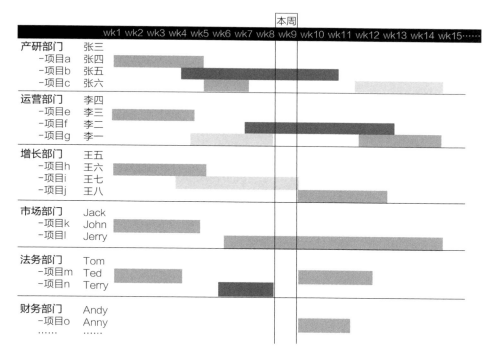

图 4-9　项目甘特图

力协作，最终计划得以圆满完成，各个项目都达到了预期的目标，并且业务重新回到了增长的轨道。

一年以后，300 天计划顺利结项，A 公司在 B 国的市场份额已经增长到了 30%，并且实现了毛利的转正，D 公司终于在海外关键市场站稳了脚跟。

4. 打呆仗：稳健推广，持续优化

如果以军事术语来类比，"试水温"是在获取情报、刺探虚实、制订作战计划；"打样板"是在筹备物资、集结兵力、试探性进攻；"破坚冰"是向敌军主力发起决战；"打呆仗"则是要巩固、扩大胜利果实，实实在在地占领领土了。

"结硬寨、打呆仗"是曾国藩提出的一种稳健而有效的军事战略思想。它强调在战争中首先要确保自身的安全和稳固，倡导在防守中寻找机会，推进战线，蚕食敌人的实控区域，不断扩大己方地盘。它注重在战斗中保持冷静和耐心，不打无准备、无把握之仗，每一仗必求稳妥，步步为营，最终取得胜利。

在出海的初期，企业派遣业务拓展人员深入一线，孤悬海外，很难与竞争对手硬碰硬，所以没有办法"结硬寨，打呆仗"。在自身竞争力较弱的情况下，企业只能暂避锋芒，进行差异化竞争，选择更加小型的市场"打野"。这种小型市场包括：不受竞争对手关注的小城市、小国家，或者毛利率较低而导致竞争对手忽视的品类，或者是那些长尾商品品类。这些市场竞争对手往往无暇顾及，因此容易突破。这些市场往往是企业的试验田，是业务"打样板"的地方。

在出海的中期，企业经过了一段时间的业务试点和能力积累，综合竞争力逐渐增强，已经不惧与竞争对手在正面战场直接对决。这时候企业开始锋芒毕露，向更重要的关键市场大举进攻。在这个阶段，企业挑战的是整个市场的格局，寻求爆发式增长，有更激进的业务目标。此时"结硬寨，打呆仗"就太保守了，也不适合。

只有到了企业出海的后期，已经在核心关键市场斩获了一定的份额，但依然有很多细分市场没有触及，而核心市场却并非万无一失，时不时还会遭遇竞争对手的反攻和新进入者的挑战，这个时候就需要"结硬寨，打呆仗"了。"打呆仗"已经到了出海的第四个阶段，这是一个稳态运营、稳健增长的阶段。

在"打呆仗"阶段，节奏会变慢，这更需要企业坚持长期主义，关注三件非常重要的事情：

- 巩固已有战果。
- 步步为营，稳步推进。
- 根据地的建设。

巩固已有战果

企业在突破关键市场之后，不要以为已一劳永逸地取得了胜利，不要过早地宣告成功，更不要迅速把注意力和资源转移走。很多企业的国际化骨干人才本来就不多，一般都是打完一个战场就移师下一个战场，当关键市场刚刚取得一定的进展，精兵强将就被抽调走，迫不及待地飞去了下一个城市，只留下刚刚招聘到岗的新人来守护刚刚打下的江山。虽然说"老人办新事，新人办老事"是很多企业的用人良策，但在这个时候，"老人"在关键市场的使命并没有结束。

虽然大部分国家的本地企业不会像中国企业这么"卷"，面对竞争的态度也不会这么"拼"，但我们还是需要给竞争对手足够的尊重。它们也有一颗不服输的冠军之心，不会轻易地把市场份额拱手相让，如果市场被中国企业抢走，它们也不会善罢甘休。在短期，竞争对手一定会有很多动作和投入，包括广告营销、联合推广、降价、打折、促销、产品和服务升级等。对此，企业一定要保持关注，及时做出回应。

另外，核心关键市场的吸引力始终存在，不会因为你的进入而消失，反而你在这里取得的进展会刺激更多的企业进入。尤其当你是一家知名企业，你的成功具有明显的示范效应的时候，必然会有更多的中国企业陆续赶来。你面对的将不仅仅是本地的竞争者，还有大量来自国内的竞争者。你在国内的完善的供应链、丰富的研发资源、生产成本等优势它们也都有，最关键的是——它们和你一样"卷"。面对新进入的中国竞争者，这又是一个值得探讨的话题。

就在我们曾经介绍过的东南亚电商市场，当年冉冉升起的第二名在成功挑战第一名之后，又再次遇到了冉冉升起的第二名的挑战。

从2015年阿里巴巴收购了Lazada之后，Shopee就与之展开了激烈的竞争。

2020 年 Shopee 拿下了东南亚超过 50% 的市场份额，夺得了"东南亚第一电商"的桂冠。

但故事并没有结束，2021 年，TikTok 进入东南亚市场，首先在印尼试点，取得了显著的成效之后，迅速把业务推广到了泰国、越南、菲律宾、马来西亚、新加坡等东南亚各国。

TikTok Shop 广泛使用了国内通行的短视频和直播带货等多种形式，全新的购物体验吸引了大量年轻消费者和商家。TikTok Shop 异军突起，短短几年内业务连续翻倍增长。

2023 年，TikTok Shop 在东南亚市场遭遇了政策阻力，特别是在印尼市场因政府禁令而短暂关闭。然而，TikTok 灵活运用多种方式进行海外业务的扩张，以控股印尼本土小巨头 Tokopedia 的方式重返印尼市场，延续了电商业务的快速增长。

2024 年 7 月，新加坡的墨腾创投（Momentum Works）发布了《2024 年东南亚电商报告》，报告指出：2023 年东南亚主流电商平台中，Shopee 以 48% 的市场份额保持领先地位，其次是 Lazada，占 16.4%，TikTok 和 Tokopedia 各占 14.2%。加上 Tokopedia（2023 年 TikTok 持有其多数股权），TikTok 超越 Lazada 成为了东南亚第二大电商平台，在很多国家对第一名 Shopee 构成了严峻的挑战。

当企业在关键市场取得了突破之后，并不意味着一劳永逸的成功，后续的挑战者也许会越来越强劲。

每个行业都有各自的竞争形式，也有各自应对竞争的方式，我们无法一一详述。但回到底层的原则，如何从根源上排除竞争对手？终极措施就是设置极高的客户价值门槛。我们需要再次用到之前介绍过的客户价值公式：客户价值 = 产品和服务吸引力 + 价格吸引力，企业需要维持优秀的产品和服务体验，并且尽量压低价格。

首先，企业需要坚持长期主义，持续优化产品和服务体验。

产品和服务体验是企业最深的护城河，企业需要持续优化产品和服务体验，保持相对于竞争对手的领先。这是让竞争对手无机可乘、无计可施的关键。产品和服务体验的重要性不言而喻，我不过多赘述，但我想强调的是企业需要时刻关注客户，也需要时刻关注竞争对手。

但问题是无论是个人还是企业，总是会高估自己的努力程度。当你自认为已经非常关注客户，并且为客户体验的改善付出了足够多的时候，多去看看竞争对手，了解一下竞品的客户体验有哪些改善和创新，也许就会发现自己的努力还不够。

在海外市场展业的中国企业需要定期做竞品扫描和对标分析，及时获取竞争对手的举措，并且采取适当的应对措施。

出海企业的外派员工可能过几年就回国了，好不容易积累的本地市场认知和客户洞察就中断了，即使回国之后继续从事海外业务的国内相关工作，对海外市场和客户的敏感度总是不可避免地会下降。再派遣一个国内管理者过去，又需要几年的时间去了解本地市场。如果是在本地聘请职业经理人，职业经理人也需要几年的时间来了解中国、中国企业，以及公司的中国总部到底是怎么运作的。

相比之下，来自本土的竞争对手在本地出生、在本地壮大，对本地文化、本地市场和客户有着深刻的理解。但最重要的是它们扎根在这里，对本地市场有长期的承诺，会持之以恒地迭代产品、改善服务。这种投入度是中国企业不具备的，所以中国企业务必要对本土竞争对手多一些敬畏，多研究一下它们的产品。避免自以为是。

当竞争对手是国际公司，甚至是中国公司，但本地化程度更高时，那你就需要格外警惕了。前文介绍过：中国企业之所以能够出海成功，无非是依靠以下几方面的核心的竞争力。

以货品为驱动的出海，核心竞争力是成本＋质量；

以市场开拓为驱动的出海，核心竞争力除了成本＋质量，又增加了品牌
＋渠道；

以产品／技术为驱动的出海，核心竞争力是成本＋质量＋研发；

以综合竞争力为驱动的出海，核心竞争力是上面所有因素的结合。

中国拥有世界上最完善的供应链和巨大的产能，所以产品的成本低、质量高；中国拥有世界上最庞大的工程师群体，并且薪资水平远低于欧美国家，所以企业的研发更具有竞争力；中国是一个巨大的市场，有激烈的竞争，企业积累了丰富的营销和销售的经验及能力。这些因素构成了中国企业出海的核心竞争力，但如果你的竞争对手也是中国公司，大家就回到了同一条起跑线上。

这时候，如果竞争对手的本地化水平更高，并且能够有效地管理本地团队，让本地团队和中国团队密切合作，那么就能产生神奇的化学反应，迸发出强大的战斗力。这个时候，竞争拼的就是本地化水平（Localization），以及总部的全球业务管理水平（Globalization），Global 和 Local 这两个词结合起来就形成了一个新造词——Glocal，这个词在很多国际化的文章和书籍中经常出现。

企业的本地化建设和全球管理体系建设是一个长期的过程，企业和管理者需要坚持长期主义，制定长期规划和中短期计划，稳步推进这个进程。出海企业在短期可以靠高层的躬身入局，加上中国外派核心骨干在全球挨个开拓市场；但长期来看，企业需要建立职能完善的全球总部和支持中台，并且在每个国家建立本地化的业务团队，通过文化、制度、流程和激励来调动总部和区域的紧密沟通和密切协作，保持对全球各地市场和客户的长期

敏感度，从而持续创新、持续迭代，保持企业在每一个市场的长期体验吸引力。

其次，**企业需要压低产品和服务的价格，短期可以通过压低利润率，长期需要降低成本费用率。**

不管多好的产品和服务，只要定价过高，就会让竞争对手有机可乘。竞争对手只需要提供更便宜的同类产品，就可以轻松地撬走大批价格敏感型的客户。当竞争对手积累了大量的客户，有了更大的销量之后，就有能力摊薄成本，最终扭亏为盈。这时候，竞争对手可以选择继续降价，从而获取更大的市场份额；也可以选择保持盈利，稳健发展。不管怎样，你都多了一个强劲的竞争对手。

在成本相对稳定的情况下，定价高就意味着毛利高。当市场上出现了高毛利产品，就一定会吸引大量的企业进入这个市场，当越来越多的企业开始生产并销售同类产品，好日子就到头了。很多企业明明在一开始领先，或者非常早期就在市场占据了优势，但却逐渐落后，甚至最后被淘汰出局，"起了个大早，赶了个晚集"。

所以，当企业发现在市场上自己没有什么对手时，不要过于乐观，不要试图太早地收割客户，更不要过度地收割客户。很多企业在没有竞争压力的情况下，会过度追求利润。追求利润本没有错，企业天生就是一个为了追求利润而存在的组织。但追求利润应主要靠提高企业的生产经营效率以及降低企业的成本费用率。

但提高生产经营效率太难了，那意味着加大研发投入、更新生产设备、改进工艺流程等，需要大量前期投入，并且往往见效周期很长；降低企业成本费用率太苦了，那意味着精简组织架构、裁撤部门和员工减少各种支出、优化业务流程等。管理者需要面对各种艰难的决策和沟通，而且很容易得罪人——都是打工人，何必呢？

抱着以上想法的管理者，为了追求利润，最直截了当的做法就是：提价，从而提高利润率。

全球网约车和外卖巨头 Uber 于 2013 年进入墨西哥市场，当时墨西哥网约车市场的体量要远远小于出租车市场，只有几个本土和国际的小型网约车公司，包括来自哥伦比亚的 Tappsi、来自巴西的 Easy Taxi、来自西班牙的 Cabify 和来本土的 Yaxi。

Uber 凭借着旧金山总部强大的研发实力和全球资本的鼎力支持，非常强势地在墨西哥市场攻城略地。乘客端广泛发券，提供非常大额的优惠，甚至经常性地免单；司机端免抽佣，提供高额的补贴；并且提供了远超竞品的产品体验，包括派单体验、接驾体验、行程体验以及服务体验等。在 Uber 强大的竞争压力下，所有的竞争对手都逐渐萎缩，甚至销声匿迹。

自 2015 年后，Uber 在墨西哥市场已经占据了绝对统治地位，市场份额遥遥领先。于是 Uber 开始了对市场的收割：乘客端陆续提价，并且降低折扣率；司机端提高抽成，并且降低补贴率；动态溢价越来越激进和普遍，并且广泛采取了多种收益管理的举措来提高收入。

我于 2017 年年底前往墨西哥调研，曾在墨西哥首都的各个时段、地段、场景进行打车统计，记录乘客实付金额，并且收集司机实收金额，从而计算平台抽佣比例。经过一定样本量的统计，我们发现平台抽佣高达 33%。[⊖]

Uber 的高抽佣强化了当时我们在墨西哥开拓业务的决心，也极大地增强了团队的信心。Uber 抽成 33%，而市场新进入者完全可以更多地让利给司机和乘客，而只需要平台自己少留一点，就会在司乘两端形成巨大的优势（见图 4-10）。

⊖ 本数据来自我及同事的街头调研，由于时间、空间、天气、交通、样本量等因素限制，未必精确。

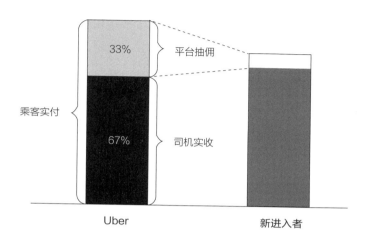

图 4-10　Uber 和新进入者的抽佣

　　高抽佣的背后还有高定价，乘客和司机一定期待更多的选择。新进入者只需要少一点抽佣，就可以让定价更便宜，司机收入也更高，再配合几次大促，就一定可以快速吸引大量司机和乘客的"倒戈"。

　　市场新进入者从零开始拓展业务，初始体量非常小，所以只需要承担非常少的亏损，就可以迅速提高业务体量，斩获一定的市场份额。

　　2018 年、2020 年，滴滴、Indrive 先后进入墨西哥市场，而 Uber 在 2019 年上市需要做利润，所以在很长一段时间内都维持了既定的高抽佣。事实也正如我们所料，新进入者在墨西哥的业务拓展非常成功，切下了 Uber 可观的市场份额。

　　除了产品和服务体验，价格是企业竞争最直接的武器。提高产品和服务体验比较难，需要有较高的市场认知和客户洞察能力，并且改进起来见效周期比较长，但依然值得企业长期投入，这是客户价值的关键所在。相比而言，价格工具的效果立竿见影，"价格屠刀"一刀下去，竞争对手的业务就会被削掉一大块，企业的销量会提升，固定成本会摊薄，市场份额会提高。

如果企业能够成功地留存现有客户，把市场份额稳定住，那么就有可能慢慢扭亏为盈，"低价策略"就成功了。

低价、折扣、补贴、优惠活动等价格工具也成了很多企业在竞争中首选的工具。甚至在短期之内，很多企业不惜压低自己的利润率，忍受一定的亏损，也要通过低价来获取市场。但长期来看，保持价格竞争力应该依赖降低成本和费用率，而非压低自己的利润率。

纯靠低价获取的客户、销量、市场份额是很难留存的。我们曾经提出：留存能力不足的时候，不要投入过多资源在增长上面；产品和服务体验不好的时候，也不要过度追求销售。低价不应该成为企业战略的主角。

同时，价格工具的成本更高，小公司挥舞"价格屠刀"是很困难的，企业的实力无法支撑大量的补贴行为。如果低价促销的效果不明显，很容易"杀敌八百，自损一千"。哪怕企业的现金很充足，或者有其他输血的管道，但长期忍受低利润对企业经营健康也非常不利。

虽然大公司有实力发起价格战，但很容易触发《反不正当竞争法》，甚至《反垄断法》。后者会对企业滥用市场支配地位的垄断行为进行非常严厉的处罚，情节严重的，罚款可达上一年度销售额的 1% 至 10%。很多其他国家也有反倾销和反不正当竞争的相关法律，企业需要提前了解。

这就决定了通过压低利润率甚至承受亏损的方式提供低价只能是短期，或者非常小规模的行为。从长期来看，企业必须具备承受低价的实力，就算价格低于竞争对手，企业也能有健康的成本利润结构，这就需要企业降低自己的成本和费用率，包括通过创新持续降低自己的生产成本，提升生产效率；通过严格的管理降低费用开支；优化组织架构和业务流程，让企业在最高效的状态区间运转；提倡高效、务实的文化，杜绝铺张浪费，杜绝低效，等等。

步步为营，稳步推进

> 善战者，无赫赫之功。
>
> ——曹操

企业已经在海外基本站稳了脚跟，并且建立了自己的海外市场基本盘，在过去几年中实现了每年翻倍的增长。但进入"打呆仗"阶段后，这种跑马圈地式的高速增长就告一段落了，业务想要继续增长，就只能步步为营地推进了。

首先，突破了关键市场之后，企业的战线已经拉得很长。也许企业已经在很多国家开展业务，已经有了多条产品线，有了丰富的产品品类，甚至在全球都开设了工厂，有了自己的销售渠道，开了很多直营、加盟店……

这时候企业的资源开始捉襟见肘：资金紧张、供应链紧张、人力也不足，经过了公司级的整体动员，整个团队都已经非常疲劳，已经不适合再开展大规模的业务拓展活动了，甚至有可能企业老板的家人都开始埋怨："一年到头不回家，孩子的教育都落下了！"这个时候就需要稳定一下局面。

其次，市场格局是竞争的自然结果，关键战役之后，格局会相对稳定。就像战场上犬牙交错的战线不是画出来的，而是打出来的，随后就会陷入僵持和对峙。核心关键市场的关键战役结束之后，基于各个企业综合实力的充分竞争，形成了现有的格局。就像树林里所有低垂的果实都已经被摘完了，剩下的果实就只能费更大力气、冒更大风险、爬到更高的地方去摘取了。那收获的速度自然就会慢下来，你拥有的果实数量也基本稳定了。

竞争对手的弱点要么已经被攻破，转化为我方的战果，要么已经被竞争对手弥补，我方再想取得更大的战果也不是那么容易。现在市场也许已经进入了成熟期，企业只能耐心地发展自己，寻求业务上的创新和组织上的修炼，当自己的竞争力有了新的提升，市场份额才会有新的突破。

最后，经过了较长时间的出海远征，团队需要休整，人员需要轮岗，后备力量需要培养，本地招聘的人才也需要时间成长。企业可以通过一些低烈度的竞争，做到借事修人，以战练兵。

所以在这个阶段，企业的增长率会慢慢滑落到一个合理的水平。企业也慢慢进入稳态运营、稳定增长的阶段。

但是在这个阶段，海外市场开拓并没有完成，还有很多周边市场依然等待企业进入，还有很多小的国家和城市企业没有展业，还有很多品类依然留有空白，还有很多细分场景和用户群体没有覆盖。"革命尚未成功，同志仍需努力"，企业的国际化之旅依然需要稳步向前推进，但这种推进已经不是跑马圈地式的扩张，而是日拱一卒式的增长。

根据地的建设

当业务进入到稳态运营、稳定增长的阶段后，企业和管理层终于可以腾出时间、精力、资源来做一个整体性的复盘了。一路的急行军虽然让企业斩获颇丰，但也产生了很多问题，埋下了很多隐患，如果企业不及时解决，那么它们在后期可能会以各种形式爆发出来。

随着海外业务高歌猛进的发展，组织也在一步步变得庞大，有些流程已经不适用，有些部门已经没必要存在，有些人员已经不合适相关岗位，有些费用支出已经没有人记得到底是为什么了，有些细分产品已经失败了……这些漏洞都在默默地吸食着企业的利润。企业需要敬畏每一分钱，保持对成本的敏锐，坚持对效率的执着。从长期来看，企业需要持续压缩自己的成本费用率，以保持竞争力。

当企业的增长模式从"破坚冰"阶段的爆发式增长，过渡到"打呆仗"阶段的稳步推进后，企业的生产、经营、管理、战略、文化都需要相应地进行调整，甚至重新建设。

- 新的增长模型：定义新阶段新的增长目标，新的增长曲线会变得更加平滑，目标需要更加务实，不需要付出太高的成本就可以实现。
- 新的指标体系：大的目标发生了变化，所有的过程指标都需要相应地进行调整，包括体验指标、效率指标、拉新指标、留存指标、活跃指标、组织指标等。
- 新的财务模型：高增长需要高投入，当增长放缓，企业要重新衡量投入和产出。制订一个新的财务计划，逐步减少投入，降低成本，提高利润率，减少亏损，甚至实现盈利。
- 新的组织架构和协作机制：出海的早期，主力是小而精的团队，直接汇报给企业高管；而到了后期，主力变成了大量的本地员工，并且有很多中国的外派员工加入进来，而在总部也有了更多的管理和支持部门。组织架构和协作机制需要持续进化，以适应这个转变。
- 新的企业文化：出海初期的团队更需要一个创业的氛围；而到了后期，则需要更加成熟的公司治理体系。企业需要定义、宣贯不同的文化，并且帮助员工理解这个变化。
- 新的"标准作战手册"：当以上的种种环境因素都发生改变时，企业的展业方式也必然发生改变。而越来越多新加入的海外员工也迫切需要一份新的 Playbook，从而快速地上手，承接越来越大的海外业务。现在，企业已经积累了足够多的经验和数据，并且有了自己海外展业的 IT 系统，更加容易对团队和业务进行标准化的管理了。

首先，企业需要新的战略规划。

在新的战略规划中，企业需要明确在新阶段的目标、战略、计划，确定未来的方向，并且进行公司级的沟通、宣贯。

在"试水温"阶段，企业做过出海的长期规划，当企业的国际业务发展到"打呆仗"阶段时，应该已经过去好几年了，当初的规划已经很难继续指导现在的团队和业务；当初做规划、做计划、做执行的第一批同事也许都已经不在岗位上了；当初制定的 Playbook 看起来也许已经过时了，业务形态也可能有了非常大的变化。是时候重新明确一下方向，统一一下思想，重整旗鼓，以新的节奏、新的状态再次出发了。

其次，企业需要建立定期财务盘点制度。

盘点的对象包括各种资产和物资，各种费用和支出，各个合同和供应商，各个公司主体及资金账户，等等，如果发现问题，需要及时地调整优化。

很多企业在"破坚冰"阶段忙于攻城拔寨，大胆授权各层级员工，管理会比较粗放，业务中各种"跑、冒、滴、漏"的现象一定存在。甚至贪污腐败、行贿受贿、舞弊刷单、铺张浪费等乱象也有可能不少，甚至可能有些是明目张胆地进行的。即便业务压力很大，企业也应该建立定期的财务盘点和审计制度。到了"打呆仗"阶段，企业腾出时间和精力之后，可以全面地进行财务、业务盘点，甚至开展全面审计，往往会有很多"惊喜"甚至"惊吓"。

更何况，如果在过程中不管理好"钱袋子"和"粮草"，企业的成本和费用会失控，企业很有可能因为资源过度消耗而倒在半路上，根本走不到最后的阶段。就算走到最后再统一清算，企业的损失已经产生了，业务的进度也被耽误了，甚至很多员工的职业生涯和人生也已经被毁了。

最后，企业需要定期进行组织盘点。

组织盘点包括部门盘点、人才盘点、流程盘点等，并且适时地进行组织、人事调整。

部门和流程调整：在出海早期，也许只有一个海外拓展团队，直接汇报给公司高层。但随着企业海外业务的扩张，可能有了多个海外拓展团队，还有了几十个海外运营团队、支持服务团队、总部中台团队等。在早期，协作更多地靠人与人之间的连接，但随着越来越多的海外团队的成立，企业需要依赖制度、流程来实现协作。那么企业的组织架构就需要相应地进行调整。

　　一方面，随着海外业务的扩张，很多新的职能和部门陆续出现，需要新的架构对其进行管理。另外一方面，在出海的早期设置的部门有可能到了后期就不适应了，甚至有的时候会设立一些临时性部门，当一个部门完成了它的历史使命，不再贡献与其成本匹配的价值的时候，就需要进行合并、精简，甚至裁撤。

　　在出海初期，产品需要从0到1起步，初始工作量很大，为了快速地在不同国家实现产品的本地化，很有可能每个国家都有一个产品设计团队，每个团队都有几个产品经理和设计师。

　　但是到了成熟期，产品设计及优化的工作量和初创时不可同日而语，并且各国的产品优化工作其实有很多相通之处，没有必要重复发明轮子。这时候企业就需要把各地分散的产品设计团队收拢到总部，成立中台产品职能部门，支持全球的产品优化和创新。在这个过程中，不可避免地会出现本地产品经理的减员和流失。

　　在成熟期，企业需要根据自己的实际需要，相应地调整自己的组织设置和业务流程。缺失的要补齐，冗余的要精简。

　　在拉美、非洲等犯罪率高的地区展业，网约车、外卖、物流企业的司机和配送员经常会成为恶性犯罪的受害人，客户的安全也是个重要考量，很多企业单独设立安全部门负责解决这个问题；但是在澳大利亚、日本、新加坡就没有必要设立安全部门，把这个课题交给其他部门顺便解决就可以了。

　　中国的一些高科技企业如果要在美国展业，政治风险是绕不开的，很多企业会设置政府公关部门，对政府、国会等部门进行游说，寻求支持和保护。但在"一带一路"国家展业就不会遇到这个麻烦，自然也不需要政府公关部门。如果需要对接政府，可以让总经理承担这个职能，事务性的工作交给普通的公关部门或者法务部门就可以了。

文化调整： 在出海的早期和后期，企业的运作方式和风格有着显著的差异，企业文化有很大的不同。在变迁的过程中，很多员工可能会不适应。在国际化的大背景下，很有可能加剧中外文化冲突。

在出海早期，企业需要高度授权本地团队，赋予其高灵活性和自主权，从而激发高度的主观能动性。并且宣扬创业精神、冒险精神、个人英雄主义，不可避免地依赖海外拓展的管理层的个人魅力来团结不同文化背景的员工。这有着非常积极的意义，但这也是一把双刃剑。

到了国际业务稳态运营的阶段，企业就需要慢慢地收回各项权限，并且制定更加严密的流程来控制资源的使用，降低对某几个明星员工的依赖。这个时候，本地的业务团队会觉得不适应，觉得自己的权力被削弱了，甚至会产生抵触情绪。这就需要企业定义成熟期的企业文化，并且向团队进行宣贯，从而帮助员工理解这个转变，并且接纳新的企业运转方式和企业文化。

如果处理不好，这种阶段性的文化差异很容易被理解为中外文化冲突，甚至会造成总部和前线的对立，严重影响业务协作，甚至会导致本地团队的"叛变"，沉重地打击辛辛苦苦建立起来的业务。

人事调整： 在出海的早期和后期需要的人才模型也是不同的，企业需要根据业务阶段进行人事的调整，让最合适的人才做最擅长的事。

有的员工特别适合为企业打江山，但可能不适合守江山。尤其是在国际展业的大背景下，出国开拓业务的时候，中国员工的核心竞争力是在国内积累的业务认知，以及和国内各个部门的关系。早期企业会外派管理者前往目标市场开拓业务，带着国内的经验和资源到海外打拼，也比较容易招募和聚拢本地团队，自然而然就成为了当地的业务负责人。

但时间一长，可能外派管理者的优势就被本地管理者追齐了，但本地的资源和人脉关系却需要更长时间的积累，本地管理者的优势就凸显出来了。这时候也需要适时地进行角色的转换，原来的掌舵人可以变成观察者、监督者，而原来的学徒却可以成长为船长。

也有很多国内的员工被派遣到海外太长时间，感觉有些难熬了，对于企业来讲外派成本又高，这时也应该适时地进行人事调整，把他们调回国承担中台职能。

需要注意的是，以上种种调整和变化不是拉闸式的切换，而是循序渐进式的进化。企业不应该在前期埋头冲业绩，对管理问题、组织问题不管不顾，期待到了后期再一次性解决所有问题。即使能够顶着这些问题艰难地走到最后，这些问题往往也会变得积重难返，哪怕刮骨疗伤式地解决也势必会对企业形成巨大的冲击。解决问题最好的方式是提前筹划，从而让潜在的问题消弭于无形。

我们将在第五章中针对组织问题进行深入探讨。

第五章　国际化组织建设

> 如果你想造一艘出海的船，你先要做的不是催促人们去收集木材，也不是忙着分配工作和发布命令，而是激起他们对浩瀚无垠的大海的向往。
>
> ——埃克苏佩里

行文至此，我们已经来到"出海八问"中的第七问——"哪些人来做？"，这里的"哪些人"可不是一个人，而是一整个团队。企业从头开始搭建一个国际业务团队并非易事，尤其是面对不熟悉的国际业务，总会千头万绪。

对于大部分企业而言，做"出海"这个战略决策的往往是老板本人，但同样对于大部分企业而言，老板并不是天生的国际化人才，也没有太多海外管理、经商、求学的经历，对国外的市场环境、法律法规、竞争对手都了解有限，甚至很多企业家不能自如地用外语交流。所以，当企业决定走向海外的时候，往往首先想赶紧找人来做这件事情。

但我劝你别急，在讨论具体的搭班子和招聘细节之前，我们先拉齐一下人才观。

01 人才观

- 你倾向于因人设岗还是因岗设人？

- 你倾向于招聘海外市场的顶尖人才，让他们来引领业务，还是让中国管理层担纲甚至亲自领导业务，招聘海外普通人才来辅佐？

- 你认为海外分公司的一把手应该是中国人还是本地人？

- 你倾向于用什么背景的人？是有投行咨询经历的人、有国内大企业工作经历的人、跨国公司的管理层还是连续创业者？

- 你会给海外分公司的一把手多大的决策权？等值于 1 万元、10 万元、100 万元还是 1000 万？

- 你认为海外分公司一把手的岗位需要超配吗？你愿意为之付出多少额外薪酬？ 20%、50% 或者翻倍？

- 你认为海外业务人员配置需要宽松还是收紧？

- 你希望公司的氛围像一个温暖的大家庭还是像一支虎狼之师？

- 你对海外业务的投入度有多少？你会花多少时间待在当地？ 10%、30%、50% 或者绝大部分时间？

……

首先，以上有些问题的答案并无对错之分。有的大公司的管理层也非常具有创业精神，有的成功的创业者也有咨询背景。有的公司氛围非常好，同事之间的关系特别融洽，彼此之间都是好朋友，但组织的战斗力也很强悍，能够打硬仗，也能够极限承压。每个企业对以上问题的答案都不尽相同，但可能都有自己的道理。

对于这些问题，每个企业都有自己的选择，并且每种选择都有可能成功，也有可能失败。这些问题并没有标准答案，但一定要结合实际情况：

- 组织战略要匹配公司战略。
- 人员招聘要配合业务计划。
- 岗位策略要匹配公司的实际情况。
- 具体的人事任用还是要看和老板的"化学反应"，既能够长期和平共处，又能够直言不讳地给出合理建议，还能得到充足的信任来大刀阔斧地改革。

另外，这些问题的答案也是动态的，企业处在出海的不同阶段，答案往往天差地别。企业在出海的旅程上不断前进，如果只坚守当初的选择，就无异于"刻舟求剑"。

在企业出海早期，海外团队更像是在创业，企业的用人风格就应该像创业公司一样，高效、灵活、不拘一格。但是在海外业务的稳态运营期，从业务体量和团队规模上来看，海外业务都是一个大公司了，那么作为一个成熟的跨国公司，就必须有更加成熟的人力资源体系以及更加稳健的用人风格。

归根结底，组建团队是为了承接战略目标，招聘人员是为了做业务，前文花了四章的篇幅来介绍海外业务实战，相信当你对企业的国际化战略和业务拓展计划有了通盘的规划之后，就会形成更加清晰的人才观，从而采取相应的策略。

海外的人力资源管理和国内并没有本质的不同，都包括组织架构、人才招聘、人才发展和培养、薪酬与激励、绩效与目标管理，都属于传统人力资源管理的范畴，只不过需要更多地考虑海外的展业环境。本书对人力资源领域的内容不会全面铺开，只在几个关键的要点上展开论述。

国际化组织的"人才观"取决于企业的实际情况以及市场的具体状况。但也有一些错误的观念，我列举几个常见的误区。

误区一：老板不太懂海外业务，招个牛人过来帮我看起来。

不懂就去学，招人代劳难道自己就不用学了吗？那岂不就被架空了？

更何况国际业务是高投入的业务，可能会旷日持久，老板真的能放心地授权吗？

也有可能有人辩解：在国内我就经常招一些能力比我强的人，老板的能力就是能让牛人为自己所用。但在国内老板关于业务的信息来源四通八达，对人和业务的掌控力、对纠纷乃至危机的处理以及对资源和政商环境的熟悉，在海外都是不能相提并论的。即便如此，在国内也不乏业务失控的案例。

如果将这些场景放在千里之外的陌生国度，中国的管理层很可能对业务、组织失去控制，乃至束手无策、鸡飞蛋打。就算想要通过法律手段保护自己的权益，但旷日持久的官司极其耗费时间和精力，很有可能把业务拖垮。

陷入这种误区不仅有可能让老板吃亏，其实对职业经理人也不好。多年追随的创业元老尚且未必能得到老板 100% 的信任，一个刚刚招聘过来的外人怎么可能得到老板的充分授权？他既不能和老板密切沟通，时刻汇报，也不能充分交心，给老板提供情绪价值。他不仅会处处受挫，工作很难开展，而且在企业的生存都是个问题。

就算老板一开始给了极大的资源和授权，但时间久了，难免会心生罅隙。刚招进来的高管如果被老板授权太大，必然会被很多人以警惕的目光反复审视，如果短期出不了业绩，可能会被群起而攻之，最后黯然离场。这种案例我们也经常见到。

老板没想清楚战略，请个牛人过来帮忙想清楚，大概率得不到自己想要的结果。更可怕的是，老板没想清楚就开干了，发现自己不会，干不下去，于是请个牛人来替自己干，在这种情况下，大概率会双输，只不过请人过来背锅而已。

如果一把手明确了战略，请人做技术性、战术性执行，并充分授权，往往结果都不错。

误区二：人才的发展要先于组织发展，组织发展要先于业务发展。

这句话乍听起来很有道理，尤其是当市场行情好的时候，企业急于招兵买马，进行跑马圈地，这种想法尤为盛行。基于这种想法，有些企业施行了岗位超编，多招了很多人，并且对岗位招聘进行人员超配，招了能力和资历远超岗位需求的人，甚至为了吸引这些人加入，开出了远超市场标准的薪资待遇。

在业务蓬勃发展的时候，这样确实可以帮助企业快速增长。但一旦形成惯例和风气，就很难把握度，在业务放缓的时候，人力成本会成为企业的巨大负担，冗员还会带来非常严重的组织矛盾。俗话说"前人挖坑后人填，请神容易送神难"，解决这些问题并不容易，减员面积过大往往会引发各种风险。

人才的发展要先于组织的发展，这是包括管理者在内的人才们应有的自我要求，而不是"浪招"的理由。组织的发展要先于业务的发展，这需要高层多关注组织效能和战斗力，而不是放任组织变得臃肿。

误区三：海外业务初期事情多，可以多招些人，后面业务做起来之后自然可以消化掉。

初期的事情和后期的事情不太一样，对岗位和技能的需求也会有差异，人的能力模型也不同。《奈飞文化手册》一书中有一个非常有意思的观点：不要期待今天的员工做明天的事。不要期待员工会自主地成长为你需要的样子。要做多少活就招多少人，别为"浪招"找借口。招聘永远要谨慎，哪怕业务催得很急。

避免两个人干一个人的活，每人拿半份的工资。从数字上来算，好像跟一个人干一份活、拿一份工资是一样的，但其实这样有百害而无一利：增加了人力成本、沟通成本、管理成本，同时每个人都对自己的收入不满意。

不要觉得这种情况不会出现，作为职业经理人，我告诉你一个秘密：绝大多数管理者都喜欢多招人。因为在很多情况下，团队规模等同于管理者在企业中的地位，很多管理者将团队规模视为自己的权力来源和安全保障，把加人视为完成业绩的主要抓手。

企业务必严格控制人员编制，哪怕业务顺风顺水的时候，手头也要紧。能一个人干的，就不要多人掺和；能一个部门闭环处理的，就不要跨部门协作。否则效率极低，成就感下降，从而产生摩擦。

更高效的做法是，一个人干两个人的活，拿两个人的工资。这样工作效率高，减少了协作和沟通成本，管理成本也随之下降；个体成长加速，更有成就感，职业发展机会多，收入高，难挖走。这里一个人、两个人只是形象地描述收紧人员编制的策略，不代表具体比例。在具体实践中，也要注意员工的工作与生活的平衡，做到张弛有度，并且要遵守当地的劳动法。

关于人才观，我总结了四句话，在这里分享给读者朋友。这四句话是基于我所从事的行业、当时所就职的企业及其业务性质，以及相应的目标市场的发展阶段，总结出来的我自己的观点，仅供读者参考，希望对读者有所启发。

> 中国高管布道者；
>
> 外派员工去补位。
>
> 本地培养打后期；
>
> 海外华人要重视。

下面我们逐条展开论述。

中国高管布道者

首先，中国企业一定是带着自己的核心竞争力出海的，会给海外市场带来很多新东西，包括新产品、新技术、新战略、新模式等。

中国外派高管需要做个谦虚的学生，学习本地市场，但其更重要的职责是承担起导师的角色，把中国的先进之处引入新的市场，传授给本地团队成员，从而帮助企业在本地平稳落地运营。

其次，不管去哪个市场展业，中国企业的运作方式和本地企业都有很大的不同，中国人的经营哲学和管理理念也有自己的特点。一方面，中国企业需要学习和适应本地的工作方式和文化。另外一方面，中国企业也需要坚持自己的文化和价值观。这是中国企业在国内取得成功，并且有资格在全球开疆拓土的核心制胜之道。中国企业不必羞于文化输出，更不要削足适履，抛弃自己的文化和价值观。

直到今天，很多"外企"依然在中国市场上保留着浓厚的本国特色，员工也以"外企"雇员身份为荣。甚至连日薄西山的日企、韩企在中国也保留着如会长、课长之类的名称，还有日韩独特的家长制企业文化。相比之下，很多在海外展业的中国企业却缺乏文化自信，总是试图淡化自己的中国背景，让自己成为一家"国际企业"。

中国的"集体主义""温良恭俭让""仁义礼智信"，中国人的勤奋和谦虚，中国人的自强不息等优秀特质是中国崛起的文化因素，是中国企业强大的文化基因，这些是值得我们自豪，需要对全世界展示并且传播的。

另外，企业外派的管理者必然有一些过人之处。尤其是在出海早期，企业高层需要躬身入局，杀到海外一线业务中去。他们往往可以和团队打成一片，结下深厚的战斗情谊。这时候，他们就要承担起业务导师和文化布道者的角色，打造海外分公司"中外结合"的独特文化，形成中外团队的凝聚力。

这对海外业务负责人提出了很高的个人要求。管理海外业务与在国内管理成熟业务有很大的不同，成熟业务对平庸的管理者容忍度会更高，但在海外业务中，平庸就意味着无所作为，就意味着业务的停滞。而海外业务在公司的受关注度非常之高，平庸的管理者没有藏身之处。

海外业务一把手的认知要在行业内领先，一把手的能力要在公司内领先。这样才能招募并且凝聚一支全新的跨文化团队，并且帮助团队成长，带动团队奔跑。

外派员工去补位

某公司为了支持海外业务，从中国派遣了大量员工在当地常驻。虽然外派成本高昂，但在经验丰富的中国员工的支持下，海外本地员工上手很快，业务逐渐走上正轨。

这种大量外派中国员工，并且与本地员工通力协作的模式被验证成功了，该公司引以为豪，视之为公司的管理创新，并且四处宣扬，坚持奉行。

2019 年年底暴发了新冠疫情，从 2020 年起，各个国家纷纷开始了自己的防疫隔离措施，从此跨国差旅变得艰难。并且由于中国相对安全，几乎所有员工都撤离了海外市场，回国办公。海外分公司被迫结束了中国外派员工和本地员工混合办公的模式。

当地业务开始由本地员工主导，而中国外派员工陆陆续续转回了国内的总部职能和中台支持部门，远程与海外本地员工协作。

公司惊奇地发现，大量中国外派人员的撤离并没有对业务产生太大的冲击，在疫情的负面影响结束后，业务反而比之前更好了，海外分公司的效率大大提高了，成本大大降低了。

所有的新员工加入一个新公司都会有个适应期，其中有人不适应，甚至都过不了试用期。海外招聘的适应期就更长了，本地新招员工业务上手比较慢，文化融合、总部协作都需要时间，这个适应期可能远远超过业务可以等待的时间。

在这个过程中，管理者要花大量的时间和精力来辅导，甚至当新员工"掉链子"的时候，日常的工作也需要管理者挺身而出来补位。所以在海外业务拓展初期，让中国高管去单刀赴会是不明智的。当本地新员工不能及时上手，本地人手又捉襟见肘时，中国外派的高管往往会疲于奔命，四处救火，这是对高管昂贵的时间和精力的浪费。所以外派一定数量的中国员工前往支持是必要的，这对外派的高管是一种保护和释放，对外派员工是一种宝贵的历练，也能够帮助本地新员工快速成长和适应，可谓一举三得。

在企业出海早期，外派员工会承担业务主力的角色。他们的优势非常明显：业务经验丰富，上手快；与总部协作顺畅，沟通成本极低；对公司忠诚度高，在业务攻坚的时候非常耐"卷"。但从长期来看，外派员工的劣势也很明显：外派的成本远远高于本地招聘；外派到发展中国家的员工通常不打算长期待下去，而在发达国家，本地有大量优质人才和华人群体，又不太需要那么多外派人员。另外，外派员工对本地市场的认知和洞察不足，与本地员工比起来成长性一般。所以，到了出海的中后期，当本地员工成长起来并且充分融入企业之后，就应该让本地员工担任主力军了。

而外派员工积累了丰富的海外经验，回国也堪当重任，企业有责任给他们更好的职业发展，而不应该让他们回国后有失落感，甚至有种"用后即弃"的感觉。他们是企业宝贵的资产，海外历练会让他们的业务能力和管理成熟度极大提升，可以给企业创造更大的价值。企业如果不能留存并使用好这些外派归国员工，就便宜竞争对手了。

本地培养打后期

我曾作为企业外派高管常驻巴西，我倾向于直接管理海外本地中层，但为了降低沟通成本，并且帮助他们尽快熟悉业务，建立与中国总部的联系，我让所在企业从中国派遣了很多基层业务骨干来"辅佐"他们。

有的同事觉得自己是母公司派过来的钦差大臣，自认为有特权，面对当地业务和团队时居高临下；有的同事觉得自己是"京官"，到地方任职应该是一步登天；有的同事觉得自己是老板带的"自己人"，在海外市场理应掌握实权；有的同事想尝试带更大规模的团队。但我却让这些从中国带来的"嫡系"从事辅助性工作，有几个同事对此颇有微词。我的解释如下：

首先，中国企业在巴西等国家的招聘质量非常高，本地员工的素质和潜力都很好，积极性和认同感也很强。当时很多总监和高级经理都毕业于巴西最好的圣保罗大学（相当于巴西的清华大学和北京大学），甚至很多人在美国名校接受过教育，回到巴西寻求更好的发展，他们是非常理想的培养对象。只要给予适当的支持，他们完全可以胜任业务，没有必要打击他们的积极性，引发内部矛盾，毕竟以后要靠他们来长期管理公司。

其次，中国员工到了海外，务实的做法是降一级任用更安全。很多管理者在中国管理同胞都难以服众，更何况管理外国人？更何况本地管理层的资历都更深，背景更强，出身于本地，贸然给他们强行指派一个中国上级，很容易引起本地团队的反感。

再次，中国员工就算被任命了高级管理岗位，也坐不稳、管不住。绝大部分中国外派员工都不会讲本地的葡萄牙语，很容易被团队屏蔽。如果领导力不足，不能服众，就很容易被团队孤立。一个中国人能在巴西待多久？如果管理者被团队软性抵制，只要对方耗得足够久，他自然会离开。

最后，我是中国外派过来的高管，如果我从中国带一大票人过来占据高级别岗位，先不管这些人是否合格，这样做一定会引发中国人和本地人的对立，形成派系。拉帮结派会严重影响组织的战斗力。而每个本地管理者配一个中国骨干做副手，这种结对子则会加强中国人和本地人的协作，通过支持本地管理者的方式影响业务，对本地人又没有威胁，会更有利于组织团结。

所以我宁愿勤做中国同事的思想工作，管理他们的预期，也坚持"本地人打主力，中国人打辅助"的安排。事实证明，本地管理层非常好地完成了自己的使命和任务，而中国同事得到了海外历练的机会，回国后也都有了更好的发展。

相对于中国人而言，外国人不太好管，这固然是事实。总体而言，大部分发展中国家的人民对中国有一定的向往和尊重，但因存在文化差异，管理难度也不小。而西方发达国家的本地人则对中国充满了审视和挑剔，对中国雇主的要求额外高，甚至显得非常"双标"，管理难度相对较大。外国人的思维方式、价值观、世界观与中国人是有一定的差异的，但这些差异并不是管理者回避问题的借口，既然大家都是人，底层的沟通以及信任的逻辑都是一样的。

很多中国的管理者对于管理本地员工有心理障碍。确实，管理外国员工有很多现实的困难：语言不通，距离遥远，跨时区。这些困难导致中国的管理层和海外本地员工交流比较少，自然信任度就不高，遇到问题时，相互理解就少了一些，而相互猜忌和指责就多了一些。但这些问题在管理中国员工的时候同样存在，就算是同为中国人的同事长时间不联系，感情也会变淡，协作也会变差，更何况外国的同事？可见，这个问题的关键不在于是中国人还是外国人，而在于沟通和信任的程度。

对于管理而言，10个人的团队主要靠情谊，100个人的团队主要靠规则，1000个人以上的团队主要靠文化。绝大部分企业的海外分公司都不是大型团队，规模上百人的海外分公司已经凤毛麟角，大部分企业的海外分公司只有几十个人，甚至几个人。管不住下属只有两个原因：

第一，管理者的业务能力不行，不能在业务上给予下属足够的指导和帮助。

第二，管理者没有在下属身上花时间，没有建立感情联结。

其中第一个因素应该比较少，毕竟外派出去的管理者一般都是业务水平过硬的，而第二个原因往往是问题的关键。

如果一把手不了解业务，投入度不足，就会喜欢用熟人，因为熟人有底层信任，熟人的沟通成本低，能给自己安全感。

但是，不是领导者的安全感来自于下属，而是下属的安全感来自于领导者，来自于领导者对战场形势的充分把握和领导者强大的作战指挥能力。如果领导者能够深入业务，身先士卒，与团队吃穿同住，就会得到团队的充分信任和依赖。那领导就敢于用新人，中国人和外国人就都一样了。

企业要敢于用新人、用本地人，但在任用本地员工这件事情上，除了对管理者提出了更高的要求，对本地员工的招聘标准也需要提高。读者朋友想必已经有国内招聘的丰富经验，这些经验在海外也适用。但我建议再加两个标准：**世界观、业务匹配度**。

"世界观"是对一个候选人的软性考察，而"业务匹配度"则是非常硬的标准。企业选择一个候选人，务必做到务虚与务实相结合。

- **世界观**

人有三观：人生观、价值观、世界观。不同国家的人，不同年龄阶段的人，不同家庭和教育环境培养出来的人，人生观都不尽相同，人生观更像是员工的私事，招聘时大都不强求。国内企业对员工的价值观会有一定的要求，但中西文化的价值体系不尽相同。在国内，很少有人把世界观跟识人用人联系起来，但我认为在海外环境中，世界观是重要的人才筛选标准。

　　世界观指的是人对世界以及人与世界关系的整体看法和根本性观点。但招聘海外人才不需要考察太宏大的内容，不需要考察候选人的历史观，更不要和候选人辩论神是否存在，中国企业做海外招聘，在世界观这个领域，只需要考察三个问题：

　　（1）你对现在的世界格局有什么观点？

　　（2）你对现在的市场格局有什么观点？

　　（3）你对中国人和中国文化有什么观点？

　　首先，中国企业寻找的应该是有理想的人和寻求改变的人。这种改变，往小处说包括他的职业和人生发展，往大处说，他应该有雄心壮志去改变这个行业、这个国家甚至是这个世界，是需要一些理想主义甚至浪漫主义的。哪怕像堂吉诃德一样撞得头破血流，也要为推动改变略尽自己的绵薄之力。

　　当今社会和市场已经陷入了存量竞争，竞争的本质就是格局的重新划分和利益的再分配。中国的崛起就是在挑战世界的现有格局，中国企业出海就是在挑战以西方企业为主导的国际市场格局。只有当候选人不认可现有的世界格局和国际秩序，不认可当前的市场格局及利益分配，才会愿意付出努力去改变不公平的现状，才有动力帮助现有格局的挑战者取得成功。

　　但是，一旦问题太大了，直接问出来有可能会让候选人不知所措，所以关于问题（1），我一般会转化成更具体的问题：

　　你对中美科技战、贸易战怎么看？你如何看待中美竞争？

　　美国的政治、经济影响力在你们国家起了什么样的作用？

　　你对美国加息怎么看？对本地市场有什么影响？

　　关于问题（2），我会结合自己行业的实际，问一些具体的业务问题：

　　××公司（竞争对手）在你们国家做得怎样？有什么优点和缺点？

如果你是 ×× 公司的负责人，你会做什么样的改变？

如果你是你们国家相关部门的政府官员，你会推动这个行业做出什么样的改变？

如果候选人觉得这个行业已经很完善了，竞争对手已经无可指摘了，我们只需要全面向竞争对手学习就好了，那么他就不会付出努力帮助我们成功，也不会通过我的面试。如果他说的是事实，企业甚至不应该进入这个市场，因为这个市场的竞争对手已经给客户提供了完美的体验和价值。

其次，中国企业寻找的应该是对中国友好的人。这个候选人不应认为只有西方国家能够代表整个世界，他对发展中国家有更多的认知，也有深刻的共情，他能看到这个世界的不公之处。他能意识到中国的崛起、一带一路、中国企业的出海有可能给更多的国家带来发展机遇，更有可能给他自己的职业发展带来新的机遇。

大部分中国企业的国际化能力是有限的，出海之路注定是艰辛的，而现有格局的捍卫者和新进入者都会成为强劲的竞争对手。中国企业的海外团队需要有强大的凝聚力，才能支撑出海之路走到最后。这种凝聚力应该源自于对中国和中国文化的认同。

西方主流媒体的立场并不客观，海外有很多天然排斥中国文化和中国价值的人。他们恰好在那个时点需要一份工作，恰好中国企业开出的条件不错，他们也想过来碰运气找个班上，这些人一旦入职，后续的管理成本实在是太高了，我建议企业要识别出他们，尽量做到互不招惹。

■ 业务匹配度

中国企业出海初期，任务非常繁重，时间也很宝贵，如果几个关键岗位招聘失败，很有可能拖垮整个业务和团队。在这个阶段，企业冒不起这个风险，所以在人才招聘上需要极其务实，甚至略微保守一点。最理想的候选人就是"热插拔"（hot plug），入职之后能够立刻参与到业务中去，马上开始产出，这就需要候选人与业务有非常高的匹配度。

首先，最好能定向地从竞争对手的相关业务中直接去挖人，挖对应岗位的人。如果业务模式比较新颖，市场上人才储备很少，也要尽可能从临近行业招聘。这样候选人入职后的沟通成本、学习成本、协作成本都会小很多，企业节省了很多培养、管理和试错的成本。

在针对竞争对手定向挖人的过程中，可以充分利用领英上的各种信息和服务，提前绘制好人才地图，包括竞争对手的组织架构和人事情况，并且在面试的过程中不断完善信息，加深了解。

直接挖竞争对手的人可能会有一定的风险，需要确认候选人是否与前雇主签署了竞业禁止协议，同时也需要研究目标市场的相关法律，学习如何规避风险，有针对性地调整招聘策略。

其次，为了确保候选人的业务匹配度，在面试过程中要问实际而具体的业务问题。之前在世界观的维度上已经问了很多务虚的问题，在考察业务匹配度的时候，就别再问务虚的问题了，包括那些宏观的问题、发散性的问题或者很抽象的问题都不要问了。在不违反对方业务保密原则的基础上，直接问业务问题。

如果面试官问：你们公司上半年的利润率是多少？

这是在询问对方公司的一个客观事实，属于商业机密。候选人有可能比较为难，回答了之后可能会违反公司的规章制度，所以有可能问不出来。面试官可以这么问：这个行业的利润率普遍在什么范围？

这个问题是关于整个行业的，因此不属于商业机密。一个合格的候选人至少要说出个大致范围，或者模糊的数字，并且答案和面试官获悉的信息差距不大。

我可以分享一下自己早期经常问"运营经理"和"城市经理"岗位候选

人的几个问题。这些问题我用了很多年，可以帮助公司招到务实、能打、有潜力的候选人。我用这几个问题帮助公司招到了近十名总经理和总监级高级管理者。

这几个问题分了多个层次，每个层次的难度都会加深，并且要基于对上一个层次的理解，如果可以回答到最高层次，则显示出候选人深度思考的能力。

第一个层次

问题：如果我们公司要在你们的城市开拓网约车业务，你能帮我估算一下大概需要招募多少司机吗？如果你需要参考数据，可以在网上搜，或者合理假设。

参考答题思路：要求候选人搭建一个定量估算模型，从该城市人口数量或者车辆保有量出发，通过人群、车辆、场景分层，推导到需求量和供给量，不要求特别精准，只要数量级正确，并且推导过程逻辑严谨即可。

如果经多次提醒后，候选人依然拍脑袋猜数据，或者直接参考竞品数据，没有提供推导过程，那么面试就结束了。可以礼貌性地问几个让候选人开心的问题，争取在半个小时内结束面试。

第二个层次

问题：你能帮我做一个司机招募计划吗？

参考答题思路：第一，要求候选人提供从线上、线下、付费、推荐、自然流量等多渠道拉新的解决方案，不仅要能给出定性的拉新渠道及相应策略，还要能够给出定量的拉新占比、CAC、转化率等业务实际数据，考察候选人对用户增长领域是否熟悉。

第二，候选人需要把司机数量拆解成每个星期的拉新量，考虑增长曲线。

第三，候选人需要考虑到留存率的问题，流失的司机需要新司机的补充。

如果候选人能答出第一个要点，就进入第三个层次的问题；如果候选人能够非常完美地把三个要点都答出来，面试官（我）就需要开始发力，对候选人展开吸引。

第三个层次

问题：公司要准备多少拉新预算？

参考答题思路：自己挖的坑要自己填，基于候选人之前给出的预估量，以及了解到的价格和转化率，让候选人计算拉新总体预算。主要考察候选人的数据敏感度。

第四个层次

问题：你能结合你们国家的特色文化，给我提供一个开业那天的营销创意吗？

参考答题思路：如果候选人应聘的是运营、数据、逻辑类的岗位，问到第三个层次的问题就够了；但如果候选人应聘的是综合管理岗，则还需要有些创意思维，会增加一个市场营销方向的问题。

这个面试框架利用非常实际而具体的业务问题，考察候选人的业务匹配度，以及解决实际问题的能力。并且问每个候选人的问题框架都是一样的，方便对候选人进行横向比较。但具体的问题不是一成不变的，有的时候我会让候选人测算乘客拉新的数据，有的时候会让候选人测算客服座席的数量，确保问题的丰富多样。希望这个框架对读者有所启发。

海外华人要重视

这里有一个误区：很多中国出海企业觉得要多招聘一些外国人，不然我们怎么能算一家国际化公司呢？甚至还规定了本地员工的占比。某些国家有规定，必须雇用一定比例的本地公民，那当然要合规；但自我设限实在是大可不必。

我也认为要重用本地人，但还有一种本地人也需要被重视，那就是本地华人，包括中国留学生、第一代华人移民和第二代华人移民。他们既有一部分中国语言文化、思维模式、价值观、世界观的传承，又相当程度地融入了本地文化，熟悉本地市场，他们是中国总部和海外本地团队的重要沟通桥梁。

西方发达国家几十年来对中国有一种心理上的优越感，当中国企业在国际竞争力上赶超西方企业的时候，这种心理上的优越感却不容易马上消失。这种心理优越感和现实的冲突可能会让西方员工非常不适应，从而大大提高西方员工的管理成本。这表现为对在海外展业的中国企业的双标，西方员工会对在本地展业的中国企业提出更高的福利待遇、员工关怀和职业发展方面的要求。有些问题在欧美企业中没什么大不了，但在中国企业中就让他们难以忍受，甚至是小题大做。

遍布全球的华人群体是中国企业出海得天独厚的优势，尤其是在西方发达国家，本地外国人的管理难度确实很高，而本地华人数量非常多，中国企业在开展本地招聘的时候需要给华人群体多一些重视，保持一定比例的本地华人，这样有助于形成更好的企业氛围，并且帮助远在中国的管理层获得更多的一线信息。

首先，海外华人的招聘成本相对较低，他们非常关注来自中国的消息，大量使用中国的社交媒体。很多知名的中国企业准备进入本地市场的时候，华人就开始闻风而动投递简历。他们对中国有文化有认同感，对中国企业有职业生涯归属感。事实上，他们在中国企业获得的职业发展机会也比在外国企业要多，所以他们的主观能动性也要强很多。

其次，西方发达国家一直是中国留学生的热门选择，积累了大量的华人群体。虽然华人群体在海外的基数不如本地外国人，但是平均素质却非常高。他们受过比较好的教育，很多毕业于名校，也有海外大公司的工作经验，还保持了中国人艰苦奋斗的精神，是比较理想的海外招聘对象。

最后，海外华人的沟通成本和管理难度要低很多。毕竟大家可以用母语自如地沟通；信仰同样的哲学和理念，思想上更加同频；立场一致，中国和中国企业发展得好，海外华人也会更加有自豪感，他们的职业生涯也会因此而受益。本地华人对中国企业的向心力和归属感要远远高于本地外国人。

虽然我建议企业重视海外华人群体，但还是有很多问题和风险值得注意。

首先，需要把华人和外国人混编到一起，尽量不要形成某个部门、某个区域、某个业务单元以某个群体为主导的局面，这样很容易形成山头，从而导致公司内部的矛盾。这会极大地削弱公司的战斗力。

其次，在大部分国家，歧视性地对待不同种族的候选人是违法的，企业切不可堂而皇之地宣扬只招某个种族的人。

最后，任何一个群体都是良莠不齐的，切不可抱着狭隘的民族主义观念排斥其他群体。华人群体中也有能力差的，也有素质低的，甚至有一些海外华人非常努力地取悦西方主流社会，希望得到西方主流社会的认可，从而通过贬低中国、中华文明以及中国企业来显示对西方社会和文化的"忠诚"。

企业招人要做到根据岗位需求，看能力、看沟通，任人唯贤。

02 跨文化沟通四原则

> 文化吞噬战略，就跟吃早饭似的。
>
> ——彼得·德鲁克

不管多么精妙的战略，如果企业文化出了问题，都不会成功。同理，只有与战略匹配的企业文化才能确保战略的落地。对于绝大部分中国企业而言，海外分公司的文化差异肯定是存在的，甚至这种差异会经常性地造成冲突，这些冲突会给企业造成实实在在的伤害，或是抬高了成本，或是降低了效率，或是造成了内讧，让业务和项目止步不前。下面探讨如何进行跨文化沟通与融合，从而减少文化冲突。

在讨论文化冲突以及跨文化沟通之前，我们需要搞清楚一点，不要把所有的黑锅都甩给"文化"。中国企业出海，往往会经历中国人和本地人之间的冲突，总部和前线的摩擦，管理者和团队之间的矛盾等挑战，这些问题看似存在于中外双方之间，但并不等同于"文化冲突"。

大部分冲突本身不是文化冲突，而是对业务理解的差异、对资源分配的争夺、个人和部门利益的矛盾，甚至是某些个人修为不足的问题，但在中国企业出海这个大背景下，它们最终都表现为文化冲突。

甚至管理者也会故意淡化冲突的本质，不想真正面对和解决核心矛盾，把业务理解差异、资源争夺、利益矛盾、个人问题统统归于文化冲突。一旦这些矛盾变成了文化冲突，解决方案就是冲突的双方多多互相理解，息事宁人，但管理者这样做是非常不负责任的。

某企业的某款产品不太符合本地市场需求，并且因为总部的产品研发团队远在中国，对客户的痛点（也是一线业务的痛点）不能感同身受，而前线业务人员非常迫切地推动却迟迟得不到响应，于是开始抱怨和投诉。

中国总部的产研团队也有自己的苦衷，来自全球各地的产品需求纷至沓来，让捉襟见肘的产品研发资源雪上加霜，而其中很多需求是不靠谱的。前线推动的时候十万火急，但一旦新功能上线，仿佛泥牛入海，就再也没有反馈了。总部根本不知道应该跟进哪些需求，应该拒绝哪些需求。

正因为如此，总部和前线产生了巨大的矛盾，并且在人与人之间发生了数次言辞激烈的冲突……本地人开始觉得中国公司高高在上，不懂业务，不关心客户和团队；而中国人觉得本地人不靠谱，信口雌黄，随便提产品需求，浪费资源，没有责任心。

这里确实存在很大的问题，有组织架构的问题，有责权利明确的问题，也有需求和项目管理的问题。冲突反映了很多方面的问题，但问题的核心并不是文化冲突。

又比如：

在海外某分公司，来自中国的经理大刘有两个下属，一个是他从中国带过来的外派员工小陈，一个是在本地招聘的 James。在年度绩效考核中，大刘给本地的 James 打了个 C，但是给小陈打了个 A。

James 对此非常不满，因为他觉得大刘对他充满了歧视，把高价值的工作都派给"嫡系"小陈去做，只把很琐碎的工作交给自己。虽然自己领到的工作任务没有什么价值，但自己也尽职尽责地完成了大刘布置的所有工作，凭什么最后自己只得了一个 C？

于是 James 愤怒地向 HR 写了一封投诉信，投诉公司歧视本地员工，还对大刘平时对本地员工颐指气使、盛气凌人的做法进行了控诉，并且威胁要付诸法律。

在这个案例中，确实也有很严重的冲突，但本质上也不属于文化冲突。就算在国内，管理者对待下属亲疏有别也会引起不满，对部分员工进行打压和歧视也会引起强烈的反弹。只不过在企业出海的大背景下，当管理不成熟的问题爆发出来之后，最终的表现形式会呈现为中外群体的对立，最后被解释成"文化冲突"。

我们在讨论如何化解文化冲突，如何进行跨文化交流之前，要先正视真正的问题，找到问题的根源和核心。只有在真正的核心问题解决了之后，我们才能心安理得地讨论如何避免文化冲突；也只有当核心问题解决之后，文化冲突才能平息进而避免。

管理团队在海外和在国内没有本质的不同，区别只在于语言和文化的差异，而底层都是基于共同的人性。我们与海外的同事在沟通的时候，不要刻意强化语言和文化的差异，而应该强调共同的东西，包括共同的目标、绑定的利益，以及相互的尊重和理解。

总体而言，跨文化沟通有四个原则：

- 真诚与尊重。
- 长期承诺。
- "过度"沟通。
- 保持专业。

下面让我们逐一展开论述。

1. 真诚与尊重

我曾经作为国际业务区域总负责人，与 S 国业务负责人大刘一起前往当地开拓业务。大刘是外派管理者，负责管理该国的团队和业务，当时直接向我汇报。

在我们前往目标市场之前，我、大刘和中国总部团队一起开了一个动员大会，会议中所有前、中、后台的员工济济一堂。我做了一个演讲，主要观点就是：我们公司一定会在S国所向披靡，打败当地的竞争对手，帮助公司建立市场领先的地位……那时候，前线招聘的本地员工还没到位，所有员工都是中国员工，动员会的目的是启动项目并且鼓舞士气。

我们到了该国一个月后，本地员工陆续到岗了十几个人，我们召开了第一次"炉边谈话"式的全员会。在会议上，大刘作为该国业务负责人开场致辞，他采用了一个月前我在国内动员大会上传达的观点，用英语慷慨激昂地向S国本地员工发表了他的演说。

当他激情澎湃地介绍公司要如何摧毁当地竞争对手时，我忍不住打断了他，虽然他面露不悦之色，但我不得已接管了他的开场致辞和全员会。

会后，我才向他解释了我打断他的原因：他讲的时候，我一直在观察听众的表情，当他说要摧毁市场上的竞争对手时，很多听众皱起了眉头。本地员工加入我们这家中国公司，不是来帮助我们摧毁市场上现有的服务提供商的，而是希望我们的公司能让他们的家园更美好，他们也能获得更好的职业生涯。也许我们在提供更加优质的服务的过程中，有可能打败其他竞争对手，但打败竞争对手这件事本身不是我们的使命，让S国的出行更加美好才应该是我们的关注重点。他一直在讲自己的抱负和野心，却没有关注听众的感受，我担心这次全员会效果适得其反。

跨文化沟通的第一个原则就是：**企业和管理者要发自内心地尊重展业国家和该国的人民**，包括该国的用户群体、员工、监管机构，以及该国的文化和历史等。

中国企业是真诚地想为该国家的用户创造价值，还是过来赚快钱？

中国企业是真诚地希望帮助本地员工获得更好的职业发展，还是把本地员工当成工具人？

中国企业是真的尊重这个国家的法律和秩序，还是想与监管机构玩猫捉老鼠的游戏？

中国企业是不是真诚地希望帮助这个国家解决一些社会问题？

中国企业以及企业管理者能否认真地学习这个国家的文化和历史，并且有一定的同理心和代入感？

面上的相敬如宾和嘴上的甜言蜜语可以在短期内应付过去，但是无法在天长日久的相处中一以贯之。真诚与尊重无法长期伪装，而是会在企业的每一个人做的每一件事情、说的每一句话中体现出来。真诚与尊重不是说出来的，而是做出来的，并且是长期一以贯之地做出来的。中国企业及其员工必须在内心深处认同这一原则，并且坚持奉行，让真诚与尊重成为企业的文化。管理者需要身体力行，以身作则，必须及时纠正那些错误的做法和言论。

尊重是一种表现形式，而真诚是尊重的本质。没有真诚，对方不会认可徒有其表的尊重；但有的时候，只要内心是真诚的，发出点是好的，就算形式上不够尊重，甚至有些生硬，都没有关系。很多企业出海之前都会进行一些当地文化礼仪的培训，这些都很重要，但最关键是内心深处的真诚与尊重。

在巴西工作的时候，我学了一些葡萄牙语，并和一群本地同事交了朋友，做了饭搭子。有次午饭时间很短，随后马上有个会议，结完账之后，我就迫不及待地挥了挥手，做了一个甩动皮鞭的动作，跟大家说道："Vamos，Vamos，Trabalho，Trabalho！"（走了，走了，干活去，干活去！）。

有个同事笑着跟我说："老板，你说这话的时候真的很像个奴隶主。"我听到之后有点吃惊。他解释道："Trabalhar（工作）这个词的原型来自于拉丁语 Tripalium，指的一种三条木棍绑在一起的鞭挞工具。后来这个词就演进为'逼着别人做某事'。后来巴西被殖民之后，大量奴隶被运到巴西的种植园从事劳作，这个词就开始慢慢指代奴隶的'劳作'。在奴隶制被废除之后，巴西进入工业社会，奴隶离开庄园进入工厂，这个词慢慢就变成了'做工'。在巴西进入现代社会后，各种各样的工作形式涌现出来，Trabalhar 这个词就指代了所有的工作类型。在葡萄牙语语境中，Trabalhar 和英文的 Work（工作）不同源，两者差异还是比较大的，它有些负面含义。你刚刚说话的语气配合你挥动手臂的动作，就容易让人联想到很多电视、电影里面的奴隶主的形象……"

了解了之后我有点尴尬，马上道歉，但是他们却笑着说："没有关系，你很尊重我们，我们也理解你想表达的意思。另外，非常感谢你愿意花时间学习我们的语言……"

巴西直到 1888 年才废除了长达四个世纪的奴隶制，奴隶制对巴西来说是一段沉痛的历史，直到今天种族歧视也并没有完全消失。巴西宪法和多项法律都严格禁止种族歧视，并且在日常语言、行为上有诸多与种族歧视相关的禁忌。中国企业在出海之前，事先了解一下对方的习俗、文化、思维模式还是有必要的，这也是尊重的一部分。

在这个例子中，虽然我的表现比较冒犯，但在长期的相处中，本地同事还是感受到了我的真诚与尊重，给了我善意的理解和宽容。对于我不恰当的行为，他们没有直接写邮件向 HR 投诉，或者去劳工处举报，还非常耐心地给我普及了巴西的历史，以及葡萄牙语单词的知识。

坦白来讲，在日常交流中，类似这种文化禁忌就像战场上的地雷一样，数不胜数，在海外待久了总是很难避免。但是，真诚与尊重是中国企业管理者最强有力的盔甲，就算踩了雷，也不会有人受到伤害。

对方的习俗和文化是非常显性的，绝大部分的中国企业管理者都不会犯太低级的错误，更不会频繁地犯错误。但是思维模式的差异却不是显而易见的，而中国的管理者本身很有可能特别坚持自己的思维模式，并把自己的思维模式包装成原则、信念、理念、哲学等，于是便毫不退让地固执己见，但事实上却忽视了海外员工的固有思维模式。

在欧美国家展业的企业往往会发现：本地的西方员工明明犯了错误，但他们打死都不会认错。

而中国人把自省和认错看得非常寻常，中国的哲学会宣扬"知错就改，善莫大焉""吾日三省吾身""人非圣贤孰能无过"。很多中国管理者就非要在这上面较劲，逼着西方员工认错，最后不欢而散。

在西方语境中，根本就没有"认错"这个单词，意思相近的只有confess和plead，意思分别是"忏悔"和"认罪"。并且西方发达国家的法制比较健全，各种诉讼和处罚也很多，一旦涉及"认错"，他们脑子里马上就会联想到责任归属，以及后续的处罚。

但事实上，中国的管理者就是想要一个态度，只要态度良好，可能根本不会有后续的处罚。

在很多事情上，中西文化差异还是非常巨大的。我建议中国的管理者要尊重本地员工的思维方式，只要员工意识到了自己的问题，并且确实在日后改进了，管理者的目的就达到了，不必追求语言形式上的一致，以及场面上的压倒性的胜利。

2. 长期承诺

我曾经被我们公司外派到巴西某被投公司从事投后管理工作，任期结束之后离开了公司。后来该被投公司被我们公司并购，并购之后我又被我们公司派回到巴西帮助整合。

当我再次回到巴西圣保罗的时候，被投公司召开了一次新旧管理层都参加的全员会议，一共近千人现场或者在线参加。当时，我以前任COO、现任运营总监的身份发表了全员演说。为此，我做了精心的准备。被投公司的前任 CEO 和现任总经理、公司中国总部的高层都进行了演讲，相较他们的演讲，我讲得非常短，只讲了 5 分钟。

但多年以后，我已经离开了当时的工作岗位，很多当时的巴西同事也离开了公司，每次我们在其他场合重聚的时候，他们总是会饶有兴致地聊起当年我的那场演讲。当年我讲了什么已经没人记得，但大家记得的是：我用刚刚学的葡萄牙语给大家演讲。他们感到很惊讶：这个家伙真的想要融入我们，并且他为了这个任务，连葡萄牙语都已经学会了。

事实上我并没有完全学会葡萄牙语，我只是之前在巴西的时候用手机上过几节多邻国（Duolingo），然后知道自己要被派到巴西之后，工作之余突击学习了几个星期。我那 5 分钟的演讲都是用谷歌翻译（Google Translate）翻译出来的。我为了这 5 分钟的演讲，花了差不多整整一周的业余时间，但这绝对是值得的。

虽然有很多奇怪的句式、用词和语法，我的大小舌音也很别扭，甚至我怀疑听众是否能真的听懂我在说什么，但我明确无误地传达了几个信号：

1）我尊重你们和你们的文化。你看！我真的在很努力地学习你们的语言。

2）之前我来是短期派遣，这次我就不着急走了。你看！我连本地话都学起来了，咱们可是要长期相处的哦！

跨文化沟通的第二个原则就是：**企业及其管理层需要用实际行动做出对本地市场的长期承诺。**

业务整合的前提是团队融合，融合是双向的，你融入我，我才能融入你。如果中国企业的管理者不主动敞开胸怀拥抱本地团队，本地团队自然不可能自发地拥护外来的管理者。所以跨文化交流和融合这件事，需要中国管理者积极主动，采取强有力的实际行动来发出信号，推动改变。

人与人之间有短期相处之法，也有长期相处之道。短期相处的话，面子上过得去就好，各取所需，一别两宽，但求相安无事；但长期相处的话，就会对彼此有更大的影响力，就需要建立日常的协作机制，就需要建立底层的信任，就需要有更强的相互支持的力度。

如果中国企业出海只是短期计划，不打算长期投入，中国的外派管理层只做短期停留，回国之后，与本地员工再无交集，那么，本地员工就只会虚与委蛇，做一天和尚撞一天钟，根本不会发挥自己的主观能动性，更不会积极融入公司。而中国企业在当地市场也不可能有太大的作为。

就像我们前文所说：尊重不是嘴巴说出来的，而是在长期的实际行动中表现出来的；长期承诺也不是嘴巴说出来的，需要实打实的行为来支撑：你去一个国家，要和大家"做永远的好朋友"，但你连房子都不租，连本地语言都不学，谁信呢？管理层说要深入了解市场和客户，这也有可能只是客套话，只有他真的深入一线，亲力亲为地拜访客户，进行大量的用户访谈，亲自使用产品并且深度体验，才算是履行了自己的承诺；老板说重视海外市场，也不一定是真的，但公司往年为海外市场的投入和为未来编制的预算却是实打实的证据，证明他是真的重视。

管理者需要拿出实际行动，来表达对本地市场和团队的尊重，并且做出长期承诺。

3. "过度"沟通

一般来讲，做什么事情都要讲究适度，沟通也一样。缺乏沟通会造成信息不对称，有可能引起误会甚至冲突；过度沟通可能会造成信息冗余、重复，消耗彼此的精力。过度沟通的表现形式包括：文山会海，一遍又一遍地反复拉齐，一件小事讨论几个小时，一个简单决策却要拉上各种相关方反复确认……但是在中国企业出海这个大背景下，尤其是在出海的初期，面临跨文化沟通的问题时，沟通还是要尽可能充分，甚至留出一定的冗余度。

即使在中国国内，上级批评下属，如果方式不当，措辞不妥，气氛不好，下属心理还有可能疙疙瘩瘩，影响工作。更何况中国海外管理者用半吊子英语，用最简单粗暴的句式和最直白的词汇，没有任何套路地批评海外本地下属，这会造成怎么样的心理活动？

即便纯粹讨论工作，就算中国上级和下属讲着同样的语言，也经常会出现这种情况：围绕一个复杂的业务问题的讨论，你觉得你讲明白了，对方觉得他听懂了，但一旦到了执行的时候，发现你讲的和他做的根本不是一回事！最后变成了你讲你的，他做他的。

这个问题放在国际业务的大背景下，只会更加严重。总部的中国同事和海外本地员工经常需要在网上讨论业务细节，如果英语不好，对方讲什么全靠意会。如果对方的母语是英语则更可怕，他用的词汇可能不是咱们常用的词汇，语速还特别快，每次你听不懂的时候，你总是倾向于点头、微笑，让自己看起来不那么傻，于是对方就以为你听懂了，并且也认同了，但你根本不知道刚刚发生了什么。

就算沟通双方的英语都很好，挑战依然很大。只要不是用母语来沟通，很多情况下在脑子里会有一个中英转化之后再理解的过程，人的思维都会变慢。不信的话请你算一下：

What is eighty five point seven million plus six hundred and twenty Kilo ?

我相信你肯定需要一些时间，可能还需要一支笔和一张纸。你首先需要在脑子里把看到、听到的单词翻译成阿拉伯数字，然后再把这些数字换算成万，然后才有可能说出正确答案。

但如果问你：

8570 万加 62 万等于几？

我想大多数人用不了多久就能说出正确答案。你可以测试一下，感受一下自己的大脑在中英文环境下的计算速度。

更何况你们讨论的都是非常烧脑的话题，预算编制、账务核对、业务流程、产品逻辑、交易策略、各项进度……大部分情况下，这些话题都只能在网上沟通，网络要是卡顿一下，通话质量要是不高，那无疑又增加了沟通难度。最可怕的是，有的时候，你不得不在凌晨3点让大脑强行开机，起床开会。

在这种情况下，你觉得讨论明白了，未必是真明白了；最后达成的一致，未必是真的一致。很有可能直到最后，大家依然坚持自己脑子里面的那个想法，并且觉得别人的想法和自己的一样。

在企业出海初期，重大决策比较多，重大项目比较多，投入比较大，如果因为沟通问题导致决策失误或者项目延误，损失往往会比较大。并且国际业务团队刚刚搭建起来，中外员工尚处在磨合期，沟通默契度有很大的欠缺，跨文化沟通的障碍也比较普遍。在这个阶段，当你觉得沟通有点不足的时候，那肯定是不足的！当你觉得沟通应该够了的时候很有可能还是有很多分歧和误会。直到你觉得这事已经讨论很多遍了，每次都是同样的结论，都有点过度了——那才可能是真的沟通清楚了。

在中国企业出海的初期，"过度"沟通是非常必要的，这就是跨文化沟通的第三个原则：**当沟通有障碍的时候，要让沟通有冗余度，确保没有偏差。**

"过度"沟通这个词是我从99Taxis的CEO Peter那里学到的，他非常坦诚地跟我讲："我们的团队成员之间有沟通的问题，所以我们日后需要'过度'沟通（Over Communicate）。""过度"沟通的秘诀就在于信息同步（Synchronization）和充分对齐（Fully Alignment）。经过我们俩的讨论，我们还特地为此开会提出了几个具体的要求：

- 每个观点表达完之后，参会的每个人都要进行口头确认，进行对齐。

- 每个议题讨论结束，形成结论之后，参会的每个人都要进行口头确认，进行对齐。

- 每个会议开完之后，都要马上发出会议纪要，参会的每个人都要通过邮件确认，进行对齐。

- 对于重大事项和决策，需要与公司所有一级部门和总部相关部门的代表开会同步，并且当场逐一确认。

- 如果有必要，可以让同样的人把同样的会再开一遍，具体内容可以有所删减。

我也曾想过把 Over Communicate 翻译成"充分沟通"，但总是感觉意思表达不够到位，最终还是决定尊重这个词的本意。

关于"过度"沟通有几点需要读者注意：

- "过度"沟通更适用于文化差异比较大的情况，尤其是在中国企业出海的初期，随着中国企业国际化程度的加深，跨文化交流能力的增强，可以逐步减少沟通的冗余度，提高沟通效率。

- "过度"沟通虽然能够确保信息同步和决策对齐，但极大地占用了更多人的时间。尤其是在出海初期，任务重、事情多，管理者和员工的精力消耗较大，需要管理者适当地把握度，只在那些模糊地带以及决策失误风险大的关键点上进行"过度"沟通。

4. 保持专业

前文提到过：

对于管理而言，10 个人的团队主要靠情谊，100 个人的团队主要靠规则，1000 个人以上的团队主要靠文化。

越小的团队，人与人之间的关系越紧密，越倾向于用人情来解决问题，沟通越简单高效。况且小团队也支撑不起来太复杂的制度、架构和流程。对于小团队而言，团队氛围和成员之间的人情世故就是文化，在小团队中，文化、价值观不是什么很宏大的东西，而是很具体的日常状态。

而越大的团队，人与人之间的关系就越疏离，于是情谊的力量开始有点不够用了，跟所有人维持亲密关系的成本也很高。同时，在大型组织中，资源是有限的，所以只能通过建立规则来行事。规则的表现形式就是岗位、架构、流程、制度、绩效等事先约定好的做事方法。

但是规则太硬了，是固化下来的东西，如果组织中有人挑战规则，往往会承担一定程度的负面后果。规则看似公平，但规则之下总有一部分人利益受损。另外，规则还有个很大的问题，就是规则本身一定存在漏洞，这些漏洞可能会导致南辕北辙的结果。

所以企业需要一些软性的东西来润滑规则，让员工主动地遵守规则，尊重规则的导向性，而不是试图钻规则的空子。最初的"情谊"是一帖不错的软化剂，但它只能覆盖一个个的小圈子，公司需要可以覆盖整个公司的"软化剂"——这就是文化。

中国企业会把文化翻译成"价值观"，会在企业内宣扬正确的价值观，要求员工遵守规则，不去玩弄规则。而优秀的企业也愿意为那些真诚奉行企业价值观的员工提供额外的褒奖，中国有很多企业在企业文化建设方面做得非常出色，其实是价值观的落地执行工作做得比较好。

但中式价值观到了海外往往就行不通了，尤其是到了西方发达国家，西方人有自己的价值体系，而且会刻意强调自己的价值观和中式价值观的不同。西方人会非常坦然地跟你说：我们价值观不同，没有任何冒犯之意（We have different value, no offense）。如果出海到这些西方国家，中国企业就不要白费心思地宣传自己的价值观了。

不过不用担心，"价值观"的深层含义是让员工积极主动地遵守规则，不用"价值观"这个工具，还有其他的工具来实现这个目的。西方国家的企业也面临同样的问题，和中国企业一样，西方企业也希望员工积极主动地遵守规则，于是在西方社会话语体系之下，他们发明了专业（Professional），并且在企业内部大力宣扬专业精神（Professionalism）。

在西方文化语境中，当一个西方人不尽职尽责，工作出了纰漏的时候，如果中国上司归咎于他的价值观和责任心，对方大概率不会有任何愧疚。如果你看他无动于衷，想要加强批评力度，开始带上情绪，那他很有可能反手给你扣上"不尊重本地员工""职场霸凌""职场专制"的大帽子，把自己的工作能力和责任心的问题解释成跨文化沟通的问题。这样，问题的责任方就从西方下属变成中国上司了。

这个时候，上司应该把他的工作失误解释成不专业。这个表述看起来非常文雅，但是它却从人品和能力两个层面否定了对方，相当于你对他提出了非常严厉的警告，并且你的这种警告非常专业。

中国员工的"卷"不是因为吃苦耐劳或者奉献主义的价值观，而是因为拥有极度的专业精神（extreme professionalism）；而某些员工的懒散、应付和失误，也不是因为价值观出了问题，而是因为不专业。

在西方发达国家展业的过程中，相信很多企业都会遇到类似的情况。当本地西方员工不认同公司的业务流程、架构设计、人事政策、薪资福利，甚至对办公室里的厨卫设施不满的时候，他们都倾向于将其解释成：中国企业不理解本地市场，不对标本地企业，不融入本地文化，等等。中国企业不要回避和否认自身的问题，但这个解释确实也成了很多员工的"魔法咒语"，在这种情况下，只有魔法才能打败魔法。当西方员工絮絮叨叨地抱怨为什么公司不配置一台搅拌机，方便员工（其实就那么一两个人）可以在健身之后混合他的蛋白粉，这个公司一点都不国际化，一点都不本地化时，中国企业的管理者不要浪费太多时间应付这种需求，只需要告诉他：你把个人诉求和情绪带到工作中来，你这样做非常不专业。

03　国际化组织架构设计

企业在国际化的过程中常常会纠结于组织架构设计的问题：

海外分公司要不要设置产品、研发部门？

海外分公司要不要设置完整的财务、人事职能？

海外分公司的财务、人事是向当地的总经理汇报，还是向中国总部的总监汇报？

国际事业部是向 CEO 汇报，还是向副总裁汇报？

海外各个业务条线由谁来负责？是向本地上司汇报，还是分头汇报给中国的各个业务总经理？

…………

在回答这几个问题之前，我们需要搞清楚组织架构设计的本质。

1．组织架构的基础

组织架构的基础是业务和战略，在企业发展的不同阶段，需要不同的组织架构来承载业务和战略。企业一定要以动态的眼光来看组织架构，基于业务的现状及时进行调整。

组织就像一棵不断生长的树，从小树苗开始，需要园丁根据生长阶段、长势、季节对它进行修剪。如果任由这棵树自由生长，那么长歪或者发生病虫害的概率是很大的，甚至会在围绕阳光和水分的竞争中败下阵来，永远也长不大了。如果从来不修剪、不养护，直到最后发现了大问题，就只能大刀阔斧地砍掉了。

　　而修剪树苗总是不可避免地要剪掉一些长歪、长坏的枝丫，组织架构调整也需要裁掉很多不创造价值的组织和个体，这个过程一定是痛苦的，并且会带来剧烈的摩擦和强势的反弹。在国内很多企业，我们可以看到大量活生生的例子：管理者长期拒绝面对现实的组织问题，千方百计地避免冲突，明哲保身，直到整个业务都陷入泥潭，不得不解决这些严峻的组织问题的时候，才大动干戈地裁员，甚至裁一轮不够，每年都要裁几轮，给业务和组织带来巨大的损失。

　　而这个问题放在企业国际化的大背景下，叠加了中外的文化冲突、沟通障碍、信任危机，只会更加严峻。对于国际业务，企业高层必须付出足够多的时间和精力，深刻理解业务所处的阶段及面临的问题，设计相应的组织架构，并且随着业务的演进持续优化。

　　根据之前的理论，我们把国际业务由浅入深、从小到大分为了四个阶段。现在，我们尝试用一个模型来说明企业的出海团队是怎样进化的，是如何从一个项目组进化成一个事业部的（见图5-1）。

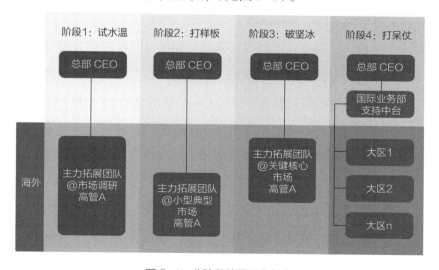

图5-1　分阶段的国际化架构

在"试水温"的第一阶段，企业从各个部门抽调精兵强将，组成了国际业务拓展团队的雏形。在这个阶段，企业的国际化战略没有成型、定稿，即便有一个初步战略，高层对此也并不坚定。而这个团队的使命正是帮助企业制定或者完善国际化战略，完成长期规划和中短期的计划。

所以，这个阶段的国际业务在企业内部以项目的形式存在，团队以项目组的形式出现，团队成员也是兼岗来做这个项目。企业不会大肆宣扬自己的出海计划，进可攻、退可守。

在"打样板"的第二阶段，企业决定小规模进入小型市场，编制Playbook，为后续大规模投入做准备。在这个阶段，国际业务已经开始实质性开展，当初负责市场调研的管理者需要全职投入出海业务，并且配置大量业务骨干全职加入海外业务拓展团队，以求更快速、更顺利地推进。出海项目的优先级大大提高，作为一把手项目成了高管月会的重要汇报内容，甚至CEO都要紧密关注项目进度。

在"破坚冰"的第三阶段，企业已经初步验证了自己的产品研发能力、组织能力、业务能力，也获取了一定的海外业务经验，准备在海外大干一场，并且配备了充足的资源和预算。

在这个阶段，出海战略已经没有退路；业务已经推进到关键战场上，也没有了容错空间。企业只能破釜沉舟，争取在核心关键市场有所突破。这个阶段和上个阶段的组织形态没有本质的不同，依然是CEO密切关注，协调整个公司的资源进行支持；高层亲自带队，配置精兵强将，但是因为面对的是海外最核心的关键市场，企业的投入度和关注度也有了极大的提升，力求马到成功。

在"打呆仗"的第四阶段，企业已经有了多个国际业务团队，分别驻扎在不同的海外市场，面对不同的市场竞争，也处在不同的发展阶段。同时企业也积累了大量的国际业务经验和资产，出海对企业来讲已经不再是令人生畏的挑战，而是业务的常态。企业内部有了大量的国际化人才，海外展业也越来越得心应手。在这个阶段，企业会把所有的海外业务和项目整合在一起，成立"国际业务部"。国际业务部的设立有几个必要性：

首先，随着国际业务进入常态化运营，公司 CEO 和其他高层的时间和精力投入可以适当缩减，让国际业务部更加自主地进行决策和经营。而经过长期业务拓展的历练，外派的管理者也已经成长起来，可以调回总部承担管理职责。他们有经过实战检验的领导力，有各种市场积累的业务洞察，也有和一线人员并肩作战建立的深厚人脉，他们是管理国际业务部的最佳人选，可以成为总部和前线的沟通桥梁，对业务进行远程管理，也能够在中台进行专业化建设。

其次，因为国际业务具有专业性、差异性，国际业务部应该有自己的专属中台支持职能，如财务、税务、法务、人事、产品、研发等。在前期项目阶段，总部职能在 CEO 的密切关注和考核下，付出了额外的努力，给予了国际业务强有力的支持；但到了国际业务稳态运营期，在日常运营工作上，需要国际业务中台把这些专业工作承接过去，从而做得更细致、更专业。

再次，在国际业务发展的初期阶段，为了确保业务成功，企业往往会"料敌从宽"，在各个领域的投入出手大方、果断。这也会造成一定程度的资源浪费，各个区域的各种资源往往是超配的，包括产品研发资源、生产供应链资源、人事编制、财务预算等。这也需要国际业务部对各个区域进行更加精细化的管理，提高生产和经营效率。

最后，当企业开拓不同市场的时候，存在各个业务条线和区域齐头并进的情况，这就不可避免地存在同类型职能重复建设的情况。

比如，企业也许在北美区、欧洲区、拉美区、中东区、非洲区、澳洲区都有分公司，这些区域的市场规模差异可能非常大，但每个市场区域都有自己的增长部、运营部、客服部、公关部、安全部、审核部等各种各样的职能部门。

这种情况在特定的阶段是有价值的，可以极大地提高本地化的业务效率，但当区域越来越多，区域发展不均衡但都追求全面的职能配置时，就会造成资源的浪费。当企业国际业务进入稳态运营期时，总部和区域的沟通机制已经非常顺畅，这时候就需要合并同类项，把很多共性的职能统一收归更加专业的中台，统一建设，这样既可以节约成本，又可以提高专业化水平。

2. 组织架构的本质

组织架构的本质是权力的架构，设计组织架构就是设计业务授权体系、权力制衡体系。所谓业务授权，包括三类权力：财务权、人事权、资源权。

- 财务权体现在预算的立项、资金的使用、支付的审批等方面，也就是花钱的权力。
- 人事权体现在人事编制的控制、人员的招聘、汇报关系和绩效考核、奖金和晋升的决定，以及对人员的降职、降薪、淘汰等方面。
- 资源权体现在对企业资源的分配及使用上，包括产品需求的排期、研发资源投入方向的决策、生产和供应链对不同业务的优先级分配、营销资源先支持谁后支持谁等。

在讨论设计权力架构之前，我们需要先搞清楚权力的本质是什么。

首先，顾名思义，权力是一种力量，也是一种外部竞争力。有了权力就可以调动大量的资源，被授权的组织和个人的竞争力就会增强，就有可能在激烈的市场竞争中胜出。授权越大，资源配置就越充足，一线战斗人员和指挥人员的战斗力就越强，就越有可能赢得市场竞争。

整个公司被授权最多的人就是CEO，对于海外业务来讲，最充分的授权就是企业CEO亲自投入海外业务，携整个公司的资源调配权杀入战场，这样企业出海的成功率就会极大地提高。

其次，权力会带来高昂的成本。正是因为有了权力就可以调动大量的资源，充分授权之后，对于企业而言，这些资源的使用往往就不可控了。分出去的预算一定会被花掉，授予的权力一定会被使用，在这个过程中，部分企业宝贵的资源就会以各种形式损耗掉，权力带来的损耗包括：

- 授权给不称职之人，轻率且错误的决策带来的损失。
- 权力会带来寻租空间，并且导致受贿索贿，甚至贪污腐败。
- 资源充足会让人失去珍惜和敬畏之心，造成挥霍和浪费。
- 对于资源管理、分配不当导致的各种损耗。

很多老板盲目自信，觉得自己把权力授予了值得信任的人，这个人忠诚度很高，非常清正廉洁，并且管理严格，不会有权力的损耗。但在企业中这种人很少，而且再出色的人，经受了权力天长日久的腐蚀也可能变质。企业管理者不要抱有侥幸心理，即便被授权的业务一把手非常清廉且尽职尽责，但他总要把权力和资源层层分包下去的。授权越大，这种损耗就越大。

再次，权力会失控。一旦企业对某个岗位做了较多的授权，就显示出企业的重视和支持，这个岗位上的人未来是有前途的，除了他所拥有的权力本身可以调动的资源，很多企业的资源和社会的资源都会积极向他靠拢，天长日久积累下来，他所获取的影响力和利益要远远大于企业授权的范围，包括很多额外的非正式、非职权、非组织内的影响力。

公司授权可以被收回，但是这种额外的影响力却不一定随着授权的回收而烟消云散，他的影响力可能会持续发挥作用。这种影响力还有一种负面的叫法——拉帮结派。

对海外组织来讲，拉帮结派的情况往往比国内更严重，更难解决，并且造成的损失会更大。因为海外本地员工天然会有更强的凝聚力，就算中国企业外派了正式的负责人，试图打造有凝聚力的集体和文化，但本地员工往往也会慢慢形成一个非正式的小群体，由本地资深员工发挥非职权的领导力。如果中国企业任用了本地具有威望的负责人，并且充分给他授权，那么这将极大地强化他在本地团队甚至本地市场中的影响力。好处是团队的战斗力会增强，坏处是如果处理不好总部与地方的关系，或者没有做好权力的监督和制衡，权力带来的损耗会更严重。

最后，权力会让人喜悦并且留恋，失去权力会让人失落，甚至痛苦。遗憾的是，和组织架构一样，权力架构也需要动态调整，也需要应业务和战略动态进行授权和收权，授权的时候有多喜悦，收权的时候就有多失落。上级和下属的友谊往往不是永恒的，有蜜月期也有平淡期，甚至当业务逐渐平稳，需要把权力和资源收回并且重新分配的时候，上下级和下属很有可能反目成仇。

企业在开展海外业务的初期，特别需要和海外本地管理者建立信任，很多老板选择用授权来表达信任，来拉近距离，来笼络人心。奖金、股票一经授予就不会收回，但权力总会被制衡、被收回，授权有非常明显的激励效果，但制衡机制发挥作用的时候，甚至收权的时候就会加倍付出成本。

在国际业务的大背景下，矛盾一旦种下就非常不容易释怀；矛盾一旦爆发，就很难有挽回的余地。企业对海外人员的授权，尤其是对沟通障碍比较大的跨文化员工的授权一定要谨慎。尽量保持权力架构的平稳和平滑，避免授权的时候很大方，而制衡和收权的时候造成震荡。对于企业来讲，就是要寻找授权与成本之间的平衡，并且要平衡下属被授权时的成就感和被收权时的失落感。

当我们深刻地理解了权力的本质之后，再看组织架构设计，就会更加明确：设计组织架构就是设计权力架构。

组织架构的本质是权力架构，组织架构是显性的，而权力架构是隐形的。 调整组织架构，所有人都能看到，所有人都会参与；但调整权力架构只体现为关键的几个人的角力和拉扯，他们的成熟度相对比较高，最后基本都会以比较体面的方式达成共识。这就决定了调整组织架构常常会导致鸡飞狗跳，而调整权力架构虽然背后暗流涌动，但大多数时候表面上还是和风细雨的。

正确的做法是先调整权力架构，改变流程，让新的权力格局成为既成事实，让大家慢慢习惯这个既成事实，然后慢慢调整组织架构以适应新的权力架构。

而错误的做法是先大肆宣扬新的战略转型，并且公布新的组织架构，但很多细节没有考虑，遇到阻力的时候就退缩，没有给新设的岗位和组织充分的授权，最后新的架构难以为继，战略转型功亏一篑。

每个企业的业务性质不同，授权体系也大不相同，但总体而言遵循以下两个原则。

原则一：权力跟着业务走，权力随着战斗授。

有业务的开展，就要设置相应的组织和岗位，并且相应地进行授权。业务规模大或者战略重要性高，配置的组织规模就大，授予的三类权力就要大；业务规模小或者战略优先级低，组织规模就小，授予的三类权力也就小。

不管业务规模大小、战略级别高低，如果业务处在非常平稳的运营阶段，并没有激烈的竞争，那么授权都应该收紧，大型决策和资源配置都应该放在中国的总部；如果业务正处在破坚冰的关键时期，竞争日趋激烈，那么企业可以加大对一线业务负责人的授权。华为创始人任正非有一句名言"让听到炮火的人指挥战斗"也正是表达了这个观点。

在中国古代，如果有重大的战事爆发，君主需要集中全部兵力才能赢得战争，所以会把非常大量的兵力集中授权给某个大将统领。此时君主会授予该将军虎符，让各路人马都听他的号令。而战争一旦结束，大将军就要返回朝廷并且上交虎符，同时也失去了对军队的指挥权。

企业的授权就像古代的虎符，企业对某个部门、某个岗位、某个管理者授权，并不是因为信任、偏爱或者其他原因，而是因为业务需要，尤其是竞争需要，因为要通过授权来帮助这个业务单元赢得竞争。而一旦业务走向平稳，竞争减弱，授权也要相应地收回、削减，或者增加制衡。

原则二：有授权必然有制衡。

古代君主对于领虎符出征的大将军也有非常充足的制衡机制。大将军本人的利益往往与君主的利益深度绑定，并且大军必须驻扎在远离京城的地方，但是大将军和所有军官的全族老少必须居住在京城，出征期间严禁出城，成为事实上的人质。另外，还有各种监军、督军的岗位和制度，确保了授权仅仅会用来打仗，而不能用来拉帮结派、内部作乱。

企业的授权也需要制衡，但最好的制衡其实是利益绑定，是被授权方的自我约束。被充分授权的管理者的个人利益和职业发展必须和公司深度绑定，如果给他的授权足够多，他就不再是一个打工人，而是合伙人了，在这种情况下他就没有必要把业务从公司内部搬运到公司外部，或者带领团队自立门户了。

除此之外，还有一些方法可以参考：

- 财务、人事、产品研发、供应链、生产等职能都应该分头向中国总部汇报。如果有必要，职能部门之间、业务条线之间可以有一定的地理上的隔离，避免大规模的拉帮结派。

- 建立管理层外派机制，确保海外核心关键市场始终有中国的管理者深度参与业务；并且建立业务汇报、数据监控和复盘机制，确保总部可以即时掌握一线业务情况，并且及时介入，采取措施。

- 建立海外分公司负责人的轮岗机制，避免一个管理者在远离总部的情况下多年一直负责一个团队和一块业务。这样很容易形成组织和业务的板结，形成派系。

制衡权力会不可避免地增加协作成本，降低企业的效率，加大内部的摩擦，引起一些内部矛盾，但是可以降低企业的经营风险，防止更大的矛盾和冲突。企业需要寻找权力制衡和部门协作之间的平衡。

3. 责权利的匹配

权力需要匹配相应的责任和利益，保持责权利的一致（见图5-2）。

图 5-2　责权利的匹配

首先，拥有权力是为了履行责任。如果责任＞权力，意味着授权不足，就算有人肯干也干不好，干不出结果，让员工心生不满；如果权力＞责任，意味着企业过度授权了，除了会带来前文所说的权力损耗，还会让企业组织臃肿，管理层级冗余，企业文化变得官僚化。

权力就是企业资源，有人过度，就有人不足，实际担责任的员工就会心生不满，就会逐渐离开，出现劣币驱逐良币的现象。

其次，要用利益绑定权力。授权给某人意味着也给他压了很重的担子，他要运用权力，付出努力，履行企业赋予的职责。如果没有给予足够的利益绑定，当出现权力＞利益的时候，员工就很有可能自己动用权力来谋取利益。员工自己搞钱，公司损失的可不只是钱，还有额外的效率成本，甚至会造成企业文化和价值观的崩溃。

就算员工尽职尽责，清正廉明，没有用手中的权力为自己谋利，但员工责任过重、收入不足也不是好事情。

利益和权力要一致，要避免出现利益 > 权力的情况。这意味着公司高薪雇用的人才没有得到充分的授权，没有发挥空间，或者企业高薪雇用的人才承担不起相应的责任，无法给公司带来合理的回报。对低绩效者的宽容就是对高绩效者的惩罚，也会出现劣币驱逐良币的现象，这些情况企业都应该加以避免。

Chapter Six

第六章　国际化风险管理

　　行文至此，关于中国企业出海的业务部分、组织部分都已经讲完，希望在这一整套方法论的帮助下，企业的国际化已经取得了一定的进展，在目标市场站稳了脚跟。"出海八问"也来到了最后一问"**要注意什么？**"。那就是风险！

　　取得战果是一回事，但能不能守住战果，并且带回家又是另外一回事。我们也常常听到很多企业在海外开展业务非常成功，但一朝遭遇风险，多年的利润被劫掠一空，甚至连本金也都损失了，白白付出心血与投资。

　　2014 年，小米进入印度市场，仅仅用了三年就跃居印度智能手机出货量的第一名。而在 2023 年 6 月，印度监管机构以"向外国实体非法转移资金"为由，宣布扣押了小米印度公司的 555 亿卢比，折合人民币 48 亿元。

　　而早在 2022 年小米就被印度财政部追缴了 65.3 亿卢比（约合人民币 5.7 亿元）的税款。这两者加起来，小米在印度的损失高达人民币 54 亿元左右，这相当于小米集团全年整体利润的一大半。

　　但小米在印度智能手机市场的占有率依然很高，小米已经深耕印度市场多年，投入巨大。印度和其他海外市场是支撑小米全球化战略的重要组成部分。小米在印度面临"食之无肉，弃之可惜"的境地。

　　（资料来源：PConline 太平洋科技，2023）

小米的遭遇不是个例，事实上多家跨国企业都曾经在印度面临风险，包括中国的 OPPO、vivo、上海电气、上汽 MG、华为及荣耀等，早在 2020 年，印度就曾经一次性封禁 118 个来自中国的 app。除了中国企业，很多知名跨国企业在印度也不能幸免，如沃尔玛、三星、亚马逊、谷歌等都曾经在印度遭遇巨额罚款，其中很多企业都不堪重负，最终撤出了印度市场。

事实上，不只是在印度展业有风险，全球各地都会有不同形式的风险。风险的可怕之处就在于风平浪静的时候你对它毫无感知，而一旦爆发就会对企业造成巨大的伤害。这种伤害包括资金的损失，业务的损失，声誉的损失，人员的伤亡，管理层被羁押甚至遭遇牢狱之灾……

风险管理是一个非常大的课题，在本书中我们无法针对非常具体的业务场景展开详述，只能介绍风险管理的框架和方法论，希望能对各位读者有所启发。国际业务的风险管理和国内业务的风险管理本质是一样的，方法论也一样，一共分为四个步骤：

- 风险的识别和分类。
- 风险的量化和评估。
- 建立风险管理体系。
- 定期进行风险演练。

下面逐一展开论述。

01 风险的识别和分类

每个行业所面临的风险是不同的，企业需要针对各自具体的业务列举可能面临的主要风险，并且分门别类，方便之后的风险管理工作。对于国际业务来讲，我们可以把风险分为以下五大类。

经济与市场风险，包括经济衰退、货币贬值、贸易壁垒、需求变化、竞争格局等宏观风险。这些因素的变化往往会给企业带来巨大的风险，造成巨大的损失。

法律与合规风险，包括正式的立法，如商业法律、税收法律、劳动法律、知识产权法律、信息安全法律等，以及各种意想不到的法律诉讼，也包括各种行政机构、本地大型平台的制度、规则。

法律风险是在西方发达国家展业的常见风险，当地居民和企业遇到纠纷有付诸诉讼的习惯，企业需要识别出主要的诉讼事项，并且相应地进行风险管理。

合规风险是技术性的，合规的成本以及不合规的风险都比较容易量化。有些情况下，企业很难做到100% 合规，100% 全合规意味着更大的成本，并且法律本身就有很多空白和模糊地带，但是不合规风险就始终存在，这就需要与监管机构保持密切的沟通，获取一定期限和程度内的谅解。随着企业的国际业务越做越大，应该逐步提高自己的合规水平，直至完全合规。

政治风险，政治风险有可能被包装成法律风险，但政治风险无法通过法律途径解决。

有的国家会对来自中国的企业进行政治打压，只要政治风险爆发，政客总能找到合适的工具对企业进行制裁；就算没有合适的法律武器，也可以马上立法对企业进行打击。

有的国家会遭受国际制裁或者单边制裁，如果企业在该国有业务，业务就不得不暂停，也会带来巨大的损失。

中国企业在西方国家获得较大的成功之后，政治风险会急剧增加，但政治风险不只是针对大型企业的，出于政治打压目的的立法一旦出台，企业不管大小都会"团灭"。

另外，政治风险也不仅仅存在于西方国家市场，发展中国家的政治也很不稳定，新政府全盘推翻上一任政府的政策的情况也经常出现。很多国家甚至会爆发政变、骚乱甚至战争，从而使企业蒙受巨大的损失。

业务风险，不同业务形态所面临的风险有所不同，需要企业结合具体业务实际进行罗列，包括供应链风险、交通运输风险、安全生产风险、资金风险、组织风险等，在此就不连篇累牍地罗列了。

社会治安风险，包括犯罪和帮派、军阀割据、社会动荡、种族主义（包括反华、排华）等。尤其是在发展中国家，当经济进入下行周期时，犯罪率飙升往往成为一个严重的社会问题，中国人在国内被保护得很好，初到其他国家往往会缺乏心理准备。

当企业识别出所有可能遇到的实质性风险后，就需要将所有的风险点整理成一个风险列表，从而对风险进行量化和评估。

02 风险的量化和评估

我们都知道：风险与收益成正比。高收益往往伴随着高风险，而低风险的事情往往收益不大。企业进行风险管理不是为了杜绝风险，而是为了降低风险带来的损失。如果要 100% 杜绝风险，企业就会故步自封，什么事情都做不成。而风险的量化和评估就是为了让风险可控，让管理风险的收益大于成本。

1. 风险量化和评估模型

在这里我们提出一个风险量化和评估的模型：风险管控成本（Cost）<风险或有损失（Lost）。

为了管控风险，企业会付出很多努力，做很多项目并配置相应的财务和人力资源。为了避免风险，企业也会放弃很多潜在收益，这些加起来就是风险应对的成本，比较容易计算：Cost = 财务预算 + 人力资源 + 机会成本 。

而风险或有损失是损失的数学期望，也不难算出：Lost = 风险造成的损失 x 风险发生的概率。风险造成的损失要包括所有的损失，如财产损失、业务中止的损失、品牌和商誉的损失等。

根据 Cost 与 Lost 的对比，我们可以制定三种风险应对策略。

策略一：Cost > Lost，接受风险

如果风险管控成本大于风险或有损失，那么管控风险就是不划算的，如果事无巨细地管控所有的风险，企业就要承担高昂的成本费用，并且会让庞杂的事务占据管理者和员工大量的时间和精力，这显然是企业所不能承受的。

事实上，企业展业会面临的许多风险要么发生的概率极小，甚至在企业存续期间都不太可能发生，要么造成的损失不大，在这种情况下，企业就应该接受这些风险。

策略二：Cost ≈ Lost，降低风险

如果风险管控成本和风险或有损失差不多，那么从数字账面上来看，风险管控可做可不做。但风险爆发是被动的，总会有些难以量化的负面影响，如对员工士气的打击、对客户信心的动摇、对公众舆论的负面影响等。而防范风险则更加主动，让企业付出确定性的成本，从而避免受到临时性的冲击和伤害是划算的。

风险点数量众多，一味求全地逐个消除反而得不偿失，企业需要找到那些影响比较大的风险，选择性地管控，从而降低风险带来的负面影响。

策略三：Cost < Lost，加强管控

如果风险管控成本明显小于风险或有损失，企业就需要对风险进行有效管控。要么降低风险发生的概率，要么降低风险可能带来的损失。

根据以上的风险量化和评估模型，我们得出了三种策略，这三种策略对应三种风险。

- 可接受的风险，不需要进行管控。
- 勉强接受的风险，需要选择性地进行管控。
- 不可接受的风险，需要尽量地管控，可以降低概率，或者减少损失。

我们需要针对第二类和第三类风险，制定风险管理方案和计划，进行风险管理。

2. 风险评级

除了通过上面的风险评估模型来决定是否需要对特定风险进行管理，我们还需要对所有风险点进行评级，明确风险的严重性和紧急度，从而决定风险管控的优先级和资源投入度。在这里主要有两个维度：严重性、紧急度。

严重性：指的是风险带来的损失大小，企业可以根据自己的具体情况分为多个等级（Level），L1 是最轻的，而 L5 是最严峻的。

比如，在拉美、非洲等社会治安比较严峻的地区开展 O2O 线下服务，犯罪就是个不容忽视的风险。犯罪分子可能以多种身份对他人实施犯罪行为，包括以配送员、上门服务人员、司机、乘客等身份，这都会对平台造成重大影响。对这个风险类目来讲，我们可以这样来定义风险严重性等级：

L1，言语骚扰、威胁。

L2，肢体侵犯、财物损失。

L3，轻微伤、重大财物损失。

L4，重伤、绑架、死亡威胁。

L5，死亡。

对于其他的风险类目，企业也需要根据业务实际情况对风险的严重性进行详细的描述和定义。

紧急度：可以用风险发生的概率来衡量，或者用是否迫在眉睫来定义。企业根据风险的紧急度把风险划分为多个等级，从而决定管理的优先级（Priority），从 P0 到 P3。以下为示意。

P3，数年发生一次，或者概率为 $x‰$。

P2，每年至少发生一次，或者概率为 $x‰$。

P1，每个月都有可能发生，或者概率为 $x\%$。

P0，代表迫在眉睫，甚至正在发生中。

有了清晰的风险量化、评估和分级之后，我们就可以相应地制订风险管理计划了。

03 建立风险管理体系

1. 风险容忍度

每个企业以及企业发展的不同阶段，所面临的风险都是不同的，并且对待风险的态度也大相径庭。小型公司、创业公司通常是风险偏好型的，更愿意承受风险，因为没有太多可以失去的；而大型公司、明星企业、跨国企业则一般是风险厌恶型的，宁愿付出更多成本来防范、降低风险，因为一旦发生风险，企业的损失往往比较巨大。所以，制订风险管理计划的第一步就是确定企业的风险容忍度。

这个过程和证券、基金开户的风险偏好测评是一样的，具体承担多大的风险，采取多激进的策略，期待多大的收益，这都取决于公司和业务的具体状况，包括企业的规模、社会影响力、发展阶段、监管要求等状况。

2. 风险的三个阶段

风险不是一个时间节点，而是一个过程事件，而风险的爆发也是一个过程，即便这个过程很短暂、很快。如果以风险发生时间为界，我们可以把风险分为三个阶段：风险发生前，风险发生中，风险发生后。我们也要针对这三个阶段相应地制定不同的策略。

- 风险发生前：**降发生**。"上医治未病"，最好的风险管理是不让风险发生，把风险扼杀在萌芽状态。企业可以综合使用各种手段对风险进行防范，可以用风险事件发生率来衡量和考核。

- 风险发生中：**快处置**。风险的爆发是个过程，在风险发生之后和尚未结束之前，企业需要通过各种监控手段及时获知风险爆发的信息，并且在第一时间介入处置，防止风险进一步蔓延。对此企业应该事先准备好 SOP（标准流程）并且提前加以练习，避免面对风险时手足无措。企业可以用处置效率来对这个环节进行考核。

- 风险发生后：**控损失**。分为短期措施和长期措施。首先，在风险爆发之后，存在一个快速处置的窗口期，如果企业可以在窗口期妥善处置，就可以将风险造成的损失以及影响降至最低，防止风险爆发后的二次伤害。另外，当风险发生之后，企业不可避免地会遭受冲击，长期来看，企业需要慢慢修复这种伤害，包括内部的业务伤害、团队伤害，以及外部的品牌、舆论和监管的不利影响。企业可以用量化的损失控制和挽回来考核这个环节。

对我们之前提到的五大风险分类，以及其子类目和所有的风险点，企业都应该逐条制定管控策略和措施，并且设置相应的指标进行监控和考核（见图 6-1）。

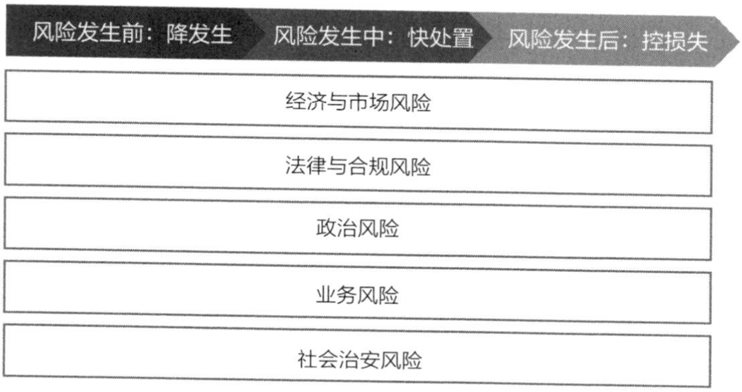

风险发生前：降发生	风险发生中：快处置	风险发生后：控损失
经济与市场风险		
法律与合规风险		
政治风险		
业务风险		
社会治安风险		

图 6-1　风险的三阶段管理框架

我们前文提到过，如果在拉美、非洲等地开展线下服务，就必然面对犯罪等社会问题。犯罪是一类风险，属于社会治安风险这个大类，而犯罪下面又可以分为不同的子类目，我们以 O2O 行业为例进行示意，可以分为以下子类目：

- 针对客户的犯罪。
- 针对上门服务人员的犯罪。
- 针对配送人员的犯罪。
- 针对司机的犯罪。
- 针对商家的犯罪。

针对每个风险点，都需要在风险发生前、风险发生中、风险发生后采取综合的措施来进行风险管理（见表 6-1）。

表 6-1　示意：风险的三阶段管理

	风险发生前	风险发生中	风险发生后
针对司机的犯罪	危险乘客识别和策略 危险场景识别和策略 危险时段和地段策略 乘客人脸留痕及活体识别 乘客身份验证 乘客社交账户交叉验证 乘客支付方式交叉验证 乘客手机关联交叉验证 乘客 WIFI 关联交叉验证 平台派单策略 司机安全教育 ……	行程中 app 介入 行程中摄像头介入 行程中安全员介入 一键报警机制 犯罪预测与识别策略 犯罪震慑与中止策略 ……	安全员现场处置流程 警企合作流程 舆情处理流程 家属安抚流程 ……
针对乘客的犯罪	乘客社交账户交叉验证	……	……
……	……	……	……

3. 建立风险管理体系

通过以上的论述，我们可以看出：管理风险的手段是多种多样的。在日常工作中，风险管理也绝不是某个单一部门的职能，有的企业有"风控部""安全生产部"或者类似风险管理部门，有的企业可能没有专门的风险管理部门，但所有的企业，只要具备了一定的规模，都应该建立完整的风险管理体系，综合调动各个部门和各种能力，开展公司层面的风险管理。如果只依靠相关安全部门的单一职能或者单一岗位的力量，企业大概率无法完成对风险的全面管理。

风险管理有以下几类举措。

战略举措：主要是进行风险的防范，如在业务开展之前就建立备份供应链、加强内部控制等。这属于公司高层通过资源配置等战略手段来管理风险。

比如，在高风险国家展业，企业可以尽量减少直接投资，可以在本地进行股权、债券融资，与本地投资者实现更紧密的利益绑定；在展业形式上，少开直营门店，多招募本地加盟商；资金及时归集，尽量减少本地可执行的资产，等等。

产品功能：通过产品功能来避免、降低风险，如汽车的驾驶安全功能、手机的信息安全功能、app 的安全功能等。这些都属于企业通过产品技术手段来管理风险。

工作流程：建立风险管理的相关机制，跨部门协作，共同管理风险，如风险处置 SOP、风控审批、紧急响应机制、风险联动机制等。这属于通过岗位职责设置，让人成为风险控制节点，从而管理风险。

数据监控：企业通过对风险的梳理，对风险相关的数据进行监控，不仅可以在风险爆发的时候第一时间介入，更重要的是能够在风险发生之前就预测风险的概率，并且预判风险的爆发，从而前置处理，管控风险。

国内某领先车企的数据中心可以远程实时监测每一台智能汽车的行驶数据，当车辆行驶状况异常，或者安全气囊爆开，安全专员就会自动收到工单，并给车主致电，确认是否遭遇了交通事故，第一时间展开救援，不需要等待外部信息，从而抓住救援的窗口期，最大化保障车主的安全。

如果电车底盘破损并且进水，就会影响电池安全。数据中心可以及时发现某台车的电池温度、电流、电压异常，如果判断电池有较大的起火风险，可以马上通知车主下车检查车况，避免起火之后的人员伤亡。这就属于通过数据监控预判风险，降低风险发生的概率。

当然数据监控是辅助手段，真正的风险管控还是需要算法、策略、app 等产品功能的支持和相关业务人员的介入。数据监控必须和产品功能、工作流程结合起来，才能更好地发挥作用。

宣传教育：只要开门做生意，风险点总是非常多的，靠企业的产品、流程不可能面面俱到地覆盖，这就需要员工树立风险意识，自发地对风险进行规避和管理，需要在全员层面树立风险意识，打造风险管理的企业文化。

不仅企业内部需要宣扬风险意识和风险管控文化，企业也应该联动外部资源，包括监管、客户一起了解产品和服务相关的风险，共同努力避免风险。

购买保险：当风险确实很大，并且企业自己的能力不足以全面应对的时候，企业可以通过购买保险等形式把风险转嫁出去，如火险、运输险、事故险、诉讼险等。

总之，企业需要综合采取多种措施，实现对风险的全面管理，做到风险可控、投入可控。

4. 定期进行风险演练

大部分企业高管平时都不太关心风险管理相关工作，毕竟业务才是最重要的，风险不会那么容易发生，也不一定会那么倒霉轮到自己。大部分企业都是出现了大的风险事件，造成巨大的损失之后，才一阵风似地开始重视风险，运动式地抓风险预防。

在企业建立起海外的风险管理框架之后，就进入日常的运营和优化阶段了。这个时候很多企业管理者就产生了"尽人事，听天命"的想法，重心就转移到做业务上去了。对于风险这个问题，管理者就双手合十，期待风险不要降临，但求佛不如求己，企业还是要加强自身的风险管理体系的建设，让自己的风险管理体系更能承压。

所以，做风险管理一定要有"没事找事"的心态，哪怕风险管理体系已经非常完备，哪怕企业已经很多年没有遇到大的风险事件了，企业也不能掉以轻心。要建立风险演练的常规机制，包括神秘访客机制、漏洞收集机制、安全事件预演机制、红蓝军对抗机制等。

当女性乘客打了网约车之后，如果行程发生了较大的偏离，并且乘客画像、司机档案、行程时段、地段都符合性侵的高危场景，就会触发安全策略，系统会自动生成工单给到安全员，安全员通过致电司机或者乘客进行第三方介入，从而达到中止犯罪的目的。如果电话无人接听或者被挂断，系统就会将信息同步给最近的警方，或者派出第三方保安公司前往现场。

网约车司机性侵的案件在不同国家的发生率差异很大，在很多国家这种案件并不常见，但依然不能掉以轻心，越是不常见，发生之后的社会影响就越大。所以企业可以设置风险演练机制，演练人员设计脚本并且扮演乘客，上车之后展示身份，并且要求司机按照脚本开始演练，看是否能够触发相应的安全措施，毫不知情的安全员是否能够顺利应对。

企业可以根据实际演练的情况，对策略和业务流程进行优化。

企业的风险管理部门除了有搭建风险管理体系的"红军"，还要有专门找漏洞的"蓝军"。"红军"的考核指标包括：降低风险事件发生率、降低风险损失等级、提高风险事件处置效率。而"蓝军"则反其道行之，就是要在"红军"的规则之下，找到风险突破口，模拟风险，扩大风险，避免被"红军"发现并且提前介入。只有通过企业内部"红军"和"蓝军"一次又一次的对抗，企业的抗风险能力才会不断加强。

企业应该充分利用社会的力量，有奖收集安全漏洞，欢迎专业的"白帽子"对企业系统进行测试，也欢迎普通用户提供反馈和建议。群策群力，共同发现风险，防范风险。

通过以上步骤，企业可以更加全面、系统地评估海外市场的风险，并制定相应的风险管理策略，确保在海外市场的稳健发展。

第七章 我和滴滴的出海初体验

01 拉美史上最大的"独角兽"

2018 年 1 月，滴滴收购巴西本土的移动出行公司 99Taxis。这一并购也创造了巴西历史上最大的互联网并购案，巴西本地媒体铺天盖地地宣传自己的国家终于出了一个"独角兽"，但真正的并购金额却从未对外披露。那时，我和团队已经在拉美和创始团队苦苦拉扯了一年多……

99Taxis（后文简称为"99"）是一家命运多舛的公司，创业之初一度成为巴西最大的出租车叫车软件，但 2014 年 Uber 进入巴西出行市场之后，99的辉煌就一去不复返了。2016 年，命运的齿轮开始转动，再次碾压了这家可怜的公司和它的创始人。99 的创始人老 Paulo 忽然得了白血病，生命垂危，新人 Peter 临危受命，被任命为新的 CEO，接管了这家就像老 Paulo 一样奄奄一息的公司。

Paulo 在巴西是一位非常有名的投资人和连续创业者，人称"巴西李开复"，谈吐不俗。他见到我的第一句话就是："How can I help you to succeed?"（我怎么才能帮助你成功？）当 Paulo 健康的时候，是 99 创业过程中绝对的主导者，其实不太需要合伙人，所以也只有几个忠实的追随者帮他打打下手，其中就包括增长团队负责人、CTO 和 CFO。但 Paulo 病重之后，这几个人都实在扶不起来，Paulo 只能把 CEO 之位传给了刚入职不久的职业经理人 Peter，当时 Peter 只负责战略和 BD（业务拓展）。在此前，战略也是 Paulo 说了算，Peter 顶多只是帮助 Paulo 做一下会议材料。Peter 真正的强项是在 BD 方面，毫不夸张地说，是我见过最好的 BD 之一。

Peter 是金发碧眼的美国人，来自迈阿密，毕业于美国名校。Peter 之前的公司被 Google 收购之后，就负责 YouTube 拉美区的广告销售工作。他到巴西本来是来玩的，遇见了一个巴西绝世美女 Julia。Julia 之前在巴西高盛工作，来自一个非常富有的家庭，后来辞职做了个职业模特。Peter 爱上了她，于是就学了葡萄牙语，迈阿密人大都会西班牙语，学习葡萄牙语就跟北京人学天津话一样简单。Peter 本来就是钻石王老五，经济上没有什么压力，于是顺便在巴西找了份工作，打打工谈谈恋爱，但没想到竟然当了 CEO。

Peter 上任的时候接手的是一个群龙无首、分崩离析的团队，业务骨干纷纷离去，而留下的人也在暗地里加紧找工作，只有手里拿着大把股票的老员工还在留守，但已经完全失去了斗志，等待最终命运的到来。99 和全球很多家被 Uber 打死的网约车公司看来并没有什么不同。

但 Peter 后来被证明是一个非常优秀的 CEO，他让一切变得不同。他虽然不懂网约车业务，但凭着自己的互联网从业经验和智慧，结成了与滴滴的联盟，挽救了 99，创造了当时拉美互联网史上最大的并购，并且帮助创始团队实现了财务自由，完美地完成了自己的阶段性历史使命。

2016 年正是 Uber 在全球攻城略地的一年，99 已经被彻底打崩了，市场份额跌到不足 2%，现金流只能维持几个月，已经进入死亡倒计时。除了 Uber，99 的上面还压着来自西班牙的 Cabify 和本土的 EasyTaxi 两个玩家，但 Uber 一家独占了 90% 的市场份额，遥遥领先。

Uber 是网约车鼻祖，2009 年成立于美国旧金山，在短短几年之内席卷全球，成为世界上最大的网约车、外卖公司和本地生活公司。从 2013 年开始开拓发展中国家市场，到 2017 年 CEO Travis Kalanic 被董事会逼宫下台期间，是 Uber 在全球势头最猛的阶段。

当时 Uber 在全球不可阻挡，唯一的例外就是在中国被滴滴并购，并且退出了中国。这也是为什么 Peter 把滴滴当成了最后的救命稻草。于是 Peter 在 Google 上搜到了滴滴的公共邮箱，写了一封热情洋溢的信……

1. 蜜月

2016 年北京的秋天，那是我第一次见到 Peter。他是个 1 米 9 的大高个，威猛又帅气，披着一头金发，就像足球名宿贝克汉姆年轻的样子。我们四个滴滴的业务负责人被老板临时叫过去，说跟一个巴西来的网约车公司 CEO 交流一下。我们四个人有几个共同的特点：都是从 Uber 中国"叛逃"来滴滴的；都负责一线业务，并且都会说英语。

中午我们约在了公司楼下的一家轻食店，Peter 给大家点了非常健康的牛肉沙拉，后来才知道这是 Peter 多年的饮食习惯。他穿了一条非常宽松的家居裤，他非常抱歉地跟我们解释：他的行李箱和正装在转机的过程中弄丢了，这身衣服是他乘坐长途飞机时穿的，主要是图舒服，希望我们能理解。我很诧异一个美国人竟然如此讲究礼数，其实当时我们每个人都没穿西装，也都是上午临时被拉过来跟 Peter 见面的。见面的全程都围绕着一个话题——在中国，你们是怎么战胜 Uber 的？

我把它当成了一次普通的闲聊，之后就投入平淡的日常运营工作中去了。日子就这样一天一天地往前走，秋天很快过去，冬天来了，我在忙碌地准备春节红包大促。忽然有一天，老板把我叫到办公室，开门见山地说："巴西 99 那边我们投资了一点，派你去支持一下……"

当年尚年轻的我对未知的世界充满了探索的欲望，也有着充足的创业精神。没有任何心理准备，没有聊薪资待遇，没有具体的任务和计划，甚至没有和家人商量一下，我就当场应承了下来。我匆匆喝了一杯告别酒，就马上出发迈向了下一个战场，飞往了遥远的圣保罗，开启了出海的旅程。

一开始，我以为出海只是开启了另一段旅程，后来才发现出海变成了我的人生。这些年来，我认识了很多在海外打拼的同胞，他们有着各自的精彩人生，从在北上广深居无定所，到全球漂泊半生，甚至定居海外，开枝散叶，人生莫不如此，终不知归向何处。

第一次去的时候，我的身份还是"顾问"，当滴滴战略投资 99 的消息传到巴西之后，整个 99 公司都沉浸在喜气洋洋的氛围中。所有人都感觉：公司有救了！

短短两周里，我每天白天的工作就是做分享和研讨，分享国内的案例、方法论、业务架构、产品体系，听别人给我分享当地的业务，并且做出评价和建议；每天晚上的工作就是聚会，Peter 和他的巴西团队尽了地主之谊，让我感受到宾至如归。

临近分别的某天晚上，Peter 和 Julia 带我去了一个俱乐部，Julia 还带了她的妹妹 Camilia，显然 Julia 已经向她介绍过我，让我感觉有点像是一个双人约会。酒至半酣，Peter 搂着我的肩膀，情深意切地跟我说："Buddy，Stay！"（兄弟，留下来！）我举起了手中的甘蔗酒，跟他碰了碰杯。

一个月后，当我再次回到巴西的时候，我的身份成了 99 的 COO（首席运营官），并且列席董事会，分管用户增长、运营、产品、客服、安全、反作弊等业务相关的工作。CEO Peter 分管战略与投融资、人力、财务、法务、政府关系、品牌、公关。Peter 非常慷慨地把公司最核心的一线业务全部交给了我，而在此后半年多的时间里，滴滴团队和创始团队展开了研发到底归谁管、研发到底放在哪里的漫长争论。

当时还有一个小风波，和我同去的一个国内的产品负责人得知我接管了 99 的产品部之后，略有不开心，误会是我抢了她的"地盘"。所谓的产品部其实只有两个人，其中有一个已经提了离职。我安抚了她的情绪，并解释道："如果你愿意常驻圣保罗的话，我就把产品相关工作交给你，请 Peter 任命你来做 CPO（首席产品官）。否则如果你做了 99 的 CPO，还安坐在北京，怎么可能理解本地用户需求？怎么和本地业务协作？怎么能应对本地的竞争呢？"她想了想，就释然了。

随我一起来的，还有我在中国精心挑选的一个外派团队，后来陆陆续续又有很多中国的同事甚至高层领导加入进来。老板称我们为"远征军"，但我还是喜欢称之为"中国外派小分队"，我们不是去征服谁，我们更像是中国企业和中国文化的布道者，而我就是这支小分队的第一号员工。

第一年参与外派的主要是优秀的新人，主要是管培生和一线业务骨干，而不是管理人员，我一开始就把他们定义为顾问，而不是直接管理业务的人。我也是 Peter 的顾问而已，我们的使命是教会巴西人如何做运营，而不是越俎代庖来巴西做运营——毕竟，在巴西，我们跟 Uber 打的是代理人战争。

有的同事去巴西的时候会有一些不切实际的想法，以为一落地就可以领导巴西团队，一跃成为管理者——这是不可能的。我让他们给巴西本地管理层做"顾问"，也就是类似助理的角色：第一，可以把中国互联网企业运营的方法分享给他们；第二，帮助我们更下沉地了解业务；第三，多向巴西本地管理层学习如何管理本地团队。有些同事深刻理解了这种安排，有些同事还是期待可以凭借股东方的背景，进入职业发展的快车道，进一步走向管理岗。

有很多同事曾经向我表达上进的诉求，我很坦诚且直白地和他们说过：

第一，99 是巴西本地最大的创业公司之一，就算已经落后，但依然聚集了一批巴西当地最优秀的人才，他们要么毕业于巴西最好的大学，要么在美国接受教育后回国创业，甚至很多在跨国公司经受了历练和培训，在他们怀着非常高的期待加入的创业公司，他们不会接受一个刚毕业三五年的中国人的管理的。以你的段位，你管不住；就算我从中国调一堆高级管理者来，在别人的地盘上，也管不住。

第二，如果你在国内都没有管理过公司的一级部门，为什么觉得在海外就可以一步登天？海外的管理难度、业务的陌生程度不是更高吗？

第三，99 虽然现在处在弱势地位，但人家是个独立的公司，我要是把管理层大量换成中国人，那势必引起各种矛盾，在企业生死存亡之际，我不可能做任何不利于团结的事情。

第四，中国外派同事的职责就是帮助本地同事了解互联网企业的运营方式，帮助他们做出正确的业务判断，并且自己也要多在业务中学习，尽快成长起来。包括对我自己也是这个要求。希望未来我们独立开拓业务的时候，每个人都能够独当一面。

2. 暗流

我接手 99 COO 的岗位时，这个公司的整体业务量还不如中国一个二线城市的市场量级，接手的时候团队规模也才一百多人（含客服座席），并且职能简单，资源有限。我是以外来人员的身份进行管理的，手中并没有太多管理抓手，如绩效、奖金、处罚等工具。要进行这些操作，我必须通过 CEO，由他来指挥 HR 来运作。

最要命的是大家都知道我的任期只有 6 个月，6 个月之后这个中国人就不在了，所以感谢这个来自中国的朋友给我们分享这些案例和方法论，剩下的交给我们就好了，中国朋友不需要过问太多。种种不利因素让我的工作开展起来举步维艰。

我曾经是 Uber 中国的创始团队成员，2014 年帮助 Uber 开拓了广州的业务，2015 年到 2016 年期间又帮助滴滴在华南地区与 Uber 竞争，并且坚持到最后的胜利。我深知：一个初创的业务总是会面临很多一线的、具体的问题，如果解决问题的资源都在遥远的总部，那么这些问题就很难得到及时的解决，就会让业务落后于竞争对手。在 Uber 的时候，发现了一个产品缺陷，申请工程师资源进行解决都需要几个星期的评估流程。2015 年，Uber 中国团队曾经强烈要求把数据中心从美国迁移到中国，这个现在看起来无比正确且容易做出的一个决策，当年光评估就花了半年时间。而滴滴在 2014 年也遇到过同样的挑战，滴滴只花了"七天七夜"就在业务不中断的情况下，将数据中心整体迁移到了腾讯云。

对于即将扑面而来的各种问题和挑战，对于向远在天边的总部申请资源的困难，对于向总部求助但迟迟得不到回应的无奈，我有着深刻的理解和切肤之痛。当控制公司核心资源的决策人高居庙堂之上，远离一线业务现场时，决策者就无法真实感知到一线业务的问题，无法理解用户和市场的需求，无法合理地调配资源，无法有效地领导一线业务人员。这时候，业务的失败也就成为必然。

我们在中国互联网发展早期，目睹了太多美国互联网巨头在中国的失败，包括雅虎、MSN、Google、eBay，以及 Uber。它们基本上都死于对本地团队授权不足，最终被更加灵活、进化速度更快的本地企业打败。所以，在业务发展的初期，把指挥部设在前线是一个必要的举措，让一线业务人员得到充分的授权，可以调配总部的资源，包括产品、研发、财务、专业服务等。

我不赞成总部对海外业务团队无原则、无底线的支持，如果你是总部资源管理方，你就会理解每天如雪片一样飞来的"产品需求"，其中大部分最后都会被验证是非常不靠谱的。但问题是一开始的时候，总部并不知道哪些一线业务需求是不靠谱的。提出产品需求的时候，申请公司资源的时候，每个业务方都会诚恳、自信地保证或有的"收益"，每个业务人员都会信誓旦旦地拍胸脯、打包票。

很多"需求"会被满足，但当上线之后效果不好，或这个"需求"被证明不靠谱的时候，提出需求的人就会开始玩消失了，项目就烂尾了！而科技与互联网行业的文化总体是鼓励创新、鼓励试错的，对提出不靠谱需求的人也不能进行惩罚，否则就没有人反映问题了，就没有人愿意创新了。但公司的资源是有限的，一旦投入了就必须要看到收益，否则就会造成资源的浪费，就会耽误业务的整体进度，就会在竞争中落后，就算事后追责也于事无补了，这真是个两难的境地。

总部对海外业务团队无原则的支持还有一个严重的后果，就是会让海外子公司形成独立王国，这种小王国一旦形成就会绑架业务。充分授权会让海外子公司的灵活性变高，团队积极性被充分调动起来，团队战斗力变强，从而在海外的竞争中生存下来，并且赢得一定的份额和利润。但业务是由一个个的人来做的，人是注重关系并且追逐利益的。朝夕相处的人就会形成互信的关系，也只有朝夕相处的人才能形成互信的关系，一旦海外本地团队形成了高度互信的利益共同体，那就意味着总部对海外业务失控了。

如果总部对本地团队一味地授权、无条件地信任，当海外业务发展到一定程度时，总部就会发现发展遇到了瓶颈：收入和利润开始变差，成本居高不下，但又控制不住。与此同时，收到的需求越来越少，收上来的信息也不多了，海外子公司的信息越来越不透明，总感觉哪里出现了问题，但具体问题又反馈不上来。总部想要插手，但发现当地已经形成严重的利益板结，本地员工形成了一块铁板，"将在外，君命有所不受"了。

如果总部长期疏于业务细节的管理，本地资源就会慢慢全部掌控在本地团队手中，一旦他们对总部资源的依赖降低，就完全有能力直接把业务搬到竞争对手处，或者自立门户。如果总部痛定思痛，决定打破本地的利益共同体，那么业务会遭受重创，客户大量流失，业务骨干纷纷另起炉灶。

我和"中国外派小分队"留在巴西最重要的使命有三个：

（1）获取一线最真实的业务洞察，让总部的资源被最合理地使用。

（2）招募、培养本地团队，教会他们互联网运营知识和网约车业务技能，帮助99在竞争中生存下来。

（3）学会如何在巴西甚至拉美开展网约车业务，为滴滴国际化拓展打下基础。

其中（1）和（2）和99管理层的使命是一致的，而（3）则是冲突的，这也就为之后的博弈埋下了伏笔。但这点差异在当时并不重要，我们最大的挑战迫在眉睫——让99先活下来。虽然目标都是一致的，但对于具体怎么做，大家却有着截然不同的理解。

那是某个周日，我和中国小分队的五位同事们刚刚在海滩度过了一个悠闲的周末，那是一个离我们工作的圣保罗只有两个小时车程的海岛。玩得差不多了，我们决定下午早点回圣保罗。我在沿海的公路上开着车，同事们或倚在座位上酣睡，或无所事事地刷着脸书，车内只能听见沙沙的路噪的声音。

忽然坐在副驾上的Allen打破了车内的平静，"哇，马哥，99将在下周举行一整周的大促！新用户全免费，老用户打五折！"

我霎时间有一些恍惚，但马上努力将注意力集中在道路上，努力地在回忆：是有谁跟我汇报过，我忘记了吗？而车上的所有人都惊醒了，掏出手机登上脸书，来查看这个营销活动更多的细节。一个堂堂的COO和他的中国团队，竟然要在社交媒体上得到自己公司营销活动的通知，而这很有可能是年度折扣力度最大的营销活动！

"马哥，他们还特地用大字宣传：折扣金额和使用次数没有上限！"负责数据和反作弊的曾博士惊呼道，"他们会被羊毛党刷死的！"

我不禁又深踩了一脚油门，一行人骂骂咧咧地朝着公司的方向加速驶去。

半个小时后，当我们出现在圣保罗办公室的时候，负责这个运营活动的佩那和他的经理西蒙还在加班。当他们看到我突然出现在他们面前的时候，他俩表现出惊慌失措的眼神。"Lyn，你，你们回来了？"上周跟他们混得最熟络的 Danny 曾经询问过周边海岛自驾的攻略，他们还热心地提供了帮助。

"你们俩瞒着我，周末加班搞了下周的大促？"我把我的手机摆在他们面前，正是那个脸书的活动宣传页面。我愤怒地盯着佩那的眼睛，他的脸很长，头发是黄色的，甚至眉毛和睫毛都是黄色的，看起来就像一只狡猾的猴子。他的手放在键盘上，屏幕上是一个我看不懂的葡萄牙语页面。

"马科斯·安德拉吉安排的！我以为他跟你说了！"佩那急忙争辩道。马科斯是 99 的运营总监，他俩的直线上级，我的直线下属。

"马科斯的电话打不通，他在哪里？"我逼问道。

"他刚刚下班离开。"佩那回答道。

"把这个活动取消！"

"可是我们已经宣传出去了！"

"把宣传内容撤销，把帖子删掉！"

"我们已经给全量用户发送了短信和邮件。"

我步步紧逼，佩那寸步不让。

我把头扭向了他的经理西蒙，严厉地命令道："再起草一封活动取消声明和致歉信！"

西蒙是个巴西亚裔，长了一张憨厚的脸，无奈地看着我："Lyn，诚信是我们的公司文化，这样会失去用户信任的。"他说得义正词严，把这场活动抬到了道德的高度。

那天晚上，我打了几个小时的电话，给运营总监马科斯，给 CEO Peter，甚至给远在中国的上级打电话求助，但是依然没有制止这个活动的如期开展。

而接下来一周的业务数据更加让他们十分硬气：在没有上限的优惠的刺激下，第二周的单量翻了几倍！管理层的周会是在公司最大的会议室里召开的，马科斯站在大屏幕前，长篇累牍地向 CEO 汇报营销工作的细节，得意扬扬地宣告胜利，并且最后给了我一个诚恳的对视，一如既往的真诚。

而 CEO 捕捉到了这个信号，在祝贺了团队之后，也转向了我："Lyn，看来你多虑了，这个活动看起来非常成功。"

"第一，财务数据还没有统计出来，我们做运营活动不是只看单量，还要看补贴率和总投入，这个活动一定会消耗公司巨大的现金流。第二，这个活动没有充分预热，也没有最基本的反刷单机制，我判断所有的增长都来自于存量用户的提频，以及羊毛党的虚假订单，这个星期之后单量就会回落到之前的水平。我们耗费了巨资，但是终将一无所获！"我一边讲，一边踱步到了大屏幕之前，停留在正对着 CEO Peter 的位置。"我作为 COO，对这个活动完全不知情，有严重的管理责任，中间的流程存在严重的失误。鉴于损失巨大，情节恶劣，我们应该上报董事会。"

我的发言给刚才喜气洋洋的气氛浇了一盆冷水，没有人赞同我，但也没有人敢于站出来反驳，或者质疑。"不要担心，不会的！"Peter 打破了沉默，故作轻松地回应道，"我们下周看了数据再讨论吧。"

…………

后面一周的数据完全印证了我的预测，而最后财务提供的亏损金额也让所有人倒吸了一口凉气。我写了一份详细的报告，定义为运营和管理事故，发给了 Peter 和其他管理层，但最终并没有上报董事会。从那以后，我得到了包括 CEO、CFO 以及各个部门的全力支持。Peter 也开始对我言听计从，而运营团队才算是真正地向我汇报。这让我和中国的团队克服了来自本地团队或明或暗的阻力，完全重新打造了一个新的技术平台和业务运营体系，并且对本地团队进行了大刀阔斧的人才迭代。最终，公司重新走上了增长的轨道，到了 2017 年第四季度的时候，市场份额竟然回到了 20%。

而在此后的日子，马科斯、西蒙、佩那成了我们忠实的战友，也成了我无话不谈的朋友，直到现在，我们都时有联系。

3. 博弈

在业务生死存亡之际，所有人都会同仇敌忾、一心对外。滴滴战略投资 99 给市场注入了强大的信心，软银以及其他几个国际著名风投机构也纷纷跟投。滴滴出钱又出力，滴滴有几十个运营和产品经理常驻在 99 的办公室现场支持，在北京有上百个工程师昼夜奋战。在短短几个月内，一个完整的网约车技术平台被搭建出来，包括前端 app、后端系统、数据平台、策略和算法，99 的技术实力和用户体验终于可以匹敌 Uber。99 的业务运营体系也是滴滴搭建的，运营效率也得到了极大的提高，新用户增长迅猛，老用户不断回流，99 慢慢地活过来了。

但当 99 的市场份额增长，并且估值翻了几倍的时候，一个很现实的问题浮上了水面——各个投资方的责权利严重不对等。

- 滴滴在 99 起死回生的过程中，出钱又出力，贡献最大，但只是战略投资者，占的股份不多。

- 99 的创始团队躺赢了，基本上什么事都没干，但是持有股份的估值翻了几倍。

- 其他几个风投机构搭了顺风车，也乐见其成。

而目前看起来业务正在上升，投资者对 99 也恢复了信心，所以 99 的管理层有了一种"我又行了"的感觉。但以当时的进展来看，远远没有大功告成，后续的资源投入还是不能间断。滴滴的管理层觉得这样下去肯定不划算，于是正式向 99 的董事会提出了收购。99 虽然也有出售的意向，但围绕收购价格和条款，两家公司第一次展开了针锋相对的谈判。

每个周末 Peter 都担心我会寂寞，还是经常带我去各种各样的俱乐部和聚会，不过他知道我已经成家之后，就不再撮合我和 Camilia 了，但他数次邀请我把全家都搬到巴西，让我正式加入 99。我总是摇摇头，然后举起我的甘蔗酒，跟他碰碰杯。

病情刚刚稳定的创始人 Paulo 也约我共进午餐，我记得那是在一个意大利餐厅的二楼阳台，阳光洒满了整张桌子。Paulo 什么都没点，而我胃口很好，吃下了一大块牛排。Paulo 跟我讨论给我单独设一个激励计划（incentive plan），并邀请我加入他开创的公司，但他用了"我们的公司"这个词，不由得让我心头一颤。他隐隐约约地暗示，就算最后和滴滴分道扬镳，其实还有 Google 的大腿可以抱，现在巴西的创业市场开始回暖了，流动性也不错……

…………

99 与滴滴、Peter 与我的关系开始变得微妙起来……

我来巴西的计划只有 6 个月，但 6 个月之后又干了 6 个月，我有个很重要的任务就是帮助本地团队招募并培养人才，其中也包括 COO，也就是我需要帮公司找到自己的继任者。与其他的岗位不同，其他的岗位我有最终决定权，Peter 最后的谈话只是进行吸引，但是 COO 的招聘从简历筛选到面试全程都是由 CEO Peter 亲自主导的，最后他基本都决定了才象征性地征求了一下我的意见，让我见了一下。新的 COO 叫杰森，是个四十多岁的美国白人，Uber 前城市经理，收到 99 的 offer 之后就马不停蹄地奔赴圣保罗上任，风风火火地准备大干一场……我曾经向 Peter 表达过顾虑：城市经理是基层管理者，角色属于执行层，而 COO 属于战略管理层。杰森从城市经理直接跳到 COO，会不会有风险？ Peter 耸了耸肩，叹了一口气："We have no better choice, make him ready before you leave!"（我们没有更好的选择了，在你走之前，帮我们培养好他！）

但杰森压根不会接受我的"培养"，他特别有主见，还有极高的抱负，他要把 99 建设成世界上最伟大的网约车公司。

滴滴与 99 的谈判非常艰难，双方在并购的价格上意见差异巨大，这时候 Peter 开始了新的一轮融资，意图引入新的投资者，拉高 99 的估值。而这也会让滴滴的谈判工作更加困难，更加难以把收购价格压下来。而为了配合 CEO 的战略，杰森开展了非常激进的开城计划，在 3 个月之内把业务推广到了 40 个城市，而在此之前一年的时间里，我们也只开了十几个城市。并且杰森开始了疯狂的补贴，而这一直是我苦苦压制着团队，不让他们做的事情。但这也是团队特别想干的事情，毕竟这才是建功立业的好机会，天天梳理内部业务逻辑，改造产品功能，建设信息系统，这些事对公司估值有什么贡献？

但是，当产品体验赶不上竞品的时候，不要试图用补贴从竞品那里抢用户，因为我们根本留存不住用户，来的人只是薅一把羊毛就走。当时的 99 并没有准备好与竞争对手大面积开战。虽然我是名义上的 COO，杰森会在我离开之前接任，但在他入职的第一天，我刚刚向团队介绍完他，杰森在自我介绍的时候就开始直接向团队发号施令了。我曾经委婉地提醒他我还没下岗呢，但毕竟我的时日无多，杰森也只是笑笑说下次注意。本地团队选择坚定地执行了杰森的激进扩张计划，也许放开膀子大干一场也是他们期待已久的。

而当时 Uber 在阿根廷也受到了政府的处罚和金融系统的制裁，Uber 在阿根廷的展业受到了严重的限制。Peter 也在面试 Uber 阿根廷的管理人员，正在筹划进入阿根廷等拉美其他市场。99 的管理层是非常具有创业精神的一群人，他们雄心勃勃地制定了拉美发展战略，滴滴对他们来讲只是一个选择，他们也不排除被其他巨头收购，或者自己再往前走走看。

当时，我个人作为一个业务骨干，有可能骨子里就排斥并购，尤其不看好这次并购：

第一，99的业务体量是在增长，但是业务质量非常差，很多增长是虚假的繁荣。

我人在业务现场，我的"中国外派小分队"正在忠诚地执行他们的"顾问"任务，我们实时地了解正在进行的业务细节。我很清楚补贴率有多高，补贴的ROI（投入产出比）有多差，7天、14天、30天用户留存率有多低，我也知道疑似作弊率肯定不低。而估值的模型没有考虑这些因素，只考虑了单量、平台流水和收入。就算要收购，公司也只要付出低得多的价格就可以了。

第二，并购不如自己做，花钱少，还能锻炼自己的能力。

我和"中国外派小分队"已经在巴西待了快一年了，在实战中，我和他们已经积累了足够的经验和想法，掌握了海外拓展的资源，并且现有本地团队所有的骨干都是我招募的，与我和"中国外派小分队"并肩作战了近一年；而"中国外派小分队"的几个骨干都已经成长了起来，随时可以挑大梁。更何况滴滴国际版的产品已经开发完毕，整个技术架构已初步搭建完成。如果最后谈判破裂，我们不应该害怕，99才是应该害怕的一方。

日子一天一天地往下过，单量一直在往上涨，补贴率也越来越高，团队忙忙碌碌四处出差开城，Peter也在四处出差寻求新的融资。而我已经重新回到纯"咨询顾问"的角色上来，但因为立场不一致，我已经失去了Peter的支持。我对业务方向和重大决策失去了影响力，也只能在运营细节方面进行一些技术性的修补，尽可能地降低作弊率，提高留存率，降低资金损失。

与其花费如此巨额的资金对99进行并购，为什么不让我们的业务人员自己来干，又便宜又可控。带着一堆不理解、一大堆数据以及拉美的发展计划，我准备飞回中国找老板理论一下……

4. 最后的施压

> 在战场上得不到的，在谈判桌上也休想。

Peter 已经在和 Google 眉来眼去了，正在紧锣密鼓地做好谈判破裂的准备，而我方的谈判代表还在苦苦纠结于并购金额的大小，我和团队还困在这里虚度光阴！

出于各种不同的理由，老板们对收购充满了执念，对巴西市场充满了向往。但是，战场上得不到的东西，在谈判桌上也别想得到。如果公司想要得到巴西市场，就必须要有可以直接打下来的能力，否则就必须支付高昂的溢价，就必须忍受在谈判桌上被人扒层皮。或者眼睁睁地看着 99 在滴滴的扶持下做大做强，然后引入更多的投资者，拓展到整个拉美，然后滴滴彻底出局。

既然无法说服公司放弃收购，那也给我们"中国外派小分队"一个机会，让我们证明一下在海外直接开拓业务的能力吧！而当时，没有人相信我们有在海外独立开拓业务的能力，除了我们自己。

直接在巴西直接另起炉灶显然是不行的，不仅有损契约精神，也违背了契约本身，这会让以前并肩作战的亲密战友直接变成敌人，彻底葬送之前的所有努力，并且不再会有重新合作的可能性。并且撕毁了之前的合作协议是要承担法律责任的。于是，我们选择了拉美第二大市场——墨西哥。

我们开拓墨西哥市场有向 99 施压的成分，但绝对不是虚张声势，更多的是我自己和团队心里都憋了一口气，我们深信出海这个事情其实没那么难。经过了一年的历练，我的"中国外派小分队"已经成长起来了，完全是可以胜任的。

当我和团队落地墨西哥城的当天，我们就在城市里四处打车，访谈司机。当我第一次把乘客实付减去司机实收，发现平台的抽佣竟然高达 33% 的时候，我震惊到无以复加。当我发动团队在各个时段、各个区域、各种天气做了非常充分的调研，得出了更加可靠的统计结论之后，我心里暗暗开心：Uber 在墨西哥的好日子到头了。

我跟团队开动员会的时候，拿出了这个例子：Uber 正在筹备上市，今年要疯狂做利润，而我手里这份平台抽佣的统计表就是直接的证明。Uber 的抽成高达 30%~40%，司机一定苦不堪言，但他们没有别的选择。如果我们对司机采取零抽佣策略，同时在乘客端降价，那么乘客和司机都会转投我们，但我们从零开始只需要承担非常少量的亏损。

我可以用极少的资金量快速吸引大量司机加入新的平台，吸引大量乘客尝试新的平台，我们完全有能力以迅雷不及掩耳之势砍下 30% 的市场份额，我们会创造奇迹！"中国外派小分队"跟我一同离开了巴西，第一次即将在异国他乡亲自操刀运营一摊业务，各个都摩拳擦掌。而总部也非常爽快地立了项，批下来的预算远远超出我的申请。

开拓墨西哥市场的消息是保密的，直到 2017 年 12 月，我们在墨西哥城开始注册公司，并且上了当地科技媒体的头条之后，99 的管理层才知道。Peter 给我打了电话，问我什么时候回巴西。我说最近太忙了，墨西哥市场要赶在今年年底之前完全打开，明年还要一路往南，哥伦比亚、秘鲁、智利、阿根廷……

Peter 很真诚地说："我想你了，我永远珍惜我们的友谊。"

我也非常动情地说："我也是，希望有机会再一起并肩作战。"

……

我们都是真心的，但毕竟各为其主。

02 不散的宴席

北京时间 2018 年 1 月 4 日，圣保罗时间 2018 年 1 月 3 日，滴滴收购了 99。

媒体方面一片喜气洋洋，99 的创始人团队和核心管理层很开心，还有个早期员工写了本书来回忆艰苦创业以及被滴滴收购这苦尽甘来的历程。这本书叫作《Vai que dá! A História da 99》(翻译成英文是 *Go for it! A history of 99*，翻译成中文就是《全力以赴！——99 的历史》)。

但滴滴派驻的管理人员上任之后却开心不起来，并购之后他们发现后面有数不清的坑要填。

前期的高歌猛进掩盖了很多矛盾和危机，但并购一完成，问题就爆发了，总部派去巴西接管的领导看到现状后忧心忡忡，如何稳定军心并且挽救业务成了燃眉之急。

而我和我们"中国外派小分队"正在如火如荼地筹备着开拓墨西哥市场，市场调研、公司注册、团队招募、产品开发都在稳步推进，感觉形势一片大好。而这时候老板问我："能不能回巴西支援一下？那边都是你的巴西老哥们，你去了能镇得住！"

我想还是因为对公司的责任感和对团队的牵挂，不想让业务半途而废，于是留下了一大半的成员在墨西哥完成开城，我和另外两个同事又赶紧坐飞机回了巴西。

但好在最后的结局是美好的，一年以后，99 的市场份额又回到了之前的水平，并且随着市场大盘的增长，业务已经数倍于并购时的规模，毛利逐渐稳定在可接受的水平。这次并购也终于宣告成功了。

2018 年年底的时候，99 的业务已经逐渐走向了正轨。

在成功开拓墨西哥的市场之后，公司就不再坚持并购的战略，转向自建团队开拓业务，而这时候公司在澳大利亚的业务又遇到了麻烦。

那时候，公司对发达国家的市场还是寄予厚望的，于是，我又被调去负责澳大利亚与新西兰区域。

于是，我开始负责澳大利亚与新西兰的业务。

其实后面的故事也同样精彩，自 2019 年年底，世界经历了漫长的新冠疫情，出行业务的状态可想而知。为了让公司的国际业务持续发展，我们在疫情期间开拓了非洲和中东市场。

随着公司全球业务的发展，"中国外派小分队"也越来越状大。勇于开拓的朋友们，永远值得精彩的人生。多年以后，大家都有了更好的发展，也在各自的岗位上承担了更重大的责任。虽然天各一方，但我永远怀念那几年与朋友们并肩作战的日子。

中国企业出海是一场不散的宴席，是中华民族伟大复兴这场盛宴的分会场之一，朋友们坐在哪一桌并不重要，重要的是我们都没有缺席。

后 记

我们的目标是星辰大海

出海对我而言，是人生中最重要的经历，这段经历也是我最大的人生财富之一。当我决定写这本书，提起笔，过往的经历就开始涌上心头，经历的一件件事，认识的一个个人，出的一次次差，开的一场场会，写的一篇篇文档都历历在目。

这是我写的第二本书，一年中我写了两本书，对于经管类工具书创作来讲堪称快速。但写的过程丝毫不觉卡顿，我积攒了多年的工作经验，沉淀了多年的理论体系，思考了许久的业务问题，以及日积月累下厚厚的工作笔记，仿佛一时间找到了倾泻的出口，想要在最短的时间内落定在纸面上。在这个过程中，我感受到了一种酣畅淋漓的满足。在写作过程中，我数次被编辑老师提醒不要超过16万字，几经删减，最终付梓。

我非常庆幸自己有记笔记的习惯，偶尔还会写几句打油诗，抒发一下情怀。回看当年初次出海前写的文章，仿佛依然带着笔尖的余温。其中有一首临行前写的诗，虽然充满了中二气息，但依然掩饰不住其中的豪情万丈。

> 远征无惧一腔愁；
>
> 饯行只需二两酒。
>
> 挥去手提三尺剑；
>
> 归来腰系四斤头。

我三年前因为新冠疫情和思乡心切而放弃了国际化事业，再看那时归来写的诗，也依然能感受到心中的彷徨。

> 少时离乡四海游；
> 万里路穷遍五洲。
> 山东愚夫[⊖]应不惑；
> 浑然不觉又一秋。

当你看到我的文字的时候，相信你正在筹划出海，甚至已经走在了国际化的征程上。这条道路布满了鲜花与荆棘，充满了孤独与煎熬，但也充满了收获与成长。但这条道路注定是漫长的，收获会来得更缓慢一些，希望本书可以帮助读者准备得更充分，厘清出海的思路。

中国企业国际化是个特别宏大的话题，全球市场形态各异，而众多行业和领域差异巨大，各个企业的发展阶段也不同，想写一本具有普适性的出海工具书难度极大。但市场风起云涌，中国企业大批量出海已经迫在眉睫，市场上确实需要一本从实际业务的角度介绍出海战略及战术策略的工具书，所以本人斗胆挑战了这一课题。而因为本人的学识、经历以及所在行业的局限性，本书难免有不达之处，敬请各位读者谅解。在此谨表感谢。

下面是我曾经写给朋友的一首诗，也送给本书的读者，愿中国企业中的出海弄潮儿在逐浪海外的路上一起做伴，我们的目标是星辰大海……

> 斗转星移心如故；
> 旧貌新颜人踟蹰。
> 莫愁前路无人伴；
> 江海我辈共徐图。

⊖　本人乃山东日照五莲人氏，"山东愚夫"乃自嘲之语，各位老乡不要误会。

在写书的过程中，我得到了很多新老朋友的大力支持。在此，感谢机械工业出版社经管分社的赵屹副社长和解文涛老师、清华大学的李稻葵教授、快手的曾言博士、斯坦福大学的李子健博士、跨境电商专家刘学锋先生和俞登渊先生、浙江大学的求非曲学长对本书的建议和支持。

最后，我要特别感谢你——我的读者，希望这本书对你的工作有实质的帮助，也祝你的国际化征程马到成功。

我长期追求用户增长的职业习惯驱使我向你提一个小小的请求：如果你对本书满意，此刻能否写几句书评发在你的朋友圈、社交媒体，或者你购买店铺的商品评价页？希望这本书能给更多的从业者带来启发。

感谢！